推销与谈判实务（第二版）

编写委员会

主　编： 赵柳村

副主编： 何志昂　廖晓中　胡志权　江　帆

编委成员：（按姓氏笔画排序）

李　旭　李　敏　李秀华

江　帆　何志昂　吴双芳

胡志权　赵柳村　廖晓中

高职高专营销类专业系列教材

推销与谈判实务（第二版）

TUIXIAO YU TANPAN SHIWU

主　编◎赵柳村

副主编◎何志昂　廖晓中　胡志权　江　帆

暨南大学出版社
JINAN UNIVERSITY PRESS

中国·广州

图书在版编目（CIP）数据

推销与谈判实务/赵柳村主编；何志昂，廖晓中，胡志权，江帆副主编 .—2 版 .—广州：暨南大学出版社，2014.2（2020.8 重印）
（高职高专营销类专业系列教材）
ISBN 978－7－5668－0905－6

Ⅰ.①推…　Ⅱ.①赵…②何…③廖…④胡…⑤江…　Ⅲ.①推销②贸易谈判　Ⅳ.①F713.3

中国版本图书馆 CIP 数据核字(2014)第 012187 号

推销与谈判实务
TUIXIAO YU TANPAN SHIWU
主　编：赵柳村　副主编：何志昂　廖晓中　胡志权　江　帆

出 版 人：张晋升
责任编辑：武艳飞
责任校对：刘舜怡　刘　蓓　康　蕊
责任印制：汤慧君　周一丹

出版发行：暨南大学出版社（510630）
电　　话：总编室（8620）85221601
营销部（8620）85225284　85228291　85228292　85226712
传　　真：（8620）85221583（办公室）　85223774（营销部）
网　　址：http：//www.jnupress.com
排　　版：广州市天河星辰文化发展部照排中心
印　　刷：佛山市浩文彩色印刷有限公司
开　　本：787mm×1092mm　1/16
印　　张：14.25
字　　数：366 千
版　　次：2009 年 10 月第 1 版　2014 年 2 月第 2 版
印　　次：2020 年 8 月第 6 次
定　　价：38.00 元

总 序

"十一五"期间，教育部、财政部决定实施国家示范性高等职业院校建设计划，通过重点建设100所国家示范性高职院校，带动全国高职院校深化改革，提升高等职业教育的整体建设水平。这标志着我国高等职业教育进入了一个追求内涵发展的新历史阶段。这是科学发展观在我国高等教育领域的具体体现，对促进我国高等职业教育更好更快发展具有重大的战略意义。

在人数与规模上，高职教育已占有我国高等教育的半壁江山。经过多年的发展，高职教育已从当初规模化建设转向突出内涵发展，转向深入课程改革与提升学生核心专业能力等方面。在当前全国各类学校争创示范院校的形势下，我国高等职业教育正在进行一场颠覆性的变革。如何进行内涵建设，提高课程教学质量，是当前所有高职院校面临的一项重要课题。

随着我国生产力水平的不断提高，市场竞争日益激烈，传统的营销方式越来越不能满足经济发展的需要，市场对营销工作提出了更高要求，也对营销人才的培养提出了更高要求。2006年以来，广东交通职业技术学院开始在全院各专业中大力推行基于工作过程和岗位能力的课程教学改革。我们通过工学结合基地建设、专家讲座、说课比赛、教学示范、教学观摩、教学评价、教师培训、教案评比等一系列工作，将教学改革逐步推进，并在各专业与各一线教师中深入开展。根据我院"航标灯精神"和"铺路石品格"的人才培养理念，各专业对原有的专业课程体系进行了根本性的改造，并取得了初步的成效。

为了满足实际教学的需要和进一步巩固改革成果，在充分调研与分析的基础上，我们组织近二十所高职学校的百余位专业老师及多名知名企业的专业人士共同编写了这套营销类专业能力本位系列教材。我们力求将知名企业的实践与理论有机结合起来，以就业岗位为导向，强调分析企业实际工作过程与训练岗位关键能力；重点结合近年来国内尤其是广东知名企业的营销工作来进行内容提炼与编排；充分听取和吸收企业人员的意见，每一本教材都有企业顾问参与编写或是进行审核；合理补充新知识与新内容，充分体现高职教育特点；每一个案例、技能训练活动、习题等都精益求精，强调实践性与可操作性；真正把教师备课、授课、辅导答疑，学生考证，岗位能力训练，企业实际工作内容等教学、实训环节有机地结合起来。其编写特色主要体现在以下几个方面：

（1）突出能力本位。力求面向专业培养方向和岗位工作要求，不断强调学生岗位业务操作能力和自我学习、思维能力以及创造性解决问题能力，促进学生就业以及后续发展。

（2）内容新颖。借鉴国内外的最新教材与成果，案例取材主要为近几年国内尤其是广东省知名企业的实践经验，内容突出岗位的实际操作性，融会最新理论与实践成果。

（3）合作交流。本系列教材由全国近二十所高职院校的近百名专业教师与企业专业人士共同合作编著而成，是相互交流学习、集思广益、共同编写的智慧结晶，具有较强的实战性与适用性。

（4）配套产品丰富。本系列教材除配有电子课件外，还有教学用的视频、习题、考卷、知名企业一手岗位训练等内容，为一线教师提升教学质量提供了方便。

衷心希望这套系列教材能有助于进一步深化高职院校营销类专业的教学改革，为新形势下高职营销人才的培养作出一份贡献。同时，也希望广大教师与读者多提宝贵意见。

广东交通职业技术学院院长　陈周钦

2009 年 2 月

第二版前言

岁月如梭，离上次修订已经过去6年。

这6年，市场的形势发生很大变化。随着科技的进步，出现了很多新的营销手段和方法，以所谓的“三微一端”为代表的自媒体发展迅猛，特别是以抖音为代表的短视频已走入平常百姓家，直播带货成了非常火爆的热门话题，引起商界高度关注。如何在教材中及时反映营销的新变化、总结新方法、探索新规律，是摆在全体商科类教育工作者面前的一个新课题，必须正视，不容回避。

本次修订，正是在这样的背景下，试图把最新鲜的素材融入教材，或提供全新的视角观察和市场分析，或引发读者一起思考，探索营销新领域。修订的指导思想是“去旧引新，突出技能”。教材删除了部分过时或不适用的内容，在相关章节增加了短视频营销、网络直播、电话销售、客户投诉处理等实践案例或相关知识，以增加内容的适应性和新鲜度，进一步突出实践性。本次修订还有一大亮点就是增加了相关视频教学资源，读者扫二维码（关注公众号“渔夫生意精”yufu－1919）即可免费观看，这样既增强了教材的趣味性和可读性，又拓展了学习空间。

由于时间紧迫，本次修订由主编独自完成，主要涉及的章节有第一、三、四、八、九章。感谢读者朋友们的厚爱，你们一直以来的支持是我前进的最大动力。感谢暨南大学出版社的大力支持和协助，没有他们多次鼓励和催稿，也许此稿就不会这么快与读者见面。

尽管，每次修订都想做到更好，但限于编者水平，难免出现纰漏与不当，敬请读者朋友们不吝赐教。

赵柳村于罗定

2020年7月19日

前 言

我国高职教育事业正在蓬勃发展。如果说过去是侧重数量与规模的外延式发展，那么，今天的高职教育已在重视办学质量的内涵式发展道路上取得了长足进步。

对于高职教育来说，专业建设是龙头，课程建设是载体，教材建设是抓手。近年来，各高职学院加大了教研教改的力度，并取得了可喜的成绩。一批贴近营销实践、符合高职教育规律的教材正在不断涌现。本教材正是在这样的背景下由广东省多所高职学院携手合作、共同开发的成果。

推销与谈判是基层营销人员的两项重要工作，但两者在实际工作中又不能全然分开，谈判是为了能进行有效推销，推销又离不开谈判这一重要手段。考虑到高职教育主要是面向营销第一线培养高级应用型人才，作为一名基层营销人员工作中正正规规坐下来谈判的机会并不是很多，更多的是要学会在推销活动中如何与人沟通，即“谈生意”。基于这样的认识，我们认为很有必要把传统的“推销技术”与“商务谈判”两门课程进行整合。在具体的整合方式上，本教材不是简单地把两者压缩在一起，而是大胆创新，按照基层营销人员的工作过程谋篇布局，除了专门安排一章讲述推销、谈判技术外，力求把谈判的思想与策略有机地融合到推销实务的各章之中。本教材分上、中、下三编，对应基础理论、实务技巧、销售管理三大模块，着重突出以下特点：

（1）高职特色明显，编写风格新颖。整个教材体现了高职教育“理论必需、够用”的原则，强调能力本位的指导思想，适应教学改革与课程建设的需要，精讲基本知识与基础理论，重点突出推销与谈判技能的培养。能力只有在特定的情景中才能得到有效培养和提高，本教材特意在每一章节前根据高职学生的特点，独创性地设计了“情景体验”环节，旨在帮助学生先通过感性认知，激发学习热情和创新思维，并结合情景资料，以任务引领方式让学生在轻松的角色体验或实训演练中领悟知识、增强技能，体现了鲜明的高职特色。

（2）理论联系实际，突出技能培养。推销与谈判具有很强的操作性。因此，教材内容必须紧密联系实际，贯彻学以致用的原则。每一章节前的“情景体验”，让受训者先接触与教学内容密切相关的实践性素材，以获得一些相关感悟与思考。教材中穿插安排了许多针对性强、内容精练的实战案例与技能训练项目。每章后面的习题中都专门设计了“实训题”，包括课内模拟演练和课外实战训练两类，通过实训演练融“教、学、做”于一体，较好地体现了高职学用结合、突出技能的教学要求。

（3）教材形式活泼，取材丰富。每章开篇首先明确了学习目标，包括“能力目标”和“知识目标”，明确了“能力训练重点”，教材中有“案例与思考”“技能训练”“工作任务”“知识拓展”等版块，章后有“思考与练习”方便学生进一步学习和检验所学知识。

（4）与国家营销师职业资格考试有机融合。教育部高教司〔2006〕第16号文件明确指出，高等职业院校要“根据技术领域和职业岗位（群）的任职要求，参照相关的职业资格标准，改革课程体系和教学内容”。这就要求我们要妥善处理好国家职业资格证书与学历文凭证书（简称“双证”）的关系。为此，我们在本教材的开发过程中大胆创新，在“双证”相互沟通方面做了有益的尝试。全书共十章，其中有八章是与国家营销师考试相关的重要内容，努力整合相关教学内容，力求把两者的教学要求在教材中有机地统一起来。这样，既符合培养目标的要求，又有利于帮助学生考证，增强就业竞争力。

本教材是罗定职业技术学院“推销与谈判”精品课程建设的部分成果，也是广东省多所高职学院集体智慧的结晶，从一定程度上反映了广东省高职学院在该课程的建设与改革上的最新成果。本教材编者全部是来自广东省各高职学院、有着丰富的教学经验和较强营销实践能力的教师。本教材由赵柳村教授任主编，何志昂、廖晓中、胡志权担任副主编。参加本教材编写的教师有：何志昂（第一章）、赵柳村（第二章、第十章）、廖晓中（第三章、第四章）、李秀华（第五章）、胡志权（第六章）、吴双芳（第七章）、李旭（第八章）、李敏（第九章）。

在本教材编写过程中，我们参阅了大量的资料，除了个别资料无法考证来源外，我们均对所引资料标注了出处，在此特对资料提供者表示衷心感谢！同时，我们得到了许多同行的帮助和指导，特别要感谢中山职业技术学院营销与策划教研室主任肖红老师，她对本教材的编写大纲提出了很中肯的修改意见，并对教材的编写给予了协助和支持。广东交通职业技术学院营销管理系主任高南林老师为组织策划该“能力本位”系列教材倾注了不少心血，胡志权老师对第九章的修改做了不少工作，暨南大学出版社为教材的策划与出版付出了艰辛的劳动，在此一并表示感谢。

本教材编写力求创新、与时俱进，关注细节、注重实效，是高职营销类专业的理想教材，也非常适合社会从业人员自学或作为销售员培训用书。尽管我们希望通过努力能为读者朋友呈送一本令人满意的教材或参考书，但由于编者水平有限，加上时间仓促，书中难免有疏漏和不妥之处，恳请读者朋友批评指正，以便再版时做得更好。

（主编邮箱：49354308@ qq. com）

编　者

2009年5月

目 录

上编　基础理论

第一章　推销概述

●能力目标

1. 能够用比较规范的语言描述推销的概念
2. 能够运用本章知识进行案例分析
3 能够确立正确的推销心态

●知识目标

1. 推销的概念与特点
2. 推销员的作用与职责
3. 推销员的心态

●能力训练重点

1. 认识推销
2. 体验推销
3. 端正推销心态

第一节　推销的概念及其特点

●情景体验

送煤气的故事

住户陈先生需要灌煤气，于是按广告打电话过去，电话没有人接，于是他接着又拨通另外一个电话，电话那头问是要大罐还是小罐，地址在哪里，然后说10分钟后送到。

正在陈先生等对方送煤气来时，一个电话打来，对方说：“我是灌煤气的，你们在哪里?”得知地址后，他接着问是要大罐还是小罐，“小罐”，陈先生回答道，但是接着陈先生告诉他已经定了别家的煤气，一会儿就到，下次再叫他的。

8分钟过后，有一个送煤气的小青年A来了，身上扛着一小罐煤气，另外手里还拿着一个电子秤，陈先生搞不明白他的意图。A说自己是刚开始没有接到电话的那家，现在把煤气给送来了。等陈先生明白过来，就委婉地拒绝了:“我们不是告诉你已经要了别人的煤气了吗？下次再要你们的吧，还得麻烦你把煤气扛回去。”“没关系。”对方回答得很爽快，转身下楼走了。

又过了5分钟，另外一个送煤气的B到了，陈先生估计应该是自己订的煤气了，就说:“你们不是说好10分钟送到吗?”B回答:“这不是送到了吗？还说什么说?”他麻利地把气罐换好，收下41元煤气费，转身扭头走了。这个人刚走，前面那个送煤气的A又出现了，陈先生感到奇怪:“你不是走了吗?”他说:“我没有走，我在等那个送煤气的过来。”

“他给你们灌的是小罐?”

“对啊。”

“分量不够的，他们灌的只有37元的气。”说着A就走进了陈先生家的厨房，把带来的电子秤放到地上，再把自己带来的气罐放到上面，数字显示为7.5公斤，接着A又把刚才B给换的那个气罐放到电子秤上一称，数字显示为6.5公斤。“现在市面上很多灌气的分量都给不够，41元的小罐却只有37元的气，这是我的名片，给你们留一张，以后有什么需要可以随时跟我联系。”

陈先生夫妇若有所思……

(资料来源：推销员门户网站 http://www. top－sales. com. cn.)

思考与讨论：结合该情景资料，分小组讨论自己对推销的认识。

一、推销的概念

(一) 什么是推销

推销作为一项活动，自古有之，它是商品交换发展到一定阶段的产物。同时随着商品经济的发展，人们对推销的关注和研究也越来越多，从而推动了推销理论的发展。然而，究竟什么是推销？人们对此看法各不相同。

有人如此说——

推销就是跑腿，交朋友；

推销就是创造需求，让顾客相信自己；

推销就是客户越多越好，市场占得越大越好；

推销就是要说服别人买我的商品；

推销就是要学王婆卖瓜，耍嘴皮子；

……

日本“推销之神”原一平如是说：推销就是热情，就是战斗，就是勤奋地工作，就是执着地追求。

欧洲推销专家海因兹·姆·戈德曼提出，推销就是要使顾客深信，他们购买你的产品是会得到某些好处的；也就是说，顾客能够得到产品的使用价值和实际利益。

美国市场学会的观点认为，推销是用人为或非人为的方法协助和说服顾客购买某种商品或劳务，并依照对出售者具有商业意义的意见采取有利的行动。

事实上，推销可以从广义和狭义两个角度来理解。

广义的推销是指任何人运用个人的影响力使他人接受自己的思想、观念、情感、想法、愿望和企图，从而满足个人需要或双方需要的行为。个人影响力的实现就是推销的实现。因此，从这个意义上讲，可以说“人生无处不推销”“人人都是推销员”。

狭义的推销是指推销员以满足双方利益或需要为出发点，主动运用各种技巧，向推销对象传递产品或劳务的相关信息，使其产生接受或购买行为的活动。与大多数教材一样，本教材也主要是从狭义的角度来研究推销的。

（二）推销三要素

推销员、推销对象、推销品是推销活动的三个基本要素。

1. 推销员

推销员是指经过专门训练以推销为职业的人员。按职业划分，推销员主要包括：生产企业的推销员；批发企业的供货员；零售企业的售货员；进出口企业的外贸人员；各类贸易公司的业务员；房地产公司的售楼人员；保险公司的保单销售员；银行、信托、金融服务、期货公司的经纪人和业务员；宾馆、饭店、游乐场等旅游娱乐业的业务员、导游员和服务员。

2. 推销对象

推销对象是人，而不是物，即顾客或购买者。没有推销对象就不会有推销活动，推销对象是推销员实施推销活动的目标，是说服行为的对象。按社会再生产环节划分，顾客包括生产者、中间商、消费者；按购买产品或服务的最终用途划分，顾客可分为消费者和用户。一般来说，购买产品或服务供自己或集团用作生活消费的个人或组织，称作消费者；为了生产和经营上的需要而进行购买活动的个人或组织，称作用户，主要包括生产者和中间商。

3. 推销品

推销品是推销活动的客体，也称推销客体，主要包括商品、服务、观念。这三者彼此之间又是紧密联系的，人们在推销商品和服务的同时，事实上也在推销一种观念。

上述三要素直接关系着推销的成败。一方面，推销员与推销对象共同构成推销活动的主体；换言之，两者都是推销活动的主体，但是双方各有不同的利益目标，只有在利益上实现双赢或多赢，推销才可能成功。另一方面，推销主体双方的人员素质、谈判能力、个性特征等因素也会对推销结果产生重大影响。此外，推销品对推销活动的影响也是很明显的，如推销品的性质、质量、技术性的强弱、体积的大小、价值的大小等，都关系到推销活动的具体方式和交易的难易程度。

（三）推销与营销的关系

第一，营销与推销是包含与被包含的关系。如下图所示，按照美国营销学家麦卡锡的 4Ps

营销组合理论，产品策略、价格策略、渠道策略、促销策略是企业营销策划的重要内容，而人员推销仅仅是促销策略的四个主要手段之一。可见，营销的内涵比推销要广泛得多，营销包含推销。

第二，营销与推销之间又彼此联系、相互作用和影响。一方面，整体营销策划是推销顺利实现的基础和条件，那种在纯推销的狭窄范围内谈推销也好，做推销也好，都不会有什么出路的；另一方面，推销又是企业促销策划的重要工具，是实现企业营销目标的重要手段之一。

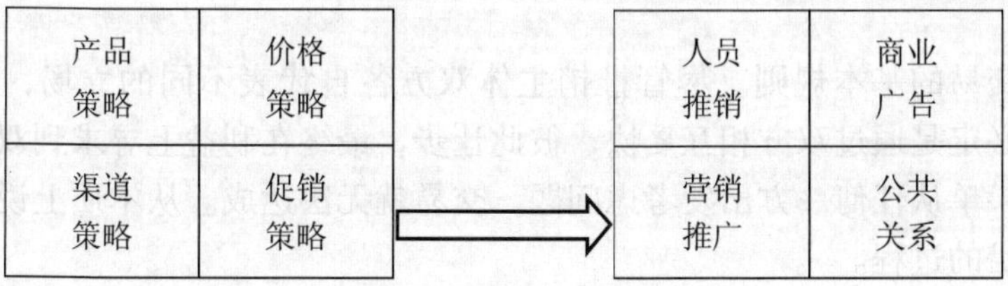

营销组合与促销组合关系

二、推销的特点

●技能训练

选择某种大家熟悉的日用品，如保温杯、手机、MP3、洗发水等，请两位同学分别扮演顾客和推销员进行推销模拟演习，然后分组讨论推销活动的特点。

1．主动性

在推销活动中起主导作用的是推销员，从寻找潜在顾客到与顾客建立联系，从运用推销技巧唤起顾客购买兴趣和购买欲望到化解顾客异议、促成交易实现，整个推销过程都始终体现了这种主动性。可以说，推销是推销员“主动出击”的活动。

2．针对性

推销总是针对某一特定对象实施的，而且每次具体的推销活动总是离不开特定的推销环境，在特定的时间、特定的地点向特定的对象推销某一具体的商品或服务时，只有选择适应本次特定推销环境的推销策略和方法，才可能是有效的。可见，推销活动具有明显的特定性，也称针对性。

3．灵活性

推销总是在一定的市场环境下进行的。从宏观上看，市场环境包括经济环境、人口环境、自然环境、科学技术环境、政治法律环境、社会文化环境等许多方面，每个环境因素又时刻处于复杂多样的变化之中。从微观上看，推销员面对的推销对象也是随时变化的。不同的推销对象，因其性格、民族、职业、收入、文化程度、居住地等因素的差异而使得推销结果千差万别。所以，推销员必须学会以变应变，善于根据具体的环境特点，灵活确定推销策略，采用恰当的推销技巧，这既对推销员提出了较大的挑战，同时又给推销员提供了更广阔的施展才干的舞台。

4. 双向性

推销活动的双向性，也可称互动性。这一特点体现为推销活动是推销主体双方直接面对面地接触，推销员要善于在洞察顾客需要的情况下，通过双向沟通和观察，及时根据顾客的态度变化和行为反应，有针对地调整推销策略和技巧，不断化解顾客异议，最终促成交易。但是，推销不是每次都能成功，推销失败的比率远大于成功的比率。一次成功的推销往往是在吸取多次失败教训的基础上实现的。因此，推销员在推销过程中，要注意加强与顾客的联系和接触，有时还要学会花时间与顾客相处、培养感情，争取顾客的信任。

5. 互利性

互惠互利是交易的基本规则。尽管推销主体双方各自代表不同的立场，有不同的利益诉求，但推销过程必定是通过双方相互妥协、彼此让步，最终在利益上寻求到双方都能接受的平衡点的过程。如果单从任何一方出发考虑问题，交易就无法达成。从本质上说，推销的过程就是顾客需要被满足的过程。

●知识拓展

传统推销观念与现代推销观念

推销观念是推销员开展推销工作的指导思想和哲学理念，有什么样的推销观念，就有什么样的推销手段和方式。

一、传统推销观念

传统推销观念是以“推”为导向的产品销售观念，其重点是通过推销员的说服工作，把产品卖给顾客。在进行推销时基本不考虑顾客的真正需要，主要靠推销员的讲解、对产品的展示及热情服务来说服顾客购买产品。其主要特征有：

（1）产品销售主要靠推销进行；

（2）推销的唯一目的是出售产品，为企业或个人创造利润；

（3）推销的主要方法是说服和展示，重点在于介绍产品的优点；

（4）推销员的个人行为在销售中起着至关重要的作用；

（5）“诚信”是推销的一种手段，目的在于实现更多的销售，但企业往往只看重推销的业绩，而不把诚信作为推销工作的要求。

二、现代推销观念

现代推销观念是一种以满足顾客需要为中心的销售观念。其基本特征有：

（1）产品销售不仅仅依赖产品质量和高压式的推销，同时企业营销战略对销售也起着重要作用；

（2）推销的目的是满足顾客需要，追求双赢；

（3）推销的主要方法是与顾客沟通，倾听顾客需要，重点在于为顾客提供令人满意的服务；

（4）企业文化对推销员的个人素质有着很深的影响作用，推销员在推销活动中更多地传达着企业的文化；

（5）爱心、诚信不再是一种销售手段而是对推销员的素质要求，业绩考核更加注重服务的质量。

三、传统推销观念与现代推销观念的比较

项目	观念	
	传统推销观念	现代推销观念
目的	出售产品，创造利润	满足顾客需要
效果	企业或个人效益	双赢
模式	高压式、劝说式	温和式、沟通式
重点	介绍产品的优点	倾听顾客的要求
方法	说服、展示	询问、倾听、展示
研究工作的侧重点	产品、销售辞令	消费者的层次、背景

（资料来源：宋素红．推销理论与实务．北京：化学工业出版社，2007.）

第二节　推销员的作用与职责

●情景体验

钣金泥子的市场命运

某企业是一家高档汽车的配件生产厂家，专门生产高级汽车的钣金泥子。可是因质量达不到标准，市场销售受阻，已生产的几吨泥子不得不在仓库睡觉，眼看几十万元的资金就要打水漂了。企业在苦苦推销中终于柳暗花明——推销员在一个偶然的机会中得知，高档家具制造厂正急需这样的产品。原来，他们正在使用的普通泥子喷漆后容易脱落，而高级钣金泥子又太贵，这样该厂生产的这种未达标的钣金泥子正好符合他们的需要。很快，该企业不仅销完了全部库存，而且发现了一个巨大的新市场。于是，该企业就这样歪打正着，很快摆脱经营困境，迎来了新的曙光。

（资料来源：根据《每日经济新闻》相关资料改编）

思考与讨论：

1. 联系该情景，你认为推销员有什么作用？
2. 哪些事情是推销员应该做的？

一、推销员的作用

随着现代通信手段日益发达，特别是电子商务的兴起和迅猛发展，有人认为推销员的作用

正在减弱。但是，国外企业和我国工商企业的实践表明，人员推销与其他促销手段相比仍然具有不可替代的作用。其作用主要表现在以下几方面：

1．推销员是决定企业运营的关键

企业如果不能将产品最终销售出去，就不能实现自己的经济效益。而负责直接销售的推销员的工作成效如何，就成为企业运营的关键环节，直接关系到企业经营的成败。

2．推销员是买卖关系的桥梁

推销员在联系业务的过程中，通过面对面接触，能与顾客建立融洽的友谊，在争取顾客的信任、赢得其消费偏爱并说服顾客作出采购、购买的行为方面，成效显著。

3．推销员是应对竞争的利器

激烈的市场竞争，使得企业提供给市场的商品很容易被复制，因而，商品之间的同质化趋势越来越明显，许多商品对消费者来说，很难分辨它们各自的差别。在这种情况下，训练有素的推销员凭借给顾客提供优良的服务和运用灵活恰当的推销技巧能够创造突出的销售业绩，从而赢得竞争的主动权。

4．推销员是信息传递的使者

推销员在工作过程中，通过介绍和展示推销品把有关信息传递给目标顾客，同时又能够及时了解和反馈顾客对推销品的意见和建议，起到信息双向沟通的作用。

二、推销员的职责

推销员的职责并不如一些人所想象的那样，仅仅是把商品销售出去。有人对推销员的工作时间分配作了统计，在推销员的全部工作时间中，面对面推销占41%，旅行、等待、会晤占34%，处理文字报告、开会占20%，售后服务占5%。

通常来说，推销员的工作职责包括收集信息资料、制订推销计划、销售商品、做好售后服务四个方面。

1．收集信息资料

首先在推销实施前要注意收集信息。推销员在开展推销活动之前，必须先要学会当“情报员”和“侦察兵”，只有事先收集足够的信息资料，才能做到“知己知彼、百战不殆”。重要信息具体包括本企业产品的性能和特征、产品的销售情况、竞争对手情况、市场环境状况及其变化趋势等。总之，推销员掌握的相关信息越多，推销成功的把握就越大。其次，在推销过程中，同样要重视信息的收集，包括顾客对推销品的态度和意见、潜在商机的捕捉和分析等，把这些信息及时反馈给企业相关部门，必要时适时调整企业的经营策略，有利于更好地完成商品的销售工作。

2．制订推销计划

掌握了必需的信息资料后，推销员应该做好推销前的准备工作，制订一个合适的推销计划。其主要内容包括明确访问对象、选定访问路线、安排访问时间、拟订面谈方案等。

3．销售商品

促成交易是推销员的重要职责。推销员要善于在分析推销对象的基础上，运用适当的方法引起目标顾客的注意和兴趣，恰当地向顾客展示商品，学会用例证增强说服力，善于妥善处理顾客的异议，能够敏锐地捕捉到成交信号，争取推销成功。

4. 做好售后服务

产品销售出去，并不意味着万事大吉。高明的推销员都十分重视售后与顾客继续保持联系，并及时提供相关服务。这样做至少有两大好处：一是能及时发现在顾客使用商品的过程中可能存在的问题并妥善处理，减少顾客的抱怨与投诉；二是通过提供优质的售后服务，可以提高顾客对服务的满意率，在顾客中树立良好的口碑，有利于进一步扩大客户资源，为以后的推销工作铺平道路。

●案例与思考

乔·吉拉德的销售秘诀

乔·吉拉德，因售出13 000多辆汽车创造了商品销售最高纪录而被载入世界吉尼斯大全。他曾经连续15年成为世界上售出新汽车最多的人，其中6年平均每年售出汽车1 300辆。销售是需要智慧和策略的事业。在每位推销员的背后，都有自己独特的成功诀窍，那么，乔的推销业绩如此辉煌，他的秘诀是什么呢？

一、250定律：不得罪一个顾客

在每位顾客的背后，大约都站着250个人，包括与他关系比较亲近的人：同事、邻居、亲戚、朋友。

如果一个推销员在年初的一个星期里见到50个人，其中只要有两个顾客对他的态度感到不愉快，到了年底，由于连锁影响就可能有5 000个人不愿意和这个推销员打交道，他们从周围的人那里知道一件事：不要跟这位推销员做生意。

这就是乔·吉拉德的250定律。由此，乔得出结论：在任何情况下，都不要得罪任何一个顾客。

在乔的推销生涯中，他每天都将250定律牢记在心，抱定生意至上的态度，时刻控制着自己的情绪，不因顾客的刁难，或是不喜欢对方，或是自己心绪不佳等原因而怠慢顾客。乔说得好："你只要赶走一个顾客，就等于赶走了潜在的250个顾客。"

二、名片满天飞：向每一个人推销

每一个人都使用名片，但乔的做法与众不同：他到处递送名片。在餐馆就餐付账时，他要把名片夹在账单中；在运动场上，他把名片大把大把地抛向空中。名片漫天飞舞，就像雪花一样，飘散在运动场的每一个角落。你可能对这种做法感到奇怪。但乔认为，这种做法帮他做成了一笔笔的生意。

乔认为，每一位推销员都应设法让更多的人知道自己是干什么的，销售的是什么商品。这样，当他们需要他的商品时，就会想到他。乔抛撒名片是一件非同寻常的事，人们不会忘记这件事。当人们买汽车时，自然会想起那个抛撒名片的推销员，想起名片上的名字：乔·吉拉德。同时应谨记：有人就有顾客。如果你让他们知道你在哪里，你卖的是什么，你就有可能得到更多的生意机会。

三、建立顾客档案：更多地了解顾客

乔说："不论你推销的是什么东西，最有效的办法就是让顾客相信并且是真心相信——你喜欢他、关心他。”

如果顾客对你抱有好感，你成交的希望就增加了。要使顾客相信你喜欢他、关心他，那你就必须了解顾客，收集顾客的各种有关资料。

乔中肯地指出：“如果你想要把东西卖给某人，你就应该尽自己的力量去收集他与你的生意有关的情报……不论你推销的是什么东西。如果你每天肯花一点时间来了解自己的顾客，做好准备，铺平道路，那么，你就不愁没有自己的顾客。”

刚开始工作时，乔把收集到的顾客资料写在纸上，塞进抽屉里。后来，有几次因为缺乏整理而忘记追踪某一位准顾客，他开始意识到自己动手建立顾客档案的重要性。他去文具店买了日记本和一个小小的卡片档案夹，把原来写在纸片上的资料全部做成记录，建立起了他的顾客档案。

乔认为，推销员应该像一台机器，具有录音机和电脑的功能，在和顾客交往的过程中，将顾客所说的有用情况都记录下来，从中把握一些有用的材料。

乔说：“在建立自己的卡片档案时，你要记下有关顾客和潜在顾客的所有资料，他们的孩子、嗜好、学历、职务、成就、旅行过的地方、年龄、文化背景及其他任何与他们有关的事情，这些都是有用的推销情报。所有这些资料都可以帮助你接近顾客，使你能够有效地跟顾客讨论问题，谈论他们自己感兴趣的话题，有了这些材料，你就会知道他们喜欢什么，不喜欢什么，你可以让他们高谈阔论，兴高采烈，手舞足蹈……只要你有办法使顾客心情舒畅，他们不会让你大失所望。”

四、猎犬计划：让顾客帮助你寻找顾客

乔认为，干推销这一行，需要别人的帮助。乔的很多生意都是由“猎犬”（那些会让别人到他那里买东西的顾客）帮助的结果。乔的一句名言就是“买过我汽车的顾客都会帮我推销”。

在生意成交之后，乔总是把一叠名片和猎犬计划的说明书交给顾客。说明书告诉顾客，如果他介绍别人来买车，成交之后，每辆车他会得到25 美元的酬劳。

几天之后，乔会寄给顾客感谢卡和一叠名片，以后至少每年顾客都会收到乔的一封附有猎犬计划的信件，提醒他乔的承诺仍然有效。如果乔发现顾客是一位领导人物，其他人会听他的话，那么，乔会更加努力地促成交易并设法让其成为“猎犬”。实施猎犬计划的关键是守信用——一定要付给顾客25 美元。乔的原则是宁可错付50 个人，也不要漏掉一个该付的人。猎犬计划使乔收益很大。

1976 年，猎犬计划为乔带来了150 笔生意，约占总交易额的三分之一。乔付出了1 400 美元的猎犬费用，收获了75 000 美元的佣金。

五、推销产品的味道：让产品吸引顾客

每一种产品都有自己的味道，乔·吉拉德特别善于推销产品的味道。与“请勿触摸”的做法不同，乔在和顾客接触时，总是想方设法让顾客先“闻一闻”新车的味道。他让顾客坐进驾驶室，握住方向盘，自己触摸操作一番。

如果顾客住在附近，乔还会建议他把车开回家，让他在自己的太太、孩子和领导面前炫耀一番，顾客会很快地被新车的“味道”所陶醉。根据乔本人的经验，凡是坐进驾驶室把车开上一段距离的顾客，没有不买他的车的。即使当时不买，不久后也会来买。新车的“味道”

已深深地烙印在他们的脑海中，使他们难以忘怀。

乔认为，人们都喜欢自己来尝试、接触、操作，人们都有好奇心。不论你推销的是什么，都要想方设法展示你的商品，而且要记住，让顾客亲身参与，如果你能吸引住他们的感官，那么你就能掌握住他们的感情了。

六、诚实：推销的最佳策略

诚实是推销的最佳策略，而且是唯一的策略。但绝对的诚实是愚蠢的。推销容许谎言，这就是推销中的“善意谎言”原则，乔对此认识深刻。

诚实为上策，这是你所能遵循的最佳策略。可是策略并非法律或规定，它只是你在工作中用来追求最大利益的工具。因此，诚实就有一个程度的问题。

推销过程中有时需要说实话，一是一，二是二。说实话往往对推销员有好处，尤其是推销员所说的、顾客事后可以查证的事。

乔说：“任何一个头脑清醒的人都不会卖给顾客一辆六汽缸的车，而告诉对方他买的车有八个汽缸。顾客只要一掀开车盖，数数配电线，你就死定了。”

如果顾客和他的太太、儿子一起来看车，乔会对顾客说：“你这个小孩真可爱。”这个小孩也可能是有史以来最难看的小孩，但是如果想要赚到钱，就绝对不可以说出难看的事实。

乔善于把握诚实与奉承的关系。尽管顾客知道乔所说的不尽是真话，但他们还是喜欢听别人的恭维。少许几句赞美，可以使气氛变得更愉快，没有敌意，推销也就更容易成交。

有时，乔甚至还撒一点小谎。乔看到过推销员因为告诉顾客实话，不肯撒个小谎，而平白失去了生意。顾客问推销员他的旧车可以折合多少钱，有的推销员会粗鲁地说：“这种破车。”乔绝不会这样，他会撒个小谎，告诉顾客，一辆车能开上 12 万公里，车主的驾驶技术的确高人一等。这些话使顾客开心，就赢得了顾客的好感。

七、每月一卡：真正的销售始于售后

乔有一句名言：“我相信推销活动真正的开始是在成交之后，而不是之前。”推销是一个连续的过程，成交既是本次推销活动的结束，又是下次推销活动的开始。推销员在成交之后继续关心顾客，将会既赢得老顾客，又能吸引新顾客，使生意越做越大，客户越来越多。

“成交之后仍要继续推销”，这种观念使得乔把成交看做是推销的开始。乔在和自己的顾客成交之后，并不是把他们置于脑后，而是继续关心他们，并恰当地表示出来。

乔每月要给他的 1 万多名顾客寄去一张贺卡。一月份祝贺新年，二月份纪念华盛顿诞辰日，三月份祝贺圣帕特里克日……凡是在乔那里买了汽车的人，都收到了乔的贺卡，也就记住了乔。

正因为乔没有忘记自己的顾客，顾客才不会忘记乔·吉拉德。

(资料来源：第一销售员网)

思考与讨论：

1. 有人说，推销是一项技术含量很低的工作，只要愿意人人都能干。结合案例谈谈自己的体会。

2. 乔·吉拉德的成功对你未来的职业生涯有什么启示？

第三节　推销员的心态

●情景体验

我的推销实习

大学的最后一个学期是实习期，当时我很荣幸地通过人才市场应聘，找到一份知名招聘网站业务员的工作。主要工作是通过电话联系顾客推广网站的“招聘广告及相关服务”。客户资源是由公司通过软件自动抓取后分配的，不需要每位业务员自己去寻找。

刚开始，感觉公司各项业务考核指标压得我喘不过气来，其中一项指标就是每天的“有效通话时间”。起初，我总是在这个指标上过不了关，主要原因是电话刚打通，说不上两句话对方就挂电话了。而这样的通话时间属于“无效通话”，不计入“有效通话时间”考核指标，当时很苦恼。后来，我一边向有经验的同事请教，一边上网找资料，或到专业社区、论坛发帖求助，经过一段时间研究琢磨，终于找到解决办法，业绩也迅速提升。

三个月后，我赢得一次部门的单月业务冠军。学校学习的营销理论教会了我思考的方法，当然还得结合工作实际具体运用。我们面临的市场环境每天都在变化，新的技术、新的营销平台与工具层出不穷，这都要求我们要不断学习新知识，掌握新技能。很庆幸，公司经常组织各种业务培训学习和业务能手经验分享活动，这对我适应新市场，提高业务水平帮助很大。可以说，不断学习是对一个业务员的基本要求。

思考与讨论：

1. 结合“我”的实习经历，谈谈你对推销员心态的理解。
2. 你认为推销员应该确立什么样的心态？

好心态决定好出路，良好的心态是销售成功的重要前提。

正确的心态是推销员成长的催化剂，时刻催促着你前进，也时刻鞭策着你努力，心态决定命运，它凌驾于能力之上，表现于行动之中。正如狄更斯所说：“一个健全的心态，比一百种智慧都更有力量。”

一、确立正确的推销心态

（一）积极心态

积极心态的人像心中充满了阳光，照到哪里哪里亮。积极心态的人，不是不会遇到困难与挫折，而是勇于面对，积极寻找办法去解决。毛主席曾经告诫我们：“我们的同志在困难的时候，要看到成绩，看到光明，要提高我们的勇气。”推销员工作时最容易遭到顾客误会甚至直接拒绝，所以尤其需要有这种革命的乐观主义精神，把每一次顾客的拒绝当作新的学习机会，把每次拒绝的痛苦变成成长的快乐，始终保持一种百折不回、昂扬向上的姿态。面对困境，能辩证地看问题，找出其中的有利因素为我所用，化危为机。如果只看到消极的一面，整天抱怨、消沉，最终将被负能量所包围，失去继续前进的动力和勇气。乔·吉拉德说：“当客户拒绝我七次后，我才有点相信客户可能不会买，但是我还要再试三次，我每个客户至少试十次。”这就是世界销售冠军与一般销售人员的区别。

（二）自信心态

信心是一种力量。拥有自信的人，在面对困难的时候，不但比常人多一份果敢与乐观，而且还能把力量传递给他人，影响和感染周围的人。当年，红军之所以能够完成艰苦卓绝的长征胜利到达陕北，就是革命必胜的信念深深融入战士们的骨子里。

自信应成为推销员的标配。吉姆推销模式理论的核心就是自信，强调推销员要成功推销首先必须学会自信，包括推销员对自己要自信，对自己所推销的产品要自信，对自己所代表的企业要自信。

不自信的人，除了心理素质不过硬之外，还有一个原因是对自己知识与能力的不足所表现出来的一种担忧。解决之策，一是平时要注意多练习，给自己壮胆；二是要注重学习，不断提升素质，增长才干。

（三）空杯心态

所谓空杯心态，也就是清零心态，强调要虚心学习，先要把自己想象成“一个空着的杯子”，而不是骄傲自满。“谦虚使人进步，骄傲使人落后”这是颠扑不破的真理。一代武学宗师，功夫演员李小龙曾说过：“清空你的杯子，方能再行注满，空无以求全。”做人就得像稻谷一样，越成熟腰弯得越低。不管你过去多么优秀，也不能因循守旧，拒绝学习，陶醉在自己过去的功劳簿里。

推销员所处的市场环境本来就是一个复杂多变的大系统，消费者的需求在不断变化，现代科技的进步日新月异，知识更新的速度空前加快，营销的新理论、新工具、新方法层出不穷，再加上市场竞争越来越激烈，因此，推销员必须坚持学习，学会学习。同事是老师，上级是老师，客户是老师，竞争对手也是老师。学习不但是一种心态，而且更应该是我们的一种生活方式。3 天不学习可能会落伍，30 天不学习可能被淘汰。推销员更应该明白一个道理，对大脑的投资，是回报率最高的投资。你对学习的态度决定了你未来成就的高度。

（四）双赢心态

做买卖必须坚持双赢，实现互惠互利。推销员必须为顾客创造他需要的价值，让他感觉到花钱购买真正“值”，交易才能成功，合作关系才能长久。推销员不能因为有业绩压力而违背职业道德把顾客不需要或不合适的东西推销给他。这样，即使成交，也是严重的短期行为，一旦顾客醒悟，会形成对推销员不利的口碑，导致客户资源流失，最终损害自己的利益。

有远见的生意人，懂得先成就顾客，帮助顾客成功，然后获得利益就是水到渠成的事情。马云就是这样的成功典型，早在创业初期，他同样面临资金压力，迫切需要赚钱。但他始终只坚持做好一件事，那就是只想帮助无数中小企业成功，让“天下没有难做的生意”，这是一件了不起的事业。

（五）感恩心态

古诗云："谁言寸草心，报得三春晖"，古有"衔环结草，以恩报德"的典故。感恩是每个人应有的基本道德准则，是做人的起码修养。

《牛津字典》这样解释感恩："乐于把得到好处的感激呈现出来且回馈他人。"感恩之心，就是对世间所有人所有事物给予自己的帮助表示感激，铭记在心；感恩之心，就是我们每个人生活中不可或缺的阳光雨露，一刻也不能少。只要你常怀感恩的心，就必然会源源不断地获得诸如温暖、自信、坚定、善良等这些美好的处世品格，成为一个高尚的人。

推销员要学会感恩，感谢自己父母的养育恩，感谢老师帮你增长知识才干的教育恩，感谢公司给你提供平台和资源的知遇恩，感谢客户给你订单，感谢给你带来帮助的人，也感谢给你带来成长的对手，珍惜才会拥有，感恩才会天长地久。

（六）包容心态

作为推销员，工作中会接触到各种各样的经销商和五花八门的消费者，不同的人，有不同的爱好与需求，脾气也会有很大差异。推销员是为客户提供服务的，一切活动是为了满足客户的需求。这就要求我们学会包容，包容他人的不同喜好，包容他人的挑剔。另外，推销员一般会归属一个工作团队，你的同事也许与你有不同的喜好，有不同的做事风格，你也应该去包容。

水至清则无鱼，海纳百川有容乃大。推销员需要锻炼同情心，需要去接纳差异，需要学会包容差异。

（七）坚持心态

"吃得苦中苦，方得人上人"。销售工作是非常辛苦的，推销员的业绩是用脚跑出来的，用嘴磨出来的。工作时要不断地去拜访客户，去协调客户，甚至跟踪消费者提供服务。或者是不断地打电话寻找销售机会，要耐心地跟顾客解释，有时甚至说得口干舌燥仍没有结果。这就要求推销员能吃苦，能抗压，面对困难与逆境不回避，不放弃，始终相信"办法总比困难多"，具有坚持不懈的韧性。有一句话说得好，"今天会很残酷，明天会很残酷，后天会很美好，但大部分人会死在明天晚上"。所谓"剩者为王"，能成大事者，都是能够以超强的毅力熬过痛苦的"黑暗期"坚持到最后的人。

号称日本"推销之神"的原一平，就是在遭受一次次失败打击之后，凭着"不服输"三个字，一路坚持，终于成为一名世界上伟大的推销员。美国演员史泰龙在没有成名前，为了能够演电影，在好莱坞各个电影公司一家一家地推荐自己，在他无数次碰壁之后，终于有一家电影公司愿意用他。从此，他走上影坛，靠自己坚韧不拔的韧性，演绎了众多的硬汉形象，成为好莱坞著名演员。

（八）热情心态

热情，指人参与活动或对待别人所表现出来的热烈、积极、主动、友好的情感或态度。很难想象，一个对推销工作没有丝毫热情的人能够将自己全身心投入到工作中去，并且创造出好的销售业绩来。热情是推销员最重要的品德之一，它是推销员事业成功的动力。推销离不开热情，热情让推销员能够充分挖掘自身潜力，激发想象力和创造力。推销员只有在工作中始终保持高度的热情，才能让顾客被我们的热情感染。

当然，推销员对待顾客的热情，应当适度，要注意时机，如果热情过度只会引起顾客误会，欲速则不达。世界著名推销大师齐格拉有句名言："可能你会由于过分热情而失去某一笔交易，但也会因为不够热情而失去一百次交易！”

（九）平常心态

平常心态，可以理解为一个人对一件事在经过拼尽全力之后出现的结果，不管是成功还是失败，都能够理性平静地接受的心理状态。

有人把平常心态与“消极、无为、知足”画等号，其实，这是只看到某些表象而已，是片面的认识。平常心强调过程努力，在结果出现之前也要“积极、有为、争取”，这样，哪怕最终结果不是自己所期待的，也能坦然接受，不苛求完美，也不怨天尤人。

平常心本应该是一种“常态”，人人都可以具备。生活中，之所以不少人没有平常心态，是因为这些人被世俗的名利困住了，走不出自己的小天地。

推销员应该学会以平常心对人对己，特别是在成败与荣辱面前。

当顾客拒绝我们时，不要气馁，要学会换位思考。假如我是顾客，对不充分了解的商品或对还没有建立信任的推销员同样不会愿意接受的。所以，遇到顾客拒绝是很平常的事情。有时候，即使多次努力尝试，仍然无法达成交易，这种情况也不奇怪。

推销员对自己也要有平常心态，人无完人，不要苛求自己。要正视自己的缺点，也要给自己成长的机会，让自己有一个不断学习、不断完善的过程。面对过去的成绩，不要过于留恋，应该把它当作新的里程碑，重新出发。居里夫人曾经把英国皇家学会刚刚颁发给她的一枚金质奖章给小女儿当玩具，好让她从小就明白一个道理：“荣誉就像玩具，只能玩玩而已，绝不能永远守着它，否则将一事无成。”

（十）合作心态

推销员要具备合作心态，具体包含两层意思：一个是使顾客变成合作伙伴，另一个是强调团队合作。

把顾客变成合作伙伴，就要求推销员在工作中要合理处理与顾客的利益关系。只有确立正确的顾客观，能够照顾到双方的正当利益，这种合作关系才能长久和巩固。

推销员还要有团队合作精神，正确处理与团队成员之间的利益关系，敢于承担属于自己的责任，学会担当。懂得分工与合作，积极配合协助团队其他成员完成团队目标。推销员应该明白，只有把自己融入到团队中，依靠团队的力量才能提升自己，成就他人的同时也成就自己，最终才能取得成功。

二、克服不良心态

不良心态，会吞噬一个人的精神，消磨一个人的斗志。推销员在工作中要不断自检、自省，切实提防出现以下各种不良心态。

（一）缺少目标，安于现状

有的推销员对自己缺乏职业规划，将来的职业发展方向不明确，没有制定职业发展目标，甚至平常工作的目标也不清楚，满足于现状，缺乏激情。

（二）计划不周，办事拖沓

有的推销员平常工作中缺乏自我约束，也不懂时间管理，导致工作无计划，分不清工作重点与轻重缓急，工作效率低。

（三）害怕拒绝，不敢行动

有的推销员职业心理不成熟，好所谓的“面子”，遇到几次顾客拒绝就胆怯，裹足不前。

（四）守株待兔，缺乏主动

有的推销员不思进取，妄想等顾客主动找上门来，不善于捕捉销售机会或者不愿意主动创造成交机会，工作被动。

（五）害怕竞争，不思进取

有的推销员不敢面对竞争，既害怕内部员工之间的业务竞争，也害怕外部同行竞争，碰到困难容易退缩。

（六）经常抱怨，缺乏反思

有的推销员自己业绩不佳，喜欢抱怨，总是给自己的失败找借口，不会主动从自己身上找原因，缺少自我反省的勇气，实际上也是在拒绝接受进步。

（七）遇到挫折，缺少坚持

还有的推销员对推销工作缺乏正确认识，也缺少必要的心理准备，“三天打鱼，两天晒网”，遇到挫折心理承受力较弱，自信心容易遭受打击，甚至半途而废，主动放弃。

三、学会调整心态

每个人内心有一个另外的“我”，有时这个“我”甚至会成为自己强大的敌人。当工作压力大，身心疲惫之时，人们通常会出现一些负面情绪，这也正常。只是明智的人，不会总是让这种负面情绪困扰自己，而是能够找到恰当的方法去排遣，消除其负面影响，重新找回正确的轨道。法国作家雨果曾说过：“思想可以使天堂变成地狱，也可以使地狱变成天堂。”推销是挑战性较强的职业，工作压力大，因此，推销员学会正确调整心态就能不断激励自己，勇往直前，否则就会被坏情绪吞噬掉。

（一）心理宣泄法

人们在受到挫折时容易出现负面情绪，化解之道不是“堵”，而是要“导”，让情绪及时得到宣泄就是为了“导”。当推销员遇到这样那样的心理创伤、挫折或失败后，若找不到合理的途径宣泄或转化，则容易导致一些心理疾病。心理宣泄的方法有多种，比如：书写，通过写信、记日记、绘画等形式发泄自己的不满；向人倾诉，把自己的烦恼、愤怒、痛苦等向老师、朋友或亲人一一倾诉或大哭一场，以缓解心理压力；还有打假人、摔东西、撕碎纸片等等。

（二）注意力转移法

通过开展一些能够让自己放轻松的活动，把注意力从引发消极情绪的事情上转移开来，让自己忘掉烦恼，在内心重新找到平衡。推销员如果感到心里很苦闷，可按照自己的兴趣爱好选择适当的方式去转移注意力。比如看一场刺激的电影，听一场音乐会，去郊外跑步，玩一把过瘾的游戏，放松心情去旅游等等。

（三）反向思维法

就是从事物的反面去考虑，充分发掘积极的因素，抑制消极的因素。即使出现很糟糕的事情，也要学会从积极的方面去想，尽力使心态放松，保持宁静的心境。古有“塞翁失马”，推销员有时也需要一点“阿 Q 精神”。正常的精神安慰对人的心理健康是十分有益的，每个人都必须学会从失落中走出来，必须学会调节心理，获得某种平衡。否则，我们将长期困处在名利的斤斤计较中而痛苦。推销员在工作中哪怕发生了一件很不利的事情，如果放到更长的职业生涯中去看，你会发现，事情其实远没有想象中那么严重。比如，你费了很多时间与精力开发的一个大客户有一天突然被你的竞争对手挖走了！你当时肯定很气愤，甚至抓狂，或许会难受想哭。这时候，你可以尝试从反面去思考，学会放下。“既然事情已发生，我反而要感谢它，因为通过这件事我可以从竞争者身上学到一种开拓大客户的策略与技巧，或者从客户身上悟出一个客户服务的理念与方法，损失是暂时的，今后我将得到更多。”学会这种反向思维法，你就会在“山重水复”的逆境中看到“柳暗花明”，重新燃起战胜困难的勇气。

（四）积极的自我暗示

人们在出现紧张、焦虑、担心、恐惧的负面情绪时，通常是出于对未来不可预知的一种担忧，是不自信的表现，此时，不断地默念“我可以！”“我可以！”在内心不断地给自己打气、壮胆，有利于驱赶上述负面情绪，重拾信心。

（五）心理咨询法

“心病还需心药医”，心理咨询可以帮助来访者认识自己，调整情绪，从而促进心理健康成长。目前，在我国许多大中城市均设有心理咨询中心，一些大医院设有心理咨询门诊，同时不少大学也设有心理咨询中心或辅导中心。推销员如果遇到心理困扰，通过自我调节仍没有达到效果的话，就应及时向心理医生求助，千万不要为所谓“面子”耽误了最佳心理介入机会。

●本章小结

现代营销实践离不开推销。推销员、推销对象、推销品是推销活动的三个基本要素。

推销是营销活动的重要手段之一，营销包含推销，推销反过来又对营销的效果产生影响。推销活动具有主动性、针对性、灵活性、双向性、互利性等特点。推销员是企业的中坚力量，对企业的生存和发展十分重要。销售商品是推销员的重要职责，但绝不是全部，除此之外，收集信息资料、制订推销计划、做好售后服务等同样是推销员不可忽视的主要工作。

推销员必须学会确立正确的心态，当出现负面情绪时，要学会用适当的方法调节和消除。

●思考与练习

一、判断题

1. 推销活动自古就有，它是商品经济发展到一定阶段的产物。（ ）

2. 推销员是推销活动的主体，顾客是推销活动的客体。（ ）

3. 推销与营销实质上是一回事，它们都是要运用一些策略和方法来吸引顾客购买商品。（ ）

4. 一般来说，在推销活动中起主导作用的是推销员。（ ）

二、填空题

1. 所谓推销活动的三要素是指（ ）、（ ）与（ ）。

2. 推销活动具有如下特点：（ ）、（ ）、（ ）、（ ）以及（ ）。

三、多项选择题

1. 关于推销与营销的关系，正确的说法是（ ）。

A．营销与推销没有多大区别　　B．营销包含推销
C．推销包含营销　　D．两者互相联系、互相影响
2．推销员的主要职责包括（　）。
A．收集商业情报　　B．制订推销计划
C．销售商品　　D．做好销售服务
3．推销员调整心态的方法除了心理咨询法外，还有（　）。
A．心理宣泄法　　B．注意力转移法
C．反向思维法　　D．积极的自我暗示

四、案例分析

如此推销

王先生夫妇是一对年轻的夫妇，住在锦州市太和区。他们都受过高等教育，有两个孩子，一个九岁，一个五岁。王先生夫妇非常关心孩子的教育，并决心要让他们接受最好的教育。

随着孩子逐渐长大，王夫人意识到该是让他们看一些百科读物的时候了。一天，当她翻阅一本杂志时，一则有关百科读物的广告吸引了她，于是她打电话给当地的代理商，问是否能见面谈一谈，以下是二人的面谈实录。

王夫人：请告诉我你们这套百科全书有哪些优点？

推销员：首先请您看看我带的这套样书。正如您所见到的，本书的装帧是一流的，整套五十卷都是这种真皮封套烫金字的装帧，摆在您的书架上，那感觉一定好极了。

王夫人：我能想象得出，你能给我讲讲其中的内容吗？

推销员：当然可以，本书内容编排按字母排序，这样便于您很容易地查找资料。每幅图片都很漂亮逼真。

王夫人：我看得出，不过我更感兴趣的是……

推销员：我知道您想说什么。本书内容包罗万象，有了这套书您就如同有了一套地图集，而且还附有详尽的地形图，这对你们这样年龄的人来说一定很有好处。

王夫人：我要为我的孩子着想。

推销员：当然！我完全理解。由于我公司为此书特别配有带锁的玻璃门书箱，这样您的小天使就无法玩弄它们，在上面涂抹了。而且，您知道，这的确是一笔很有价值的投资，即使以后想卖出去也决不会赔钱的。何况时间越长，收藏价值就越大。此外，它还是一件很漂亮的室内装饰品，那个精美的小书箱就算我们赠送的。现在我可以填您的订单了吗？

王夫人：哦，我得考虑考虑。你是否能留下其中的某部分，比如文学部分，以便让我进一步了解其中的内容呢？

推销员：我真的没有带文学部分来，不过我想告诉您，我公司本周内有一次特别的优惠售书活动，我希望您有好运。

王夫人：我恐怕不需要了。

推销员：我们明天再谈好吗？这套书可是给您丈夫的一件很好的礼物。

王夫人：哦，不必了，我们已经没兴趣了，多谢！

推销员：谢谢，再见，如果您改变主意请给我打电话。

王夫人：再见！

问题：(1) 你认为案例中推销员最大的失误在哪里？理由是什么？

(2) 结合案例谈谈你对推销的理解。

五、实训题

(一) 课内模拟演练：游戏对练

演练目的：通过推销游戏，初步体验推销，认识推销活动的特点。

方案策划：两位同学一组，分别扮演推销员和顾客，以自己学习或生活中用到的某商品作为推销品，尝试把商品推销给对方。一次练习结束，轮换角色继续演练。推销游戏结束后，相互交流感想，并结合本次演练，温习推销活动的基本要素和特点。

(二) 课外实战训练：推销实践

演练目的：真实地感知推销的魅力。

训练项目：因地制宜地开展一次校园推销实践活动。活动结束后，相互交流：我对推销是怎样认识和理解的？推销员的主要职责是什么？如何取得推销成功？最后教师总结。

训练指导：

(1) 可在新学期初，针对在校大学生的消费特点，就近联系当地某商家组织学生为其代理销售商品。

(2) 全班分成 2 至 3 个实践小组，互相开展竞赛。

(3) 行动前要求每个小组先设计实践方案。

(4) 小组实践效果计入平时考核成绩。

第二章 推销理论与推销模式

●能力目标

1. 能够运用几种典型的推销模式理论进行案例分析
2. 能够运用本章学习的任一推销模式理论进行推销模拟演练
3. 能够为中小企业推销实践提供相关咨询

●知识目标

1. 推销方格理论的基本内涵与意义
2. 爱达推销模式的主要内容与操作步骤
3. 迪伯达推销模式的主要内容与操作步骤
4. 埃德帕推销模式的主要内容
5. 费比推销模式的主要内容

●能力训练重点

1. 如何吸引顾客的注意
2. 如何介绍和展示商品
3. 怎样用例证说服顾客

第一节 推销方格理论

●情景体验

实习生与老大娘

在某百货店里，实习生小王正在接待一位来自农村的老大娘，她想买一个暖水瓶胆。小王连续给她看了三个暖水瓶胆，她都摇头。小王有些奇怪，就问："大娘，这三个都有什么问题吗?”大娘说:“三个都坏了。”小王很惊讶:“不会的,这可是新进的货呀。”“每只瓶胆都有几个黑斑,不明显有毛病吗?”老大娘一边用手指指点上面的斑点,一边无奈地摇头。小王这才恍然大悟,笑着解释说:“大娘,这不是什么黑斑,这是三块石棉。因为瓶胆是双层玻璃构造,中间是真空的,为了防止瓶胆内壁因承受的压力过大而破碎,需要将内壁承受的压力分散一部分到外壁上,所以用三块石棉连接内外壁,这样瓶胆就不容易破碎了。”大娘听了后疑惑地笑笑,最后还是摇摇头走了。小王的师傅老刘得知此事后说道:“如果是我的话,我只要说‘大娘,相信我吧,这绝不是坏的’,大娘肯定就会买。你知道为什么吗?”这回轮到小王摇头了。刘师傅说:“第一,我在这儿多年了,周围的老百姓都认识我,他们相信我;第二,我不会说他们听不懂的话。”

思考与讨论:

1. 实习生小王接待顾客为什么不成功,有哪些教训需要吸取?
2. 分小组讨论:你觉得推销员应该具备什么样的职业心态?

推销方格(Sales Grid)理论是美国管理学家罗伯特·布莱克(Robert R. Blake)教授和简·蒙顿(Janes S. Mouton)教授的管理方格理论在推销领域的具体运用。他们曾以倡导管理方格理论而闻名于世。

推销方格理论能有效地帮助推销员清楚地认识自己的推销心态,看到自己存在的问题和不足,同时有助于推销员更深入地了解顾客,掌握顾客的心理特征,便于推销员进一步加强自身推销能力的培养,更好地完成推销工作。在西方国家,这种推销理论被人们看做是推销学理论的一大突破,甚至有人认为它是一种最具实效的推销观念。

为了更清楚地研究推销员和顾客之间的关系,推销方格可分为推销员方格和顾客方格,并通过相互关系的组合来研判推销的有效性及揭示其基本规律。

一、推销员方格

推销员在推销过程中通常会关注两大目标:一是努力说服顾客,希望达成交易,实现销售;二是尽力迎合顾客,希望与顾客交朋友,建立良好的形象。前者关心的重点是“销售”,后者关心的重点是“顾客”。不同的推销员对这两个目标的态度是不一样的,有的只注重销售和交易的成功而轻视与顾客的长远关系,有的注重追求人际关系目标,对于是否成交则不太关心,还有的则对这两个目标的追求都有着同样的热情。布莱克与蒙顿将这种差异放到直角坐标系中,即形成了所谓的推销员方格。如图 2－1 所示,横坐标表示推销员对销售的关心程度。纵坐标表示推销员对顾客的关心程度,坐标值越大,表示关心程度越高。其中以图中标出的五种基本心态最具代表性。

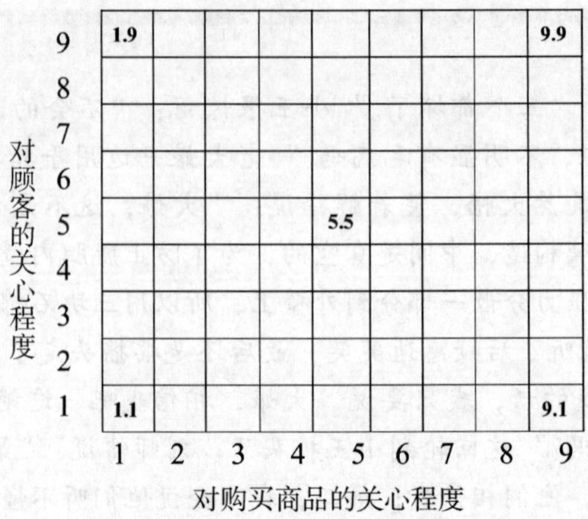

图2-1　推销员方格

1. 事不关己型

如推销方格图中1.1所示，这类推销员既不关心顾客，也不关心销售。典型的心态是“想买就买，不买就拉倒”，抱着无所谓的态度，对本职工作毫无热情，缺乏成就感。这种推销员不是合格的推销员，他们的推销成效往往是最差的。

产生这种心理态度的主要原因：一是推销员主观上不努力，缺乏进取精神；二是推销员所在的企业没有适当的激励措施和奖惩制度。因此，要改变这种推销态度，就要求推销员严格要求自己，企业也要在管理上下工夫，增强对推销员的激励和约束力，对那些明显不称职、又不愿改正的推销员要果断撤换。

2. 顾客导向型

如图中1.9所示，这是一种比较极端的心态，持这种心态的推销员确信“推销就是交朋友”。在实际推销活动中，总是单纯强调与顾客搞好关系，对顾客百依百顺，认为买卖不成仁义在，可能成为顾客的良好参谋甚至是好朋友，但忽视或羞于谈价钱，不敢谈交易，更不会试图运用推销技巧去说服顾客，促成买卖。这种过分迁就顾客而忽视交易的心态也不是良好的职业心态，不利于推销员的成长。

3. 强行推销型

如图中9.1所示，持这种心态的推销员只关心生意能不能做成，重视推销技巧的运用，总是企图化解顾客的反对意见，说服顾客购买，而常常忽视对顾客真实需求的了解，对顾客的态度和心理变化重视不够。在与顾客打交道的过程中，说得多，听得少，不善于与顾客双向互动。这正好与顾客导向型相反，走向重买卖、轻人情的另一个极端。这类推销员一心想做成生意，尽管其工作态度有积极的一面，而且往往能取得较高的经济效益，但由于只顾推销而不关心顾客的需要，忽视了顾客的正当权利，甚至不尊重顾客；一旦得罪了顾客，不仅生意做不成，而且有可能损害企业的形象。因此，这种心态也是不可取的。

4. 推销技巧型

如图中5.5所示，这是一种折中的心态，推销员虽关心销售，却不非常重视推销；虽关注顾客，却不愿意认真研究顾客，了解顾客的需要，只满足于一知半解，因而对顾客的服务不能完全到位。他们非常重视两者在一定条件下的充分结合，追求四平八稳、和气生财，通过营造一种温和的洽谈气氛，巧妙地运用推销技巧，争取达成交易。从现代推销的角度看，持这种心态的推销员可能成为一位业绩突出的成功者，但由于对推销不求甚解、缺乏创新，难以成为理想的推销专家或大师。

5. 解决问题型

如图中9.9所示，也叫满足需求型，持这种心态的推销员既能全力研究并实践推销技巧，又能最大限度地解决顾客的困难，注重开拓顾客的潜在需求和满足顾客的现实需要，能实现二者间的结合并保持良好的人际关系。他们既没忘记自己的推销职责，也没忘记顾客的需要，能够在推销工作中积极进取，为顾客排忧解难。这类推销员能把推销工作和顾客的实际需要有机结合起来，在最大限度地满足顾客的需要中取得最佳的经济效益。因此，持这种心态的推销员是最理想的。

二、顾客方格

顾客在接受推销时，主要有两种愿望：一是希望买到称心如意又价格公道的商品；二是希望得到推销员诚恳热情而又周到的服务。但是不同的顾客对这两方面的重视程度是不同的，有的顾客偏重关注商品本身，有的顾客则更看重服务质量，还有的顾客则两者兼顾。在推销方格理论中，可依据顾客对待推销员和采购商品的重视程度的不同而将其心态分成不同的类型。如图2－2所示，横坐标表示顾客对完成购买任务的关心程度，纵坐标表示顾客对推销员的关心程度，坐标值越大，表示关心程度越高。下面相应地对五种典型的类型作简要分析。

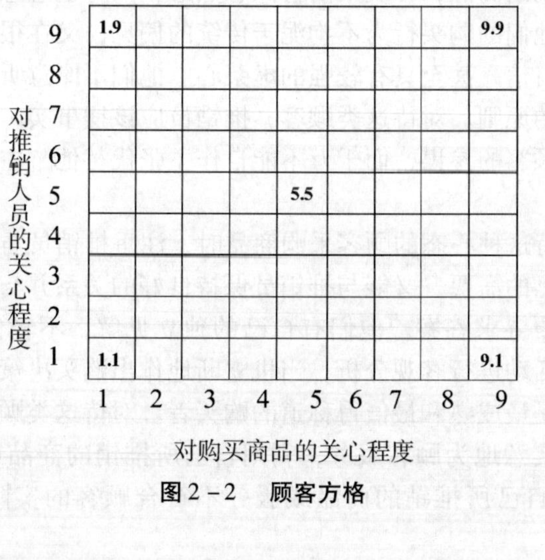

图2－2　顾客方格

1. 漠不关心型

如图中1.1所示，持这种心态的顾客既不关心推销员，也不关心商品购买活动本身。这种人多数是受人之托，没有购买决策权；或者他们不愿意承担责任，担心商品买得不如意，给自己带来麻烦，往往把购买决策权推给上级主管或其他人员，自己只做一些收集资料或询价等咨询性工作。另外一种情况可能是推销员拜访的对象有误，顾客对推销员所介绍的商品根本就不需要，因而反应冷淡，对待推销员的态度总是尽量躲避或敷衍了事。这种类型的顾客很难与之打交道，也难以取得成效。如果是属于第二种情况，推销员应该认真检讨自己，重新审视或物色新的推销对象。

2. 软心肠型

如图中1.9所示，持这种心态的顾客很有同情心，非常重视与推销员建立良好的人际关系，而对购买商品本身关心不够。只要推销员对他们态度友善、服务热情，就盛情难却而接受商品，没有拒绝的勇气，哪怕是一时还不太需要的商品，也可能购买。顾客产生这种心态，除了是出于对推销员工作艰辛的同情，也可能是其个性心理所决定的，有的人天生就是软心肠，容易感情用事，宁可花钱买和气，也不愿花钱买气受。这类顾客比较容易被说服，推销成功的把握较大。

3. 防卫型

如图中9.1所示，这种心态与软心肠型恰恰相反。持这种心态的顾客极端重视所购买的商品，甚至百般挑剔，而对推销员的态度并不重视。他们不相信推销员，任凭推销员如何解释，他们也宁可只相信自己的判断，对推销员有明显的防范心理，生怕上当受骗。这类顾客非常固执，一般很难被说服。这类购买心态的形成，一方面可能由于顾客生性保守，优柔寡断；另一方面可能是顾客曾经受过推销欺骗。因此，面对这类顾客，推销员首先应该推销自己，争取顾客的信任，而不是急于推销商品或服务。实在没办法，不得不考虑撤退，以免耗费宝贵的时间和推销资源。

4. 干练型

如图中5.5所示，持这种心态的顾客既重视商品本身，又注重推销员的态度和服务。他们喜欢凭借自己的知识来判断商品，在决策前会深思熟虑，同时也愿意听取推销员的介绍，但不会轻信推销员的允诺。他们的购买行为不拘泥于传统的偏见，又在很大程度上不受流行风气的影响。这类顾客一般很自信，甚至具有较强的虚荣心。他们不愿意听别人说教，总是坚持购买决策最终要由自己来定的原则。对待这类顾客，推销员应该摆事实，出示证据，引导顾客自己作出判断，只需要当好顾客的参谋，而千万不能自作主张代替他拿主意。

5. 寻求答案型

如图中9.9所示，持这种心态的顾客采购商品时，注重推销员与商品的完美结合。他们既关心购买，明确知道自己的需要，又能与推销员保持良好的关系并与之合作。这类顾客事先知道自己的问题，只是需要寻求答案。他们有自己的独立见解，不轻信广告宣传和推销员的承诺，能对推销员的推销活动进行客观分析，当机立断地作出购买决策，一般不会提出无理要求为难推销员。这类顾客是最成熟和最值得称道的购买者。对待这类顾客，推销员应认真分析其问题的关键所在，真心实意地为顾客服务，利用自己所推销的商品或服务，帮助顾客解决问题。如果推销员已确定自己所推销的商品或服务不符合顾客的实际需要，则应当立即停止推销。

三、推销员方格与顾客方格的关系

对推销员来说，培养良好的工作心态是取得推销成功的重要条件。一般来说，推销员的推销心态越趋向推销员方格中的9.9型，就越有把握取得理想的推销业绩。因此，每位推销员都应当立志成为专家型的推销行家或大师，学会把关心推销与关心顾客两者完美结合起来。当然，在现实推销工作中，推销员接触的顾客也是形形色色的，即使是专家型的推销行家，也不能保证每次推销都能成功，只有某种心态的推销员正好遇上心态与之相匹配的顾客，推销才会取得实效。布莱克和蒙顿教授设计了一个简明的有效组合表，初步揭示了推销员和顾客两种心态的组合与推销能否顺利完成的关系及其基本规律。如表2-1所示，"+"表示通常能完成推销任务；"-"表示不能完成推销任务；"o"表示不确定状态，可能有效也可能无效。为了帮助推销员了解自己的心理态度和对顾客的心理态度有充分的认识，布莱克和蒙顿教授还共同设计了一份推销方格试题，供推销员进行自我测验，详见【工作任务一】。

表2-1　推销有效组合表

顾客方格	推销员方格				
	9.9	1.1	1.9	5.5	9.1
1.1	-	-	o	o	+
1.9	-	+	+	+	+
5.5	-	o	+	+	+
9.1	-	-	-	o	+
9.9	-	o	o	o	+

推销成功与否，除了推销员与顾客两方面因素的影响外，还与复杂多变的推销环境有直接关系，是主客观条件综合作用的结果。所以推销方格理论也只能在大体上概括出两种心态的组合，在运用中还应结合实践不断充实和完善。

●技能训练

【工作任务一】完成推销员方格自我测验，结合自己未来的职业规划谈谈今后的打算。

下面每题分A至E五个陈述句。先将六道题略看一遍，然后逐题回答，对每题的五个陈述语句加以排列，对你认为最合适的陈述句给5分，次之给4分，再次给3分，依此类推，最后对不合适的给1分。

第一题

A. 我接受顾客的决定；

B. 我十分重视维持与顾客之间的良好关系；

C. 我善于寻找一种对客我双方均为可行的结果；

D. 我在任何困难的情况下都要找出一个结果来；

E. 我希望在双方相互了解和同意的基础上获得结果。

第二题

A. 我能够接受顾客的全部意见和各种态度，并且避免提出反对意见；

B. 我乐于接受顾客的各种意见和态度，更善于表达自己的意见和态度；

C. 当顾客的意见和态度与我的意见和态度发生分歧时，我就采取折中办法；

D. 我总是坚持自己的意见和态度；

E. 我愿意听取别人不同的意见和态度，我有自己独立的见解，但是当别人的意见更为完善时，我能改变自己原来的立场。

第三题

A. 我认为多一事不如少一事；

B. 我支持和鼓励别人做他想做的事情；

C. 我善于提出积极的合理化建议，以利于事业的顺利进行；

D. 我了解自己的真实追求，并且要求别人也接受我的追求；

E. 我把全部精力倾注在我所从事的事业之中，并且也热爱、关心别人的事业。

第四题

A. 当冲突发生的时候，我总是保持中立，并且尽量避免惹是生非；

B. 我总是千方百计地避免发生冲突，万一出现冲突，我也会设法去消除它；

C. 当冲突发生的时候，我会尽力保持镇定，不抱成见，并且设法找出一个公平合理的解决方法；

D. 当冲突发生的时候，我会设法击败对方，赢得胜利；

E. 当冲突发生的时候，我会设法找出冲突根源，并且有条不紊地寻求解决办法，消除冲突。

第五题

A. 为了保持中立，我很少被人激怒；

B. 为了避免个人情绪受到干扰，我常常以温和、友好的态度来对待别人；

C. 当情绪紧张时，我就不知所措，无法避免更进一步的压力；

D. 当情绪不对劲时，我会尽力保护自己，抗拒外来的压力；

E. 当情绪不佳时，我会设法将它隐藏起来。

第六题

A. 我的幽默感常常让人觉得莫名其妙；

B. 我的幽默感主要是为了维持良好的人际关系，希望利用自己的幽默感来冲淡严肃的气氛；

C. 我希望我的幽默感具有一定的说服力，可以让别人接受我的意见；

D. 我的幽默感很难被别人觉察；

E. 我的幽默感一针见血，别人很容易觉察到，即使在高度压力下，我仍然能够保持自己的幽默感。

答完以上各题后，请将每一题里每个方案的得分填写在表 2－2 中的空格里，然后将纵列的分数相加，每列的总计得分最多 30 分，最少 6 分，哪一列的得分最高，你就属于（或者说接近于）哪一类型。例如，你在（1.1）列得分 30 分，而在（5.5）列得分 20 分，则表示你较接近于（1.1）类型。

表 2－2　推销心态测试表

顾客方格	推销员方格				
	9.9	1.1	1.9	5.5	9.1
第一题	A1	B1	C1	D1	E1
第二题	A2	B2	C2	D2	E2
第三题	A3	B3	C3	D3	E3
第四题	A4	B4	C4	D4	E4
第五题	A5	B5	C5	D5	E5
第六题	A6	B6	C6	D6	E6
总　分					

（资料来源：郭奉元，黄金火．现代推销技术．北京：高等教育出版社，2005.）

●案例与思考

不情愿的购买者

推销员：这件衣服对您再合适不过了，您穿蓝色看上去很高贵，而且款式也正是您这种职业所需要的。

顾客（犹豫地）：不错，是件好衣服。

推销员：当然了，您应该马上就买下它，这种衣服就像刚出炉的热蛋糕，您不可能买到更好的了。

顾客：嗯，也许，我不知道。

推销员：您不知道什么？这是无与伦比的。

顾客：我希望你不要给我这么大的压力，我喜欢这件衣服，但我不知道我是否应当去买别的颜色的衣服，我现在已经有一套蓝色的了。

推销员：照照镜子，难道您不认为这件衣服使您有了一种真正的威严气质？您知道您可以承受得了，而且60天之内您可以不必付款。

顾客：我还得考虑考虑，这得花很多钱。

推销员：一分钱一分货，这件衣服绝对物超所值，我想任何一个聪明的人都不会放过这样的好机会。

顾客（有点为难）：先别急吧。

推销员：好的，不过等您再回头来时或许这件衣服已经没货了。

……

（资料来源：龚荒，杨雷．商务谈判与推销技巧．北京：清华大学出版社，北京交通大学出版社，2005.）

思考与讨论：

1. 推销员与顾客的关系处理得是否恰当？如果不恰当，你认为主要存在的问题在哪里？
2. 根据推销方格理论，讨论该推销员比较接近哪一类型推销员，试简要说明理由。

第二节　爱达推销模式

●情景体验

老太太买李子

一位老太太每天都去某菜市场买水果。一天早晨，她提着篮子，刚到菜市场，遇上了第一个卖水果的小贩。

小贩问："您要不要买些水果？"

老太太说："你有什么水果？"

小贩说："我这里有李子，您要李子吗？"

老太太说："我看看。"

小贩赶紧介绍："李子又红、又大、又甜，特别好吃。"老太太仔细一看，果然如此。但老太太摇摇头，走了。

老太太继续在菜市场转悠，遇到第二个小贩。

小贩问："老太太买什么水果？"

老太太说："买李子。"

小贩说："我这里有大的、小的、甜的、酸的，您要什么样的呢？"

老太太说："我要买酸李子。"

小贩说："我这堆李子特别酸，您尝尝？"

老太太一咬，果然很酸，满口的酸水有点受不了，但很高兴，马上买了一斤。

老太太没急于回家，继续在市场转，碰到第三位小贩。

小贩问："您想买点什么？"

老太太说："买李子。"

小贩问："要买什么样的李子？"

老太太说："酸李子。"

小贩好奇地问："别人都要买甜李子，您为什么要买酸的？"

老太太说："我儿媳妇怀孕了，想吃酸的。"

小贩马上说："老太太您对儿媳妇真好！想吃酸的就说明她会给您生个孙子！"

老太太很高兴。

小贩又问："那您知不知道孕妇最需要什么样的营养？"

老太太如实相告："不知道。"

"孕妇最需要维生素，因为她需要供给胎儿维生素。"小贩接着说，"那您知道什么水果维生素含量最高吗？"

老太太继续摇头。

小贩说："水果中，猕猴桃含维生素最丰富，您要是天天给儿媳妇买猕猴桃补充维生素，肯定能给您生个大胖孙子。"

老太太一听，又高兴地买了一斤猕猴桃。

小贩送别老太太时，又强调说："我每天都在这里摆摊，每天进的水果都是最新鲜的，下次到我这里，我给您优惠。"

（资料来源：尹彬．现代推销技术．北京：高等教育出版社，2007.）

思考与讨论：

1. 推销员应该怎样有效地吸引顾客，并通过恰当的方法刺激顾客的购买欲望，最终达成交易？

2. 要保证推销成功，对推销员来说，你认为最重要的是要做好哪些工作？

一、爱达模式的含义

爱达模式是欧洲著名推销专家海因兹·姆·戈德曼于 1958 年在其专著《推销技巧——怎样赢得顾客》中提出的。"爱达"是 AIDA 的译音，分别取自 Attention（注意）、Interest（兴趣）、Desire（欲望）、Action（行动）这四个英文单词的首写字母。

爱达模式是最具代表性的推销模式之一，它被认为是国际成功的推销模式。它的主要内容可简要概括为：一个成功的推销员必须把顾客的注意力吸引或者转移到其所推销的产品上来，使顾客对所推销的产品产生兴趣，这样顾客的购买欲望也就随之产生，然后再促使顾客采取购买行动。

爱达模式具体包括四个步骤：引起顾客注意（Attention）；诱发顾客兴趣（Interest）；激发顾客购买欲望（Desire）；促成顾客购买行为（Action）；

二、爱达模式的具体步骤

（一）引起顾客注意

引起顾客注意，是指推销员通过推销活动刺激顾客的感觉器官，使顾客对其所推销的产品有一个良好的感觉，促使顾客对推销活动及产品有一个正确的认识，并产生有利于推销的正确态度。

顾客对推销的注意可分为有意注意和无意注意两种类型。有意注意是指顾客主观能动地对推销活动发生注意。这类顾客常采取完全主动的态度，只要推销员把握好时机，稍加说服就能使顾客实现购买行为。无意注意是指顾客不由自主地对推销活动产生注意。这类顾客事先没有预定的目的，对推销的注意往往是在周围环境发生变化时才产生的。如果引起注意的刺激物不能继续影响顾客，则顾客的注意力就会下降并转移到其他事物上去。在推销活动中，顾客的有意注意比无意注意会少得多。因此，如何设法引起顾客的注意，并把顾客的无意注意转化为有意注意，使顾客愿意把时间、精力从其他事情转移到推销活动中来是推销员必须面临的一大考验。

现代心理学认为，顾客的无意注意是在主客观的特殊条件下，由一定的刺激条件直接引起的。来自顾客的主观刺激条件有：

（1）欲望。当顾客希望得到某种东西或想达到某种目的时，很容易对某些事物产生注意。

（2）情感。当顾客对外界刺激产生某种心理反应时，也容易被引起对购买某种物品的注意。

（3）兴趣。当顾客受到推销品的某些性能或外观的吸引时，也会产生对推销品的注意。

来自客观环境的对顾客的刺激条件有：

（1）强烈刺激。当推销刺激明显大于周围其他事物对顾客的影响时，很容易引起顾客的注意。如有的商家用非常醒目的卡通人招徕顾客。

（2）变化刺激。在较长时间内适时变换推销的环境可成功地在顾客身上产生影响，引起顾客注意。如商店根据四季变化及时调整售货现场的环境布局。

（3）新异刺激。强烈刺激和变化刺激综合发挥作用会引起顾客对推销的特别注意。如圣诞前夕，推销员装扮成圣诞老人，通过精心设计的示范表演引起行人注意。

在推销活动中，唤起顾客注意常常受到时间、空间和推销现场的特殊环境的限制。心理学的研究也表明，人们只注意与自己密切相关的事物或自己感兴趣的事物；顾客注意力集中的时间、程序与刺激的强度有关，越是新奇的事物或刺激的对比度越大，越能引起顾客的注意。因此，推销员要学会抓住顾客心理，把顾客放在推销活动的中心位置上，了解顾客的兴趣，从顾客关心的问题入手，重视推销给予顾客的第一印象，在突出顾客地位的同时宣传自己，争取在较短的时间内，用最有效的手段达到吸引顾客的目的。具体的方法有：

（1）产品吸引法。即直接利用推销品的特殊功能、设计、商标、包装等具有的魅力来吸引顾客注意的方法。这种方法一般适合特色明显的有形产品。

（2）语言吸引法。即利用新奇、生动、简洁、通俗和针对顾客主要需求的语言来引起顾客注意的方法。如有的推销员在刚接近顾客时，用巧妙提问制造悬念："刘总，我有一个能让您的营业额增加20%以上的方案，不知有没有兴趣？"

（3）形象吸引法。即利用推销员的仪表形象、神态形象及刻意设计的特殊形象来吸引顾客注意的方法。

（4）动作吸引法。即推销员利用自己的熟练利落、潇洒得体的操作动作或富有戏剧意味的现场表演来引起顾客注意的方法。

（5）环境吸引法。即利用空间环境、气味、照明、音响等外界刺激条件创造出一个适合推销的气氛以引起顾客注意的方法。比如，有一家餐馆取名为"知青食堂"，从餐馆的外观设计到店堂的环境布局都具有浓郁的知青时代气息，置身期间，仿佛令人又回到那个火热的时代，给昔日的知青以强烈的归宿感和认同感，以致食客如潮。

●知识拓展

引起顾客注意要重视的几个问题

一、说好第一句话

心理学研究表明，洽谈中顾客在刚开始的10秒钟内所获得的注意刺激一般要比以后的10秒钟里所获得的刺激强度大得多。因此，在面对面的推销活动中，说好第一句话是十分关键的。推销员应开动脑筋，积极探索那些不同于自己从前、不同于其他人、不同于顾客习惯或预料的新方法和新思路，用新颖、出其不意的开场白抓住顾客的注意力。如果看到顾客办公室墙上挂着一幅书法作品，就认定他爱好书法，甚至一开口就与人聊书法，必定会落入俗套，甚至可能出洋相。要避免使用毫无意义的词语，例如："我来是为了……""我只想知道……""我来只是告诉您……""我到这里来的目的是……""很抱歉，打搅了，但……""我正巧路过这里……"等。推销员的开头语必须生动有力，不能拖泥带水，也不要支支吾吾，要给人以自信、干练的感觉。精心设计好自己的开场白，并在实践中不断练习，不断总结完善，是推销员说好第一句话的成功之道。

二、为顾客着想

通常情况下，人们只会把注意力放在那些与自己利益密切相关的事物上，特别是自己认为最重要、最迫切、最需要解决的问题。因此，推销员推销的内容要与顾客心中的需求和欲望相一致，要学会站在为顾客解决实际问题的立场向顾客提供能使其接受推销建议的有关资料，当好顾客的购物参谋。实际情况中，推销员很容易出现这样一个倾向，就是只顾自己滔滔不绝，而不注意询问、了解顾客的需要和建议，这个毛病必须要注意克服。

三、用肯定的语气提问

在推销交谈时，推销员用肯定自信的语气会极大地感染顾客，吸引顾客把精力集中到推销活动中来。不要问："您是否愿意跟我谈一谈会计电算化的必要性？"只有在洽谈一开始提出一个使顾客感到惊讶的问题，才会迫使顾客对推销员提出的问题进行考虑，这是一种引起顾客兴趣的较好方法。比如说："赵总，这里有一个可以帮助贵公司大大提高工作效率的办法，您一定会有兴趣的！对吧？"

四、巧妙处理"干扰"

在推销活动中，顾客常会受到来自顾客自身、他人、推销现场环境等各方面的干扰，致使顾客的注意力经常被分散。受到干扰后，最好向顾客提一个检查性质的问题，目的是检查一下顾客是否忘记洽谈的衔接处，重新抓住顾客的注意力。例如，有一次，当洽谈受到干扰后，一位推销员就直率地问顾客："老伯，我们刚才谈到什么地方了？"

五、目视顾客

推销员在说话时，双目要注视着顾客的眼睛。这样做既可以向顾客传递你的自信，也可以迫使对方精力集中。没有目光的交流，再精彩动听的销售谈话效果也会大打折扣。

（资料来源：郭奉元，黄金火．现代推销技术．北京：高等教育出版社，2005.）

（二）诱发顾客兴趣

兴趣是一个人对某一事物所抱有的积极态度。只有顾客对推销品产生了兴趣，推销活动才算真正开始。在购买过程中，顾客的兴趣与注意有着密切的联系，兴趣是在注意的基础上发展起来的，反过来又强化注意。人们不可能对没有注意到的事物发生兴趣，也不可能对不感兴趣的事物保持稳定的注意。这就要求推销员必须在唤起顾客注意的同时，不失时机地诱导和不断强化顾客的购买兴趣。需要是顾客产生兴趣的来源，利益是顾客形成兴趣的动力。所以，诱导顾客购买兴趣的关键是让顾客充分了解购买推销品能给他带来哪些好处，认识到该推销品正是他所需要的。

●知识拓展

把握兴趣集中点

推销员在与顾客接触的过程中已判定了顾客的类型，随后应该根据顾客类型，结合自己对产品的了解快速判定针对特定顾客的兴趣集中点，围绕一至两个兴趣集中点来展开推销，做到有的放矢。

一般说来，商品的兴趣集中点主要有：

（1）商品的使用价值。

对于大多数商品和顾客来说，这都是兴趣集中点。因此，详细地介绍产品的功能是必不可少的，也是首要的。对于经济上不是很宽裕的顾客，强调商品的多种功能就显得尤为重要。

（2）流行性。

它是虚荣型顾客的一个重要兴趣集中点，大多数装饰品、高档日常用品都应突出这一集中点。根据顾客的着装以及要购买的家庭用具可以判断出其兴趣是否集中于此。

（3）安全性。

它对于食品、婴儿用品、电器等显得比较重要。特别是老年顾客以及保守类型的顾客，他们的兴趣会集中在此。

（4）美观性。

青年顾客及年轻夫妇较多重视商品的美观性，女性顾客也比男性顾客更多地重视这一点，性格内向、生活严谨的人在注重商品的使用价值的同时，对其外观也较挑剔，如果你的产品外观上有缺陷，你不妨刻意回避一下。

（5）教育性。

随着生活收入的提高，人们日益注重这一点，尤其是中年顾客。

（6）保健性。

如食品、服装、用具，针对老年人要强调这一点，有财力和有时间保护自己健康的顾客尤其重视这一点。

（7）耐久性。

它作为使用价值中的一个特殊方面受到大多数顾客的重视，但有些强调时尚的商品则不必强调其耐久性，青年顾客对于这一点往往考虑不多。

（8）经济性。

强调商品的质量、价格比优势无疑会使那些经济不宽裕的顾客的承受力加强。另外，商品数量有限，往往会促使犹豫的顾客做出决策；同时，物以稀为贵的思想大多数人都认同，不妨稍加利用。

（资料来源：中国就业培训技术指导中心．营销师国家职业资格培训教程——助理营销师：国家职业资格三级．北京：中央广播电视大学出版社，2006.）

针对顾客的不同需求和动机，诱导顾客购买兴趣的方法主要有示范表演法和情感沟通法。这是诱导顾客购买兴趣的最基本、最有效的方法。

1. 示范表演法

示范表演法是推销员通过对推销品的功能、性质、特点以及使用效果等进行展示表演，使顾客看到购买推销品后所能获得的好处和利益，从而对推销品产生购买兴趣的一种方法。示范表演可起到加深认识与记忆的作用。心理试验调查结果也表明，人们对亲身实地参加的活动能记住90%；对看到的东西能记住50%；对听到的事情只能记住10%。可见有效的示范表演更能唤起顾客的注意和记忆，极大地引起顾客的购买兴趣。

示范表演的主要方法有：①对比法。就是将两个以上具有可比性的产品进行综合比较以供顾客进行考察的方法。②展示参观法。就是通过展现推销品实体特点或请顾客亲临推销品生产经营现场观察、了解推销品，以诱导顾客购买兴趣的方法。③道具表演法。就是利用图片、模型、文字材料，或者借助事先准备好的背景材料与舞台道具、戏剧性情节等展示推销品，以引发顾客购买兴趣的方法。④亲身体验法。就是让顾客亲自接触推销品或置身于能亲自感受到推销品所带来利益的环境，以引发顾客购买兴趣的方法。

成功的示范表演需要注意以下几点：一要有良好的心态，销售员要心境平和、从容不迫，要学会耐心与顾客沟通，不急不躁；二要有激情，解说时声音洪亮、充满激情，给人充满自信的感觉；三要有感情，销售员示范时，一定要注意对产品不时流露出爱惜的感情，谨慎而细心的触摸会使顾客在无形中感受到商品的尊贵与价值，切记不可野蛮操作；四要会应变，成熟的销售员在示范时要有应对意外事件的心理准备和处置方案。必要的时候，还要学会有点幽默感。例如，当一位推销员用铁锤示范砸自己推销的钢化玻璃时，玻璃却意外地破碎了！这时，他不慌不忙地告诉顾客：“大家看，我的铁锤是够狠的吧。当然像这样的玻璃我们是绝对不会卖给您的。”随后再示范几块。这样就化险为夷了。

此外，销售员在示范过程中容易出现三种错误倾向，要注意克服：一是在示范前对产品的优点强调过多，从而使顾客的期望过高；二是销售人员过高地估计自己的表演才能，以致弄巧成拙；三是在示范过程中只顾自己操作，而不去注意顾客的反应。

2. 情感沟通法

推销过程同时也应该是推销员与顾客的情感交流过程。情感沟通法是指推销人员通过与顾客的感情联络，缩短彼此间的心理距离，赢得顾客的信任，进而使顾客“爱屋及乌”地对推销品产生兴趣的一种方法。通常情况下，在推销活动开始时，顾客总是处于一种消极的情感状态中。对推销的防卫心理、冷漠心理、歧视及厌烦心理等不仅使他们对推销品不感兴趣，甚至对推销人员也拒之千里之外。此时要想促使顾客改变既有态度，必须从情感角度开始，引导顾客的情感变化，改变顾客的消极情感，唤起顾客的积极情感。情感沟通的主要方法有：①坦诚相见法。就是推销人员通过如实客观地向顾客介绍推销品，真心诚意对待顾客，以自己朴实的品格赢得顾客的信任，诱发顾客购买兴趣的方法。②投其所好法。即推销人员先从顾客的爱好和感兴趣的话题入手开始推销活动，顺应顾客的意思使顾客在感情上得到满足后，再逐步引导顾客对推销品产生兴趣的方法。③换位思考法。即推销人员应设身处地为顾客利益着想，体谅顾客的困难和处境，使顾客在情感上受到触动而诱发购买兴趣的方法。

●案例与思考

某种乳牛防胀剂的一次销售示范

当乳牛吃了新鲜而沾着露水的青草时，新鲜青草在牛的胃里生出气泡，牛就感觉浑身发胀，这便会影响到乳牛产奶的质和量。为此，专家研发了一种防胀剂来专门解决这一问题。销售防胀剂的推销员是这样向顾客示范其产品的：

推销员准备了一个很大的塑料袋和一箱汽水，他的助理拿着一瓶防胀剂和一个汤匙在一旁等候。

“假想这个塑料袋是牛的胃”，推销员对顾客说，“当牛吃了太多新鲜青草时，它的胃里就像这个样子……”他打开一瓶汽水，之后就以拇指按住瓶口，把那瓶汽水猛摇10秒钟，然后让汽水喷进塑料袋里，紧握住的袋子很像一个即将要爆破的气球，袋里充满了气泡。

“这就是防胀剂的效果。”推销员助理加一汤匙防胀剂到袋子里，所有的泡沫立刻消失，袋子瘪下来，里头只剩下了水。这种防胀剂出奇的效果令每一个在场的人都惊讶不已。眼见为实，人们纷纷购买这种神奇的药剂。

（资料来源：一分钟情景销售技巧研究中心. 电话销售. 北京：中华工商联合出版社，2005.）

通过示范诱发顾客兴趣三例

一个钢化玻璃推销员身边总是带着一把榔头。在向顾客作示范时，他用榔头猛力敲打钢化玻璃。

一家跨国公司的推销员，为了向顾客证明他们公司生产的电子计算机的按键富有弹性，灵敏度高，就用一根香烟触摸按键。

一个实心轮胎推销员，总是让顾客用锤子把一颗铁钉钉进轮胎中。

（资料来源：郭奉元，黄金火. 现代推销技术. 北京：高等教育出版社，2005.）

思考与讨论：

1. 销售示范是适合在什么条件下的推销？
2. 为增强推销示范的效果，可运用哪些技巧？

●技能训练

【工作任务二】按要求完成商品示范操作：请你推销一种电暖热水袋。该商品的主要特点是：①加热快，只需3~5分钟即可；②安全可靠，有特制充电接口，不会伤到人；③承压性好，不会发生破损；④不需换水，方便省事。

训练方式：1. 同桌的两个同学分别扮演顾客和推销员进行模拟示范练习，然后请两位同学上台演练。

2. 分组讨论如何通过操作示范让顾客感兴趣？示范应突出的重点是什么？

（三）激发顾客购买欲望

购买欲望是指顾客打算购买某种商品或服务以给自己带来某种特定利益的愿望。通常情况下，当顾客对推销品发生兴趣后，他就会权衡买与不买的利害与得失，内心常充满矛盾和疑虑，想得到又怕因考虑不周而买了后悔，对购买犹豫不决。这时候，推销员如果不能有效地消除顾客的疑虑，强化顾客对推销的积极心态，就不能激起顾客对推销品的购买欲望。因此，在这一阶段，推销员必须找到有效的方法，努力使顾客的心理活动产生不平衡，使顾客产生对推销品的积极肯定的心理定式和强烈拥有的愿望，把对推销品的需要和欲望排在重要位置，从而导致顾客产生购买欲望。

激发顾客的购买欲望具体可用到以下方法：

（1）共同语言法。即推销员先就双方一致的观点或利益加以强调，形成共同语言以建立顾客对推销品的信心，进而激发顾客购买欲望的方法。

（2）以情感人法。即推销员运用自己的真情和热情打动顾客，使顾客在情感和心理上对推销品产生不平衡感，激发其购买欲望的方法。

（3）多方诱导法。即推销员用精心设计的系列问题，从多方面给顾客一定程度的提示，诱导顾客逐步悟出某些道理，以激发顾客购买欲望的方法。

（4）充分说理法。即推销员运用顾客的亲身经验、推销事实或推销例证等摆事实、讲道理，在理智上为顾客提供充足的购买理由以激发顾客购买欲望的方法。

（5）突出优势法。即推销员在遭遇各种竞争对手时，为谋求竞争挑战的优势，针对推销品的优势、特点进行重点推销以激发顾客购买欲望的方法。

刺激顾客购买欲望三例

一位钢琴调音器推销员如此对顾客说："既然您的两个孩子都在上钢琴课，我想他们的音乐水平一定在不断提高。鉴于这种情况，您一定觉得很有必要把钢琴的音调调得纯正点儿吧？眼看圣诞节就要到了，您和家人及朋友们一定想要欣赏一下即将举行的音乐晚会吧？您家里不是还有两位很有前途的钢琴演奏家吗？"

一个体育用品推销员这样对顾客说："假如您开设一个供旅行用的滑雪用品商品部，您的商店可成为本市拥有各种各样旅行用品的唯一商店。另外，销售旺季也可延长。秋天终归是比较萧条的季节，对吧？如果您开始销售冬季体育用品，就会把那些正在安排滑雪度假的人们吸引到您的商店里来。只要他们光临您的商店，就有可能使他们对其他一些旅行用品发生兴趣。再想想附近学校里的那些小学生，他们也会来这里买东西，他们可是家庭的'小皇帝'啊。"

一位传真机推销员这样做顾客的工作："刘总，请想想看，使用我们这种普通纸传真机可以给您带来哪些好处？第一，可以省去购买传真机专用纸的麻烦；第二，最重要的一点是更能节省您的办公成本，普通A4纸比传真专用纸可降低材料成本20%以上；第三，使用普通A4纸传真机，可以解决文件纸张大小不一致的问题，便于规范贵公司的档案管理。当然，您的意见很正确，这种传真机比其他传真机的体积是要稍微大一些，不过，我想刘总的办公桌这么气派，放上这种传真机是绰绰有余的，就当多放了一台电脑吧……"

（资料来源：郭奉元，黄金火．现代推销技术．北京：高等教育出版社，2005.）

思考与讨论：

1．分析上述三例中推销员各用到什么方法来刺激顾客购买欲望？

2．讨论总结除教材提到以外的其他刺激顾客购买欲望的方法。

（四）促成顾客购买行为

促成购买是指推销员运用一定成交技巧来敦促顾客采取购买行为。促成顾客购买行为意味着在完成前面三个推销步骤后进行最后的冲刺。促成顾客购买行为不是坐等其成，它要求推销员要善于识别顾客的各种成交信号，抓住机会，不失时机地拍板，坚定顾客的购买信心和行动。否则，极容易失去成交机会，前功尽弃。具体方法请见第六章推销成交技术，此处避免重复。

促成顾客购买行动应注意的问题：

（1）认真观察顾客的变化，把握成交时机。通常情况下，即使顾客对交易条件感到满意并已在心中考虑购买了，他也不愿意主动表态。但顾客的购买意向，总会无形中以各种方式流露出来。因此，推销员只要密切注意顾客的言行变化，就可以把握有利的推销时机，促使顾客达成交易，提高推销活动的效率。

（2）心态稳定、神情自然。在成交阶段，顾客十分敏感，其心理状态很容易受推销员的不良情绪的影响，推销员任何神情举止上的突然变化都会引起顾客的猜疑。所以，在成交过程中，推销员应保持自然的神态，沉着镇静，以平稳的心态从容迎接成交的到来。

（3）坚定顾客的购买信心。在接受成交的一瞬间，顾客极容易因突然的犹豫而发生动摇。所以，推销员切不可粗心大意，而应继续坚定顾客的购买信心，打消顾客的疑虑，使顾客采取购买行为。

爱达推销模式从消费者心理活动的角度来具体研究推销的不同阶段，对具体的推销实践具有一定的指导意义。这种模式较适合于店堂推销，如柜台推销、展销会推销，适用于一些易于携带的生活用品和办公用品的推销，适用于新从事推销的人员进行的推销以及面对陌生对象的推销。

交易三部曲：注意、兴趣、欲望

一、吸引顾客注意三例

（1）保险推销员面对青少年的妈妈，试图用简介资料向她推销。推销员说：“您知道大学四年的生活需要花费多少钱吗?”这是以奇怪的问题来突破麻木状态或厌倦气氛的方法，妈妈们会洗耳恭听。

（2）化妆品推销员在销售专柜前，衣冠整洁，仪表动人。推销小姐对注视化妆品的中年妇女说：“这种新推出的润肤香脂可以防止皮肤干裂，您有兴趣吗?”这是以顾客需要提示法来吸引顾客注意。

（3）房屋隔间业务的推销员向房东说：“您知道将房屋隔间后可以减少税捐吗?”这是以顾客利益提示法来吸引顾客注意。

二、唤起顾客兴趣三例

（1）保险推销员面对青少年的妈妈说：“如果您不来投保，您会知道孩子上大学的第一年可以保证每月有15美元的零花钱吗?”

（2）化妆品推销员对中年妇女说：“如果您希望在年龄逐渐增大时仍然可以防止产生皱纹的话，您知道最需要的是防止皮肤干燥吗?”

（3）房屋隔间业务的推销员向房东说：“您希望减少您的税捐，是吗?”

三、激发购买欲望三例

（1）保险推销员面对青少年的妈妈说：“住在本市的查尔斯先生因病突然去世了。因为有了本公司的学费保险，小查尔斯才能在州立大学读书，他计划成为一名律师。”

（2）化妆品推销员对中年妇女说：“这是影星卡拉·克莉斯安的照片，还有许多其他用过这种润肤香脂的妇女的照片，请看看她们的皮肤是多么柔嫩、光滑。”

（3）房屋隔间业务的推销员向房东说：“这是最新的税法。这是一份摘自上周《TIME》的资料，详细说明了新税法的来龙去脉。您的邻居向我订购了7间独院的房屋业务，住在您对面的西蒙兹太太决定下周二由我替她隔间。如果您打电话给她的话，相信她会肯定我的说法。她是一位会计，对我们的价格和做法都核对得非常彻底。”

（资料来源：龚荒，杨雷．商务谈判与推销技巧．北京：清华大学出版社，北京交通大学出版社，2005.）

思考与讨论：

1．结合案例分组讨论并总结交易过程中引起注意、激发兴趣、刺激欲望这三个重要环节所使用的一般方法。

2．每人收集上述三个交易环节中的实例各两则，并相互交流。

第三节　迪伯达推销模式

一、迪伯达推销模式的含义

迪伯达推销模式也是欧洲著名推销专家海因兹·姆·戈德曼根据自身的推销经验总结出来的一种行之有效的推销模式，与传统的爱达模式相比，该模式被认为是一种创造性的推销模式。它的要诀在于：先谈顾客的问题，后谈所推销的商品，即推销员在推销过程中必须先准确地发现顾客的需要和愿望，然后把它们与自己所推销的商品联系起来。这一模式是以需求为核心的现代推销理念在实践中的具体运用。

“迪伯达”是 DIPADA 的译音。DIPADA 则是由 Definition（发现）、Identification（结合）、Proof（证实）、Acceptance（接受）、Desire（愿望）、Action（行动）这六个英文单词的首写字母拼成的。

迪伯达推销模式包括六个步骤：准确地发现（Definition）顾客有哪些需要与愿望；把顾客的需要与要推销的商品结合（Identification）起来；证实（Proof）所推销的商品符合顾客的需要和愿望；促使顾客接受（Acceptance）所推销的商品；刺激顾客的购买欲望（Desire）；促使顾客采取购买行动（Action）。

二、迪伯达模式的具体步骤

（一）发现顾客的需求与愿望

需要是顾客购买行为的动力源，顾客只有在需要时才会产生购买动机并导致购买行为。因此，推销员要善于了解顾客需求变化的信息，利用多种手段寻找和发现顾客现实和潜在的需求和愿望，帮助顾客明确自己的需要，并通过说服、启发、刺激与引导顾客，为推销创造成功的机会。

推销员常用于发现顾客需求的方法有提问了解法、市场调查与预测法、推销洽谈法、现场观察法等。比如，通过提问“贵公司认为目前使用的产品有哪些优点？还希望在哪些方面得到加强？”一方面可以知道顾客看重产品的哪些性能；另一方面又知道顾客对现有产品有哪些不满意的地方，从而对症下药为自己争取推销机会。

（二）把顾客的需要与推销品结合起来

这一步骤是由探讨需求的过程向开展实质性推销过程的转移，是迪伯达模式的关键环节。当推销员在简单、准确地总结出顾客的愿望和需求之后，便应转向下一步：简明扼要地向顾客介绍所推销的商品，重点突出商品的优点和性能、作用，并把商品与顾客的需求与愿望有机地结合起来。由于结合是一个转折的过程，结合的方法一定要巧妙、自然，必须从顾客的利益出发，用事实说明两者之间存在的内在联系，善于从不同角度寻找两者的结合点。否则，牵强附会的结合必然使顾客反感，最终葬送推销机会。实际结合时要注意区别不同情况，分别采取不同策略。

具体可分为以下四种情况：

（1）我所要的正是这个。

当确认顾客的需求合理，而推销员也有能力满足时，就应果断承诺，迎合顾客需求使其满意。

（2）我所要的不是这个。

当顾客提出的想法缺乏理性，要么不现实，要么是多余的担心，或者带有明显的挑剔性，这时，推销员更要注意自己的态度，增强亲和力。首先要赢得顾客的信任，然后学会用事实和证据与不同性格的顾客沟通，巧妙化解顾客的异议，实现顾客需求与推销品的顺利结合。

（3）我不知道这个对我有没有用。

当顾客缺乏对所推销商品的了解而没有意识到需求的存在时，推销员应以科学理论为依据，从顾客的实际出发，循循善诱，尤其要善于用真实、生动的事例，给顾客讲故事，从而帮助顾客认识到自己的需求，实现顾客需求与推销品的结合。

（4）我不需要这个。

当顾客很清楚自己的需要，而推销员所推销的商品又无法满足其需求以致产生否定需求时，推销员就不要再浪费时间和精力，应该放弃结合，果断撤退。在这种情况下，推销员如果继续死磨硬缠，不但达不到"金石为开"的效果，反而事与愿违，招致顾客反感。

一个成功结合的实例

一位专业提供室内污染防治业务的推销员找到一位新房的业主陈先生试图做成买卖。推销员说明来意后，陈先生一口拒绝："真是杞人忧天，花这么一笔冤枉钱，你认为我傻啊？"推销员遭到拒绝并不生气，反而提出可以免费帮陈先生的新房做一个全面检测，并承诺做不做生意没关系。仪器检测结果很快出来了，多项指标显著超标。接着，推销员趁热打铁讲了一个陈先生的同事刘老师的故事："刘老师用大半辈子的积蓄好不容易买了一套110平方米的商品房，装修完毕后，刘老师觉得室内气味很大，听他人介绍，在室内放几盆水，在新做的衣柜里放些茶叶、柚子皮可以除味。刘老师都照做了，过了两周后，刘老师一家高高兴兴地搬到了新家。但是，搬到新家不到半个月，刘老师和她9岁的女儿出现全身发痒、喉咙干涩、头昏等症状。医院诊断为甲醛中毒。治愈后，刘老师经朋友介绍找到我们公司，经检测有3项指标严重超标，2项指标超过40%。最终刘老师欣然接受我公司的解决方案，采用目前最有效的空气净化手段即JMRS工法，通过添加负离子的光触媒产品在净化的空气中释放负离子，即在洁净的空气中增加了优化空气质量的功能，从而彻底治理室内危害健康的污染物。刘老师对我们的服务非常满意，一年多了，上周元旦刘老师还特意打电话对为她服务的公司员工表示感谢呢。"推销员见陈先生很有兴趣地听着，稍停片刻，说道："我有刘老师的电话，你可以与她沟通一下。""不必了，相信你。"陈先生见推销员说话很诚恳，表示愿意接受他们公司的服务。

思考与讨论：

上例属于哪种结合情形？推销员是怎样把顾客的需求与推销品有效地结合起来的？

（三）证实所推销的产品符合顾客需求

当推销员把顾客需求与推销品结合起来后，顾客对商品有了一定的认知和了解，但可能还存在疑虑，顾客还不能确定自己的购买选择是否明智，这时候就需要推销员拿出足够的证据向顾客证明他的购买选择是正确的，推销品正是他所需要的。为此，推销员一方面平时要注意收集相关信息资料，事先精心准备好有关证据素材；另一方面，要反复运用实践，不断创新方法，不断总结提高，使自己熟练掌握展示证据和证实推销的各种技巧。

推销实战中所用到的证据，一般可分为人证、物证、例证三类。

（1）人证。

这通常是指知名度高且具有较大影响力的人士在购买与消费后对推销商品所提供的证据。这些所谓的权威人士号召力强，他们的推荐比一般人的劝说更容易使人改变态度。作为人证应是来自专业领域的权威知名人士、主管部门的负责人或领导、有声望的新闻界人士等。当然，另外一类人也可予以考虑，即虽然知名度不高，但是顾客熟悉的人，或者是对顾客有较大影响力的人，如顾客的同乡、同学、战友、老师等。实际操作时可灵活处理。

（2）物证。

主要指有关职能部门或权威机构出具的证据。如有关的获奖证书、奖章、奖杯、照片、新闻报道、标准认证、验证报告、鉴定测试报告、消费者来信等。

（3）例证。

指消费者对推销品经消费体验后感到满意的典型事例。有销售行家忠告说：“没有实例的销售谈话一点也不精彩！”因此，推销员在平时推销实践中要注意积累素材，并精选好自己的“实例库”以备所需。为了使所选的实例更加具有说服力，要注意遵守四项原则：①要诚实，千万不可捏造故事；②要具体，千万不要笼统；③要生动，能打动人心；④要相关，例子针对性强。

美国一位保险经纪人提供的一个实例

一次他去拜访一位寡妇。谈话间，她忽然说：“我要让你看看全世界价格最贵的冰箱！”说着，便带这位推销员到厨房去。推销员看到的是一个普通的、价格约300美元的电冰箱。

“这冰箱花掉我一万美元。”那寡妇说道，“本来，我丈夫打算向你们公司多买一万美元的保险，我却坚持要先买这个冰箱。结果，就在我们买下这个冰箱的当天下午，我丈夫因车祸不幸丧生……”

思考与讨论：

1. 讨论该实例是否有说服力，为什么？
2. 讨论总结：怎样才能使收集到的证据更具有说服力？

●技能训练

【工作任务三】对比下面两则实例谈话，说说哪种效果更好？

甲："让我们来举个例子——这附近很多村民都购买了这种产品。"

乙："这是隔壁村里购买本公司产品的名单，请看……"

（四）促使顾客接受所推销的商品

促使接受，是指推销员经过努力，让顾客承认商品符合顾客的需要与愿望。顾客接受商品是推销成功的重要前提，因为除非是在物质十分短缺的年代，否则顾客一般不会勉强自己购买不接受的商品。

促使顾客接受商品的方法主要有试用促进法、诱导促进法、询问促进法、等待促进法等。

（1）试用促进法。

俗话说：百闻不如一见，百见不如一试。从消费心理上讲，顾客试过商品后一般会产生一定的心理压力，觉得"我已试过，不买不好意思"。所以，免费试用对促成交易效果很明显。

（2）诱导促进法。

这是指推销员事先精心设计好一系列问题，环环相扣，逐步深入，注意问题之间的逻辑性，通过一问一答让顾客在轻松的交谈中接受商品。

（3）询问促进法。

指推销员在与顾客沟通的过程中，不断地向顾客提问，以确认对方是否理解或同意自己的观点，以此促使顾客集中注意力，并根据对方的反应及时调整思路和方法，以促使顾客接受商品。

（4）等待促进法。

这是采取以退为进的策略。在推销活动中，有时会碰到一些无法立即给你明确答复的顾客，可能是顾客在作重要决策时有点优柔寡断，也可能是顾客的决策权限不足，需要与相关决策人物沟通或请示才能表态。这时候就要有足够的耐心等待，否则欲速则不达，就会失去推销成功的机会。

迪伯达模式的其他环节与爱达模式的第三、第四个步骤相同，不再重复。

与爱达模式相比，迪伯达模式内容复杂、层次多、步骤繁，但因其推销效果好，所以受到推销界的好评。迪伯达模式主要适用于以下情况：①针对老顾客或熟悉顾客的推销；②生产资料或无形产品的推销；③针对单位（集团）购买者的推销。

第四节　其他推销模式

一、埃德帕模式

"埃德帕"是 IDEPA 的译音。IDEPA 是由五个英文单词 Identification（结合）、Demonstration（示范）、Elimination（淘汰）、Proof（证实）、Acceptance（接受）的首写字母组成。这五个单词概括了埃德帕模式的五个阶段：把推销品与顾客的愿望结合（Identification）起来；向顾客示范（Demonstration）推销品；淘汰（Elimination）不宜推销的产品；证实（Proof）顾客的选择是正确的；促使顾客接受（Acceptance）推销品。

埃德帕模式与迪伯达模式很相近，主要适用于有明确购买愿望和购买目的的顾客，对零售时主动上门购买的顾客进行推销比较合适，也可用于向熟悉的中间商进行推销。

埃德帕模式的推销步骤如下：

1. 把推销品与顾客的愿望结合起来

对主动上门有购买意向但购买目的不具体的顾客，推销员应按照顾客的要求尽量多地介绍推荐相关推销品以给顾客提供多种选择，并注意在与顾客的沟通中发现顾客的潜在需要和愿望，努力把推销品与顾客的这些愿望结合起来。

2. 向顾客示范推销品

向顾客示范推销品既可以使顾客更好地了解推销品，同时也有助于推销人员熟悉顾客的消费偏好，使推销工作有的放矢。因此，按照顾客的需要进行产品示范，不仅能够吸引顾客的注意力，而且能使顾客清晰地看到购买之后所获得的好处，迅速激发顾客的购买欲望。

3. 淘汰不宜推销的产品

经过前面的交流，推销员对顾客的需求有了更多的了解，因此要及时把不符合顾客要求的产品筛选掉，把推销的重点放在顾客感兴趣的推销品上。当然，在决定要淘汰某种推销品之前，推销员应努力弄清顾客不喜欢某产品的真实原因，否则有可能造成“错杀”现象。

4. 证实顾客的选择是正确的

证实有助于坚定顾客的购买信心，因此推销人员应注意针对顾客需求的不同类型，用具有说服力的例证去证明顾客选择的正确性，并及时对顾客的正确选择予以赞扬。注意，在推销过程中，推销员运用一定的方法和策略，诱导顾客作出合适的购买决策是必要的。但是，千万不能让顾客感觉到“这个决定是你作的，而不是我”。应达到的效果是，顾客在你的帮助下作出了正确的决策，尽管有你的作用，但决定一定是由顾客自己作出的，这一点很重要。

5. 促使顾客接受推销品

这一步骤的主要工作是针对顾客的具体特点促使顾客接受推销品，作出购买决定。此时，影响顾客购买的主要因素不是推销品本身，而是购买后的一系列问题，如运输、结算、手续办理、货物退赔等。推销员若能对上述问题予以尽力解决，就会坚定顾客的购买信心，使其迅速作出购买决定。

二、费比模式

费比模式是由台湾地区中兴大学商学院院长郭昆漠教授总结出来的。“费比”是 FABE 的译音，它是由特征（Feature）、优点（Advantage）、利益（Benefit）、证据（Evidence）这四个英文单词的首写字母拼成的。费比模式的推销步骤如下：

1. 详细介绍推销品的特征

推销员在向顾客进行推销活动时，要针对顾客的关注点有重点地向顾客介绍推销品，包括它的材质、结构、功能、外观、操作的简便性、使用的耐久性、维护的方便性等等。介绍时为了增强效果，可以用对比法，既可与自己以前的老产品对比，也可与市场上同类产品对比。加深顾客对推销品的认识，引起购买兴趣。鉴于上述内容繁多难记，推销员可以事先设计制作好富有特色的广告式宣传材料或卡片，以便在向顾客介绍推销品特征时分发给对方。这也是费比模式的一个主要特色。

2. 充分展示推销品的优点

推销员在详细介绍推销品特征的基础上，应进一步挖掘出推销品的特殊作用、特殊功能以及与相关产品的差别优势，并把它们用精确、形象、简练的语言和熟练的示范表演介绍给顾客，强化顾客的购买兴趣，激发顾客产生联想和购买欲望。

3. 尽数推销品给顾客带来的利益

把推销品的特征和优点逐一转化为购买利益，并投其所好，用顾客喜欢的方式把它们展示出来，是打动顾客购买的有效途径。因此，推销员在充分了解顾客需求的基础上，应把推销品能给顾客带来的利益尽量多地列举出来。不仅要讲产品表面带来的实体上的利益，更要讲产品给顾客带来的内在的、实质的及附加的利益，使顾客认识到购买推销品可以得到各种利益与满足。这是费比模式中最重要的步骤。

4. 用有力的证据说服顾客购买

推销员在前一段工作的基础上还需用真实的数字、实物、实例等证据进一步证实物有所值，同时证明推销员的真诚人品，解除顾客的各种疑虑，促成顾客的购买行为。

值得探讨的是，费比模式在实际应用时，并非一定要刻板地按上述四个步骤严格执行。事实上，有经验表明，如果调整一下原有次序，即按“利益—证据—特征—优点”的思路进行推销，效果更佳。首先强调你的产品能给对方带来哪些利益，然后用证据来说服对方，等对方有了兴趣，再介绍自己产品的特征和优点。

三、吉姆模式

“吉姆”是由三个英文单词推销品（Goods）、企业（Enterprise）、推销员（Man）的首写字母组合而成的GEM的译音，也称推销三角理论。所谓吉姆模式，它强调的是：作为一名推销员，必须具有说服顾客的能力，推销员的推销活动应建立在相信自己所推销的产品、相信自己所代表的公司、相信自己的基础上。可见，吉姆模式的核心是自信，包括对推销品自信、对自己所代表的公司自信、对推销员自己自信。见图2－3。

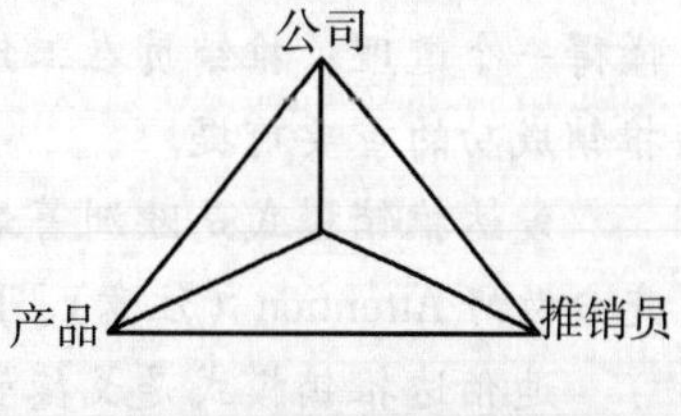

图2－3　吉姆模式示意图

●技能训练

【工作任务四】推销书海牌SD－125电子词典

背景资料：公司研发力量雄厚，拥有包括8名博士在内的50多人的研究团队；在职员工3 000多人，年产值6 000多万元；人均年创利税700多万元。

特点：①该款电子词典词汇容量大，收录单词、词汇近20万条，分类方法科学，查找方便；②兼有英汉、汉英双向查找功能，为本产品所独有；③标准真人发音，可设跟读、复读功能，学习方便；④拥有两项发明国家专利，系国家高等教育指导机构重点推荐产品。

根据以上资料，按照某种推销模式设计推销方案。分小组讨论并形成方案后，再分别模拟演练。

●案例与思考

利用消费者来进行推销

东南亚某国斯塔丽公司，独家代理推销法国莱沙蒂的美发用品，如洗发香波、护发素、定型水、亮发摩丝、特效发乳等。但斯塔丽公司并不是把所代理的美发用品推销给各大百货公司的化妆品专柜，也不是推销给各间超市，再由他们出售给消费者，而是把消费对象定位为理发店。斯塔丽公司的推销信条是，一定要使本公司推销的美发用品受到理发店的欢迎和好评。因而，斯塔丽公司的推销员不断地进出各大小理发店，就莱沙蒂美发用品的优点与特点进行说明，并使相当数量的理发店开始使用该商品。这样一来，理发店一旦确定使用这一品牌的美发用品，到理发店的顾客也就随之成为这种美发用品的消费者。

同时，由于这种美发用品是理发师所选用的，无形之中，使莱沙蒂公司的品牌有了特殊的吸引力，使消费者感到这种美发用品比起其他商店能够随便买到的同类用品更具魅力，进而对这一品牌产生了好感，大大扩大了知名度。

斯塔丽公司通过把消费者定位在理发店，让消费者通过消费本身来进行有效的推销证明的推销策略，取得了很大的成功。尽管成效显著，但斯塔丽公司所经销的莱沙蒂美发用品从不随意通过那些一般的渠道进行销售。他们仍然只通过理发店在为顾客进行理发的同时，顺带销售这类美发用品，让具有亲身感受的消费者去吸引更多的消费者。

思考与讨论：结合案例具体分析斯塔丽公司采用了哪种推销模式？

●本章小结

本章首先分别介绍了推销员方格与顾客方格理论中几种典型的心理类型，目的在于让我们懂得一个道理：推销员在工作过程中要学会与不同类型的顾客打交道，培养良好的职业心态是推销成功的重要前提。

爱达推销模式是欧洲著名推销专家海因兹·姆·戈德曼提出的，该模式强调推销过程中要充分做好 Attention（注意）、Interest（兴趣）、Desire（欲望）、Action（行动）四个环节的工作。

迪伯达推销模式是戈德曼在爱达模式的基础上创造出来的，它更强调要关注顾客的需要。它是由 Definition（发现）、Identification（结合）、Proof（证实）、Acceptance（接受）、Desire（愿望）、Action（行动）这六个英文单词的首写字母拼成的。

埃德帕推销模式提出，做好推销主要是做好五个方面的事情，即 Identification（结合）、Demonstration（示范）、Elimination（淘汰）、Proof（证实）、Acceptance（接受）。

费比推销模式的关键词是：特征（Feature）、优点（Advantage）、利益（Benefit）、证据（Evidence）。该理论特别是在产品宣传、产品介绍方面具有很强的实效性。

吉姆（GEM）模式则是建立在信心基础上的一种推销理论，它强调推销成功的关键是要自信，包括对推销品自信、对自己所代表的公司自信、对推销员自己自信。

●思考与练习

一、单项选择题

1. 在推销方格理论中，所谓9.1型推销员是指只关心销售，不在乎顾客的一类推销员。我们把这种典型的推销员叫（　　）。

A. 顾客导向型　B. 强行推销型　C. 推销技巧型　D. 解决问题型

2. 在顾客方格中，符合“重感情、轻利益，极容易被说服打动”这一特征的顾客类型是（　　）。

A. 漠不关心型　B. 干练型　C. 防卫型　D. 软心肠型

3. 爱达模式的内容主要是四个环节，即（　　）。

A. 注意—兴趣—示范—行动

B. 注意—结合—证实—行动

C. 注意—兴趣—欲望—行动

D. 兴趣—欲望—证实—行动

二、多项选择题

1. 由欧洲著名的推销专家海因兹·姆·戈德曼在其《推销技巧——怎样赢得顾客》一书中总结出来的推销模式理论是（　　）。

A. 爱达模式　B. 埃德帕模式　C. 迪伯达模式　D. 费比模式

2. 迪伯达模式强调用实例来说服顾客，一般用到的实例按提供者分有（　　）。

A. 人证　B. 物证　C. 例证　D. 电子证据

3. 最能反映埃德帕模式的关键词是（　　）。

A. 结合　B. 示范　C. 淘汰　D. 证实　E. 接受

4. 最能反映费比模式的关键词是（　　）。

A. 特征　B. 示范　C. 优点　D. 证据　E. 利益

5. 销售人员进行商品示范会出现缺陷的原因主要有（　　）。

A. 在示范前对产品的优点强调过多，从而使顾客的期望过高

B. 销售人员过高估计自己的表演才能

C. 在示范过程中只顾自己操作，而不去注意顾客的反应

D. 示范时不断提出竞争对手产品的缺点，却不提自己产品的优点

6. 销售人员进行商品示范时，沉默在销售中起到的作用是（　　）。

A. 让顾客有说话机会　B. 无形中强迫顾客讲话

C. 无形中强迫顾客接受产品　D. 让顾客有时间考虑

7. 销售人员进行商品示范时，激发顾客购买欲望的方式有（　　）。

A. 适度说话，让顾客说话　B. 挖掘对方的需求

C. 不顾一切地热情招待顾客　D. 用语言说服顾客

8. 销售人员进行商品示范时，用语言说服顾客的方式有（　　）。

A. 引用别人的话　B. 用广告语言来形容产品

C. 使用顾客语言　　　　D. 帮助顾客出谋划策，使其感到有利可图

三、填空题

1. 吸引顾客注意的常用方法有（　　）、（　　）、（　　）、（　　）等。

2. 推销员常用的示范表演方法主要有（　　）、（　　）、（　　）、（　　）。

3. 促成顾客购买的方法，主要有（　　）、（　　）、（　　）、（　　）。

4. 所谓的吉姆推销模式，主要强调三个方面，即（　　）、（　　）、（　　），该模式最终强调的就是（　　）。

5. 最能反映埃德帕模式的关键词是（　　）、（　　）、（　　）、（　　）、（　　）。

四、判断题

1. 5.5 型推销员在推销过程中既重视顾客的需求，又注重推销技巧的运用，是理想的推销员心态类型。（　　）

2. 迪伯达模式适用于针对老顾客或熟悉顾客的推销，或者针对单位（集团）购买者的推销。（　　）

3. 埃德帕模式中的淘汰阶段，是指把质量不合格的产品予以淘汰。（　　）

五、问答题：迪伯达模式通常更适合在哪些情况下使用？

六、案例分析

一次成功的推销

某大百货商店老板曾多次拒绝接见一位服饰推销员，原因是该店多年来经营另一家公司的服饰品牌，老板认为没有理由改变现在固有的使用关系。后来这位服饰推销员在一次推销访问时，首先递给老板一张便笺，上面写着："你能否给我 10 分钟就一个经营问题提一点建议？"这张便条引起了老板的好奇心，推销员被请进门来。他拿出一批新式领带给老板看，并要求老板为这种产品报一个公道的价格。老板仔细地检查了每一件产品，然后作出了认真的答复。

推销员也进行了一番讲解。眼看 10 分钟时间快到，推销员拎起皮包要走。然而老板要求再看看那些领带，并且按照推销员所报的价格订购了一大批货，这个价格略低于老板本人所报价格。

问题：分析该推销员采用了哪种推销模式取得了成功？

激将法做成了买卖

好几年前，马却克自告奋勇去会见一名粗暴顽固的装运商。据说这位装运商一向以拒绝接见销售员著称。当马却克先生到达这位装运商办公室时，果然不得其门而入。"我一直坐在门外等候，他的秘书好几次想把我请出去。"马却克先生回忆道，"后来，他终于让我进到办公室，却只是很粗暴无礼地对我说：'你再等下去也没什么用处，反正我不会听你说话'。"这位年轻的业务代表回答："你根本没有资格坐这个职位！因为你居然不想花一点时间听别人告诉你怎么为公司省钱！"装运商显然被这一番说辞震住了。马却克于是紧接着提出事实与数据。10 分钟之后，马却克离开装运商的办公室，并且为公司做成了一笔好交易。

问题：按照顾客方格理论，马却克先生面对的顾客属于什么类型？你认为马却克推销成功的关键是什么？

七、实训题

（一）课内模拟演练

1．模拟推销

演练目的：学会根据具体情景，选择合适的推销模式理论指导推销实践。

方案策划：利用自己身边熟悉的某一商品（如手机、一本好书等），按照某一推销模式理论的指导，分别模拟推销员和顾客进行现场推销演练。以5人为小组各自开展演练，其中一人扮演推销员，一人扮演顾客，另外三人扮演观众，观众负责对演练效果进行点评，5人可进行角色轮换演练。小组演练结束，教师可选派一两组同学上台演练，全班同学参与讨论交流，最后教师小结。（演练重点：商品示范介绍、运用例证说服顾客）

2．情景训练

演练目的：能够准确区分产品的特征、优点及所带来的利益，为熟练运用费比模式打好基础。

方案策划：在下面关于产品的描述中，作出正确的选择。先让每个人在草稿纸上写出答案，然后任选一两名同学说出答案，其他同学可发表意见。最后教师简要进行点评。

（1）这个复印机有10个刻度，可以自由调整复印机的浓淡度。（　　）

A．特征　　B．优点　　C．利益

（2）不管任何原稿，都可调整浓淡度，而印出非常清楚的副本。（　　）

A．特征　　B．优点　　C．利益

（3）由于经常要提供剪报资料给顾客参考，如果选择“2”这个浓淡调整度，就能够去掉报纸的底色，让顾客有一份干净漂亮的副本阅读。（　　）

A．特征　　B．优点　　C．利益

（4）我们的苹果个大、均匀、水分足、营养丰富。（　　）

A．特征　　B．优点　　C．利益

（5）这里的苹果不仅外观好，而且营养含量高，很受外商欢迎，如果你批发一些，就能为你带来多一些利润。（　　）

A．特征　　B．优点　　C．利益

（6）这种摩托车配有汽油和电力两种混合动力装置。（　　）

A．特征　　B．优点　　C．利益

（7）这种摩托车独特的汽油和电力混合动力装置，既符合节能环保要求，又能解除长途运行动力不足的困扰。（　　）

A．特征　　B．优点　　C．利益

（8）这套房子是复式结构，并配有两个卫生间。（　　）

A．特征　　B．优点　　C．利益

（9）这间店面紧靠学校，在校生上万人，将给您的生意带来稳定的收入。（　　）

A．特征　　B．优点　　C．利益

（10）这种新型节能灯管，尽管售价比普通灯管高，但它的使用寿命却是普通灯管的10倍以上，且比普通灯管省电60%；此外，每根可享受政府补贴2元。如果贵公司按1 000根灯管计算，换上我们这种新型节能灯管，每年可为您节省电费42 000多元，还不包括政府补贴的2 000元。（　　）

A. 特征　　　　　　B. 优点　　　　　　C. 利益

3. 销售示范训练

演练目的：认识销售示范在推销过程中的重要作用，熟悉销售示范的操作要领，掌握展示与介绍商品的基本方法。

方案策划：第一步，全班分成4个小组。每小组可在指定的三种商品中任选其中一种，作为演示介绍的对象。

第二步，各小组自行准备演示用的商品或道具，并讨论小组的演示方案。

第三步，每组推选两名同学，其中一人扮演推销员，一人扮演助手，为选定的商品当众作示范介绍。

第四步，其他同学认真观察各组“推销员”的示范表演，并做好记录。

第五步，4个小组代表全部表演完毕后，大家交流看法，分别点评每组的表现，最后评选出最佳表演者。

第六步，各人总结，写出实践体会。

第七步，教师小结。

（二）课外实战训练：推销实践

训练目的：运用推销模式理论提升推销实践效果。

训练项目：因地制宜开展一次真实的推销实践活动。活动结束后，认真总结：我是运用什么方法吸引顾客注意的？效果如何？为了说服顾客，我主要采用了哪些方法？本次推销实践，成功的地方是在哪里？有哪些地方需要改进？

训练指导：

（1）最好以3人小组为单位开展活动。

（2）联系某商家为其开展代理销售最佳，这样既可获得商家的销售指导和支持，又方便处理存货。

（3）建议采用弹性时间作出安排，可利用课余时间或双休日，一般要求在一周内完成。

（4）活动结束后，以小组为单位递交总结报告。

（5）教师可安排适当时间组织同学进行课内交流。

中编　实务技巧

第三章　寻找顾客的技巧

●能力目标

1. 能够根据内外部环境的变化和消费者的心理需求，开展销售前的各项准备工作
2. 能够灵活运用各种寻找顾客的方法找到更多有效的准客户
3. 能够判断顾客的购买资格，确定是否需要接近和拜访准顾客

●知识目标

1. 掌握推销前应该做好哪些准备工作
2. 熟悉各种寻找顾客的方法和技巧
3. 掌握对顾客资格审查的内容

●能力训练重点

1. 销售前准备工作的筹划能力
2. 顾客资格审查的判断能力
3. 寻找顾客的各种技巧的运用能力

第一节　推销前的准备工作

●情景体验

小王应做好哪些准备工作

［场景］拜访经销商前的工作准备

［人物］推销员小王

小王（广州人）在某自动化设备有限公司从事销售工作，公司安排他到北京负责华北地区的产品市场销售工作，时间在半年以上，主要任务是加强与经销商之间的关

系，增进合作与理解，促进进一步合作，同时拓展公司在华北的销售业务。

问题与思考：推销员小王需要做好哪些准备工作？

推销前的准备工作是至关重要的，推销前准备工作的好坏直接关系到推销活动的成败。一般来说，准备工作主要包括四个方面：一是推销员的自我准备；二是推销员充分认识自己所推销的产品；三是对顾客做好应有的准备；四是对推销环境与推销机会的认识。每一位推销员都应该在推销前做好这四方面的准备工作，以便做到心中有数，稳操胜券。

一、推销员的自我准备

从某种意义上讲，大多数人都是天生的推销员。从很小的时候起，我们就不断地把自己推销给周围的人，让他们喜欢自己，接纳自己；我们说服别人借给自己某种东西；和别人达成某个交换物品的协议……到了要走出校园、面对社会时，我们已学会如何以最有利的形势来得到我们所想要的。推销自己是每个人都具有的才能，但当我们进入现实的商业世界，需要我们有意识地去运用这种推销才能时，许多人就感到无所适从了。我们可以从以下几个方面入手，来充分发挥自己的推销才能：

（一）相信自己

相信自己会成功，这一点至关重要。并不是每个人都能明确地认识到自己的推销能力，但它确实存在，所以要信任自己。

人最大的敌人就是自己，超越自我，则是成功的必要因素。推销员尤其要正视自己，鼓起勇气面对自己的顾客。即使有人说你不是干这行的材料也没有关系，关键是你自己怎么看，这才是关键的关键。

最大的敌人是自己

每个人最大的敌人都是他自己。人们经常不能发觉自己的缺点，一味地自我膨胀，到头来只会自欺欺人。

一般推销员失败的最主要原因在于不能改造自己，认识自己，发挥自己的长处，并把自己的缺点变成优点。

推销之神原一平曾为自己矮小的身材懊恼不已，但身材矮小是无法改变的事实。后来他想通了，克服矮小的最好方法，就是坦然地面对它，让它自然地显现出来。最后，身材矮小反而变成了他的特色。他举办原一平批评会，每月举行一次，每次邀请5个客户，向他提出意见。第一次批评会就使原一平原形毕露：

——你的脾气太暴躁，常常沉不住气。

——你经常粗心大意。

——你太固执，常自以为是，这样容易失败，应该多听别人的意见。

——你太容易答应别人的托付，然而“轻诺者必寡信”。

——你的生活常识不够丰富，所以必须加强进修。

他接受了别人的批评，随时都在改进，在蜕变。他最大的收获就是把暴烈的脾气与永不服输的好胜心理，引导到了一个正确的方向。他意识到最大的敌人不是别人，正是他自己。所以，原一平不会与别人比，而是与自己比：今日的原一平胜过昨日的原一平了吗？明日的原一平能胜过今日的原一平吗？

思考与讨论： 该案例给我们什么启发？

（二）树立目标

有了必要的信心，一切都可以轻松地开始了。树立一个适当的目标，是推销员在准备期中必要的心理准备之一。没有目标，就永远不可能到达胜利的彼岸。每个人、每一项事业都需要有一套基本目标和信念，而许多人往往是做一天和尚撞一天钟，目标模糊，对于如何达到目标则心中无数。

一名优秀的推销员，应该制定出详细的目标，并进一步制订出一个实现目标的计划，在目标与计划的基础上计算好时间，以充裕的时间确保计划实现。我们认为一个好的目标应该是有层次的，长期、中期、即期，各期目标不同。简单说来，即期目标是第二天或下个月销售出多少产品，而中期也许是一个季度或半年。目标还应该是多方面的，销售额只是其中一个方面，使潜在顾客成为现实顾客、挖掘出更多的顾客、在推销过程中树立企业形象等，都应该成为目标的构成方面。这一问题涉及推销员在销售过程中到底推销的是什么，这方面问题会在后面详细论述。另外，目标不必太过详尽，重要的是切实可行。

一位成功的推销员介绍经验时说：“我的秘诀是把计划表贴在床头，每天起床与就寝时都把今天的完成量和明天的目标额记录下来，提醒自己朝目标奋斗。”

（三）把握原则

现代推销技术与传统的推销技术已有了很大差别，推销员已不再是简单地兜售商品，一名优秀的推销员在树立信心、明确目标之后，面对顾客之前还应该把握住作为一名推销员应遵循的原则：

1. 满足需要的原则

现代的推销观念是推销员要协助顾客，使他们的需要得到满足。推销员在推销过程中应做好准备去发现顾客的需要，而且应极力避免“强迫”推销，当顾客感觉到你在强迫他接受时，你就失败了。最好的办法是利用你的推销使顾客发现自己的需要，而你的产品正好能够满足这种需要。

2. 诱导原则

推销就是使根本不了解或根本不想买这种商品的顾客产生兴趣和欲望，或者使有了这种兴趣和欲望的顾客采取实际行动，或者使已经使用了该商品的顾客再次购买。当然能够让顾客开口代我们宣传则更为成功。每一阶段的实现都需要推销员把握诱导原则，使顾客一步步跟上推销员的思路。

3. 照顾顾客利益原则

现代推销术与传统推销的一个根本区别就在于，传统推销带有很强的欺骗性，而现代推销则是以“诚”为中心，推销员从顾客利益出发考虑问题。企业只能战胜同行，但永远不能战胜顾客。顾客在以市场为中心的今天已成为各企业争夺的对象，只有让顾客感到企业是真正从消费者的角度来考虑问题，自己的利益在整个购买过程中得到了满足和保护，这样企业才可能从顾客那里获利。

4. 创造魅力

一位推销员在推销商品之前，实际上是在进行自我推销。一个蓬头垢面的推销员不论他所带来的商品多么诱人，顾客也不会理睬你的。推销员的外形不一定要美丽迷人或英俊潇洒，但一定要让人感觉舒服。那么在准备阶段你需要做到的是预备一套干净得体的服装，准备以充沛的体力、最佳的精神面貌出现在顾客面前。

语言是一个推销员的得力武器，推销员应该仔细审视一下自己平日的语言习惯：是否有一些令人不快的口头禅、是否容易言语过激、有没有打断别人讲话的习惯等。多多反省自己，就不难发现自己的缺点。

推销员还应该根据自己的顾客群体来选择着装。一般说来，若你的顾客是西装革履的白领阶层，那么你也应着西装；而当你的顾客是机械零件的买主，那么你最好穿上工作服。日本的推销专家曾让推销员穿上蓝色工作服，效果很好。他的建议是基于作出购买决策的决策者在工作现场是穿蓝色工作服而非往常的西服。由此可见，避免不协调应该是着装的一个重要原则。

原一平的道歉

原一平有一次外出销售回来，由于路途遥远，回到公司感觉有些疲倦，所以一下就坐在公司的办公室椅子上，脱掉外衣，斜靠在椅子上，做出满不在乎的神情，这时一位客户看到后说：“这个公司的业务员素质这么差，看来还是不要买这家公司的保险好。”于是就转身往外走。原一平听到这里，知道出事了，于是追上这位顾客，并当场向这位客户跪下道歉：“对不起，这都是我的错，是我让您生气了。”该顾客被原一平这一举动弄得非常不好意思，连忙说：“没关系！你不用给我道歉。”接着原一平解释自己道歉的原因是因为他的行为让客户生气，他应该对自己的行为负责。最后这位客户原谅了他，并与他成为好朋友，没过多久，这位客户主动找上门来对原一平说：“我决定买你们公司的保险，是你的真诚让我决定向你买这份保险。”

思考与讨论：该案例给我们什么启发？

二、认识自己所推销的产品

推销员在做好了充分的心理准备之后，应该对自己推销的产品进行了解、研究。在出发前对产品做好各项准备是必不可少的，当然这是你走向成功的秘诀，同时，这一准备过程也是大有学问的。

（一）了解你的产品

我们不能要求顾客是商品专家，但推销员一定要成为你所推销的商品的专家。了解你的产品应做到如下几点：

1．了解你所推销的产品的特点与功能

事实证明，一个仅仅推销具体产品的推销员与推销产品功能的推销员的销售差别是非常大的。人们购买的最根本目的是为满足其某种需求，而商品的功能正具有使需要得以满足的可能性。因此，一位优秀的推销员应该能够正确地认识自己的产品，了解它最能满足哪一个层次的需求。如有可能应该开发出它的多层次特征，以便将来面对各种不同的需求时可以应对自如。例如，一辆小汽车是否能给人们以安全感虽然至关重要，但是你所推销的汽车究竟是以满足何种需求为中心的呢？是小型轻便的家庭用车还是豪华轿车？

2．要对所推销的产品的方方面面了如指掌

对于产品的专业数据要心中有数，要能对答如流。这一点对于面向生产企业工作的推销员来说尤为重要，你一定要让你的客户感觉到在他面前的人不仅是一名推销员，更是一位这一类产品的专家。这样一来，你所讲的一切都意义非凡了。如果你推销的产品是高档耐用品，那么掌握各种专业数据也是必不可少的，同时对于产品的一些并不具体、并非显而易见的特点的了解也是至关重要的。一些感觉上的模糊可能导致顾客认识上的错误，进而导致对产品的误解。作为一名推销员，一定要有能力解决顾客的任何一个疑虑。

3．判断你的商品是理性商品还是感性商品

一般说来，汽车、房屋、钢琴、空调等高档耐用品，以及生产资料均为理性产品，对于这一类产品人们购买时多持谨慎态度，购买所花时间也较长，购买时要充分考虑商品的特性、效用、价格、付款方式以及售后服务。理性商品的价格一般来说比较高，人们购买的次数也较少。而大多数日常用品如食品，则为感性商品，这些商品价格比较低，人们购买的频率高，对于商品的合理性、效用性、付款方式不会作过多考虑，购买所用时间较少，有时会在冲动心理支配下购买。当然还有一类产品是介于其间的，我们称之为中性商品，如皮箱、手提包等价格中档，购买次数不太多的商品。

对于不同类型的商品，推销员所采用的推销技巧应是不同的。具体说来，对于理性商品，推销员不能光凭三寸不烂之舌，还应该做好技术员和咨询员的工作，你所掌握的专业数据会显示出它的威力。而对于感性商品，推销员最好是用感情来推销，这时推销员个人的魅力就显得尤为重要了。对于中性商品，也许你会感到手足无措，不妨采用一个最简单的办法，即中性商品中价格较高的，可以采用偏向于理性产品的推销方法；价格较低的，不妨试试感性产品的推销方法。

4．了解产品

要知道这种产品所构成的形象。我们知道，产品是多层次的概念，包括核心产品、有形产品和延伸产品。核心产品是满足购买者真正购买意图的产品，如购买口红的妇女绝不只是想要买到涂嘴唇的颜色，更多的是购买一种变美的希望；钻头使用者其实是在购买相应的尺寸的孔。这些核心利益与服务通过有形产品的质量水平、特色、式样、品牌、包装反映出来。延伸产品则带来产品设计者所提供的附加服务和附加利益。推销员应善于综合把握这样一个多层次的产品，深入体会，力图理解产品所形成的形象。例如，家用电脑就是在解决了形象问题之后销量大增的。这种产品虽然能节省时间并且简化日常工作，但它似乎过于复杂而且难以使用，只有当家用电脑树立起"好伙伴"的形象时，它才不再被拒绝，人们接受它则意味着其销量大增。

（二）相信你的产品

在前面我们谈到推销员要对自己的推销才能树立信心。在这里，我们要强调指出的是推销员要对自己的产品树立起信心。

详细地了解产品是你增强信心的基础；同时，将你手头的资料加以准备也是增强信心的有效途径之一。准备资料的秘诀则在于让公司的宣传资料经过你的加工整理，成为活生生的资料，因为只有活泼、新鲜、充满热情的资料才能感动顾客。往往推销员随便分发给顾客的宣传材料，顾客可能看都不看就把它扔进纸篓。而如果你花心思，利用自己的智慧制作出宣传品，你会对它倍加珍惜，而这种情绪自然会感染顾客，同时，顾客也会感动于你付出的心血，从而愿意挤出时间来让你展示资料，倾听你的意见。

在出发之前做好充分的准备无疑会为你的成功添上可靠的砝码，好好地研究你的产品，仔细加工你的材料，一定会助你成功。

一位兼职化妆品推销员的经历

一位年轻漂亮的小姐兼职干起了某化妆品的推销工作，一天，她非常热情地把她所推销的化妆品介绍给了一位男士顾客，不厌其烦地劝其购买。他们之间有这样一段对话。

顾客：请问这个牌子的产品与其他进口化妆品相比，有什么特点？

小姐：这个，唔，我不知道。

顾客：可能我问的问题太大了，你能不能告诉我这种产品与其他产品在价格上的差别？

小姐：哦，这种产品的价格可便宜了，比什么法国、意大利进口的产品要便宜得多。

当小姐向这位顾客推销男士用的古龙香水时，这位顾客发现香水瓶的瓶口很大。

顾客：为什么香水瓶的瓶口与瓶子一样大？如果一不小心将香水瓶碰倒了，这几十块钱买来的香水不就没有了？

小姐：是啊，怎么搞的，也不加个内盖，也不装个喷嘴，我拿来就是这个样子的，我都搞不清是怎么回事！

思考与讨论：该小姐的回答令人满意吗？问题出在哪里？

三、顾客消费心理与行为分析

在自我心理准备成熟，充分研究产品之后，下一步就是对顾客做好出发前的准备工作。内容包括：把握顾客类型，了解顾客的消费心理，分析其购买产品的心理动机，以及可能产生哪些消费行为。

心理学家帮助我们将顾客从心理上划分为九种类型，熟悉、了解每一类顾客的性格与心理特征，可以使我们在推销过程中对症下药，因人施计。

1. 内向型

这类顾客生活比较封闭，对外界事物表现冷淡，和陌生人保持相当距离，对自己的小天地之中的变化异常敏感，在对待推销上，他们的反应是不强烈的。说服此类顾客对推销员来说难度相当大。这类顾客对产品挑剔，对推销员的态度、言行、举止异常敏感，他们大多讨厌推销员过分热情，因为这与他们的性格格格不入。对于这一类顾客，推销员给予他们的第一印象将直接影响着他们的购买决策。另外，对这一类顾客要注意投其所好，才容易谈得投机，否则会难以接近。

2. 随和型

这一类顾客总体来看性格开朗，容易相处，内心防线较弱，对陌生人的戒备心理不如第一类顾客强。他们在面对推销员时容易被说服，不令推销员难堪。这一类顾客表面上是不喜欢当面拒绝别人的，所以要耐心地和他们周旋，而这也并不会引起他们太多的反感。对于性格随和的顾客，推销员的幽默、风趣会起到意想不到的作用。如果他们赏识你，会主动帮助你推销。但这一类顾客有容易忘记自己诺言的缺点。

3. 刚强型

这一类顾客性格坚毅，个性严肃、正直，尤其对待工作认真、严肃，决策谨慎，思维缜密。这一类顾客也是推销员的难点所在，但你一旦征服了他们，他们就会对你的销售额大有益处。总体说来，刚强型的顾客不喜欢推销员随意行动，因此在他们面前应守纪律，显示出严谨的工作作风，时间观念尤其要强。这一类顾客初次见面时往往难以接近，如果在出访前获知销售对象是这一类型顾客，最好经第三者介绍，这样会有利得多。

4. 神经质型

这一类顾客对外界事物、人物反应异常敏感，且耿耿于怀；他们对自己所作的决策容易反悔；情绪不稳定，易激动。对待这一类顾客一定要有耐心，不能急躁，同时要记住言语谨慎，一定要避免推销员之间或是推销员与其他顾客进行私下议论，因为这样极易引起神经质型顾客的反感。如果你能在推销过程中把握住对方的情绪变动，顺其自然，并且能在合适的时间提出自己的观点，那么成功就会属于你。

5. 虚荣型

这一类顾客在与人交往时喜欢表现自己，突出自己，不喜欢听别人劝说，任性且嫉妒心较重。对待这类顾客要引出其熟悉并且感兴趣的话题，为他提供发表高见的机会，不要轻易反驳或打断其谈话。在整个推销过程中，推销员不能表现太突出，不要给对方造成对他极力劝说的印象。如果在推销过程中，你能使第三者开口附和你的顾客，那么他会在心情愉快的情况下作出令你满意的决策。记住不要轻易托出你的底盘。

6. 好斗型

这一类顾客好胜、顽固，同时对事物的判断比较专横，又喜欢将自己的想法强加于别人，征服欲强。他们有事必躬亲的习惯，尤其喜欢在细节上与人争个明白。对待这种顾客，一定要做好会被他步步紧逼的心理准备，必要时丢点面子也许会使事情好办得多。准备足够的数据资料、证明材料将会助你取得成功。再有就是要防止对方提出额外要求，不要给对方突破口。

7. 顽固型

这类顾客多为老年顾客，是在消费上具有特别偏好的顾客。他们对新产品往往不乐意接受，不愿意轻易改变原有的消费模式与结构，对推销员的态度多半不友好。推销员不要试图在短时间内改变这类顾客，否则容易引起对方强烈的抵触情绪和逆反心理，还是让你手中的资料、数据来说服对方，这样比较有把握一些。对这类顾客应该先发制人，不要给他表示拒绝的机会，因为对方一旦明确表态，再让他改变就有些困难了。

8. 怀疑型

这类顾客对产品和推销员的人格都会提出质疑。面对怀疑型的顾客，推销员的自信心显得更为重要，你一定不要受顾客的影响，一定要对产品充满信心。但不要企图以你的口才取胜，因为顾客对你所言同样持怀疑态度，这时也许某些专业数据、专家评论会对你有帮助。切记不要轻易在价格上让步，因为你的让步也许会使对方对你的产品产生疑虑。建立起顾客对你的信任至关重要，端庄严肃的外表与谨慎的态度会有助于成功。

9. 沉默型

他们在整个推销过程中表现消极，态度冷淡。顾客陷入沉默的原因是多方面的。推销员不擅辞令会使整个局面僵持，这时推销员可以提出一些简单的问题刺激顾客的谈话欲。若顾客对面前的产品缺乏专业知识并且兴趣不高，推销员此时一定要避免拿技术性问题出来讨论，而应该就其功能进行解说，打破沉默；若顾客由于考虑问题过多而陷入沉默，这时不妨给对方一定的时间去思考，然后提一些诱导性的问题试着让对方将疑虑讲出来大家协商；若顾客由于讨厌推销员而沉默，推销员这时最好反省一下自己，找出问题的根源，如能当时解决则迅速作出调整，如果问题不易解决则先撤退，以备再试成功。

以上是对顾客的总体分析，以及对待每一类顾客的一些简单的原则和态度，在实际推销过程中还需要灵活对待。切记不可教条化，一位顾客也许是几类的综合，也许是介于两类之间，这时推销员的判断力与机智就要受到考验了。

他为什么推销失败

摩根·琼斯是一位推销计时设备的推销员，几家大工厂都很信赖他推销的产品，并争相向他订货，同时对他提出的意见也很尊重。为了更好地发展与这些企业的良好关系，他准备向这些企业的职员办公室推销一种特殊的工作计时钟，他按照常规向他们详细地讲述了这种计时钟的各种优点和用途：便于有效地进行统一管理；可以帮助他们合理地安排时间；可以为他们提供分析工作效率的数据资料；可以按工作时间长短为他们准确计算工资提供依据。

但是他的推销工作遇到了极大的阻力，办公室的员工几乎一致提出：“在办公室安装这种钟控制时间是没有必要的。”管理层也很同意，琼斯很不理解。

思考与讨论：请你为他解释其中的原因？办公室职员主要属于上面哪种类型的顾客？

四、销售环境与机会分析

（一）销售环境分析

销售环境是指与企业销售活动相关的外部因素和条件，它具有复合性、动态性和不可控性的特点。总的来说，销售环境可以分为宏观环境与微观环境，其中宏观环境主要包括：

（1）人口环境：人口总量以及增长速度、人口结构、人口的地理迁移。

（2）经济环境：消费者收入水平、现有的储蓄与借贷水平、消费结构、经济增长率、经济周期。

（3）政治、法律环境：政治制度、局面、宏观调控能力，有关产品的法律、有关消费者合法权益的法律、规范市场竞争的法律和有关保护资源与环境的法律。

（4）文化环境：语言文字、宗教信仰、价值观和审美观。

（5）技术环境：产品的技术更新与技术发展状况。

微观环境分析主要包括：产业结构、竞争状况（主要竞争者和替代者的分析、进入和退出该行业的难度、现有竞争者分析）、供应商、中介机构（商业信誉、经营能力、竞争状况）、目标顾客（市场规模、顾客需求）。

（二）销售机会分析

销售机会是指有利于商品销售的大好时机，是销售过程的一种自然表现，是一种感觉，也就是销售员的头脑中收到的一种感觉信号。销售机会的特征有客观性、时间性和空间性、均等性、可创造性、双重性。

推销员要善于把握销售机会，这要求推销员做到以下几点：提高判断、预测销售机会出现的能力；善于捕捉销售时机；善于打破常规，创造销售机会；善于把握空间销售机会。

王先生错过了哪些机会

有一位推销自动门的推销员王先生，他正在与一间具有相当规模的商店的经理刘某谈推销自动门的事情，王已经向刘作了全面的介绍。

王：这个怎么样，如果贵店改用自动门，我想一定会比较方便。

刘：哦！是这样的，我想听你再说一遍，以前你跟我说的……

王：好的，第一，装上这种自动门后，顾客进出非常方便，尤其是当他们买完东西要出去时很方便；第二，在心理上对需要自己开门才进来的商店，顾客或多或少有一种排斥性，第三……

刘：哦！我知道了，可是我们这种小店，也需要装个自动门吗？

王：您真会开玩笑，贵店地点好，产品好，闻名遐迩。就我们正谈话的工夫，不就有好多顾客来买东西吗？

刘：可是，别处也有卖的啊！

王：我们在本市，服务方便，许多大商店都用我们的产品，我们质量可靠。

思考与讨论：王先生的回答让刘经理满意吗？他错过了哪些推销机会？应该怎样把握？

第二节　寻找潜在顾客

●情景体验

哪些人才是中心人物

山田先生是日本一家肉店的老板，一次出席朋友举办的一个宴会，当服务员来问喝什么酒时，素不相识的同桌中，有位提议“喝啤酒”，结果大家都没有意见，一致同意喝啤酒。这一偶然事件使得山田先生受到启发，于是，他开始在顾客中物色中心人物，有意拉拢那些交际广泛、知识丰富又爱讲话的人，给他们以各种优惠和周到的服务，使他们对肉店产生好感。很快，这些人就成了山田肉店的义务宣传员，逢人就讲山田肉店的肉新鲜，斤两足，价钱公道，态度好，于是带动了一大批顾客到店里来买肉，山田用这种方法使周围的一大批居民成了自己的顾客。

思考与讨论：你认为哪些人是中心人物？假如你是肉店的老板还可以利用哪些方法寻找潜在顾客？

一般说来，顾客可分为购买意图明显并且具备购买能力、有一定程度的购买可能、对是否会购买尚有疑问这样三类。挑选出重点推销对象，会使你的销售活动的效果明显增强。总的说来，重点应放在前两类上。

在圈定客户范围后，就要寻找潜在顾客名单，要充分挖掘出潜在客户，除了依靠销售人员自身努力以外，还必须掌握并正确运用基本的途径和方法，现主要介绍以下具体方法：

1．逐户访问

这种方法就是利用登门拜访的形式对所有可能成为顾客的单位、组织、家庭或个人逐一地挨门挨户地进行访问寻找。被访问的对象的数量与顾客的数量成正比关系。

只要我们推销员能够坚定信心，吃苦耐劳，按照所定的目标范围和区域无一遗漏地进行寻找查访，就一定能够找到真正的顾客。

需要注意的是，地毯式寻找顾客的方法带有很大的盲目性，比较费时费力。因此开始时，可将设定的范围做得小一些，等摸索出一定的经验后，再将辐射面做得大一些，以提高成功概率。

2．广告搜寻

这是指利用各种广告媒体来寻找客户的一种方法，又称广告开花法，是利用各种广告媒体来发布产品信息，并对产品进行宣传，客户依据广告中的联系方法主动向销售人员询问有关产品的信息，从而达到实现销售的目的。广告具有无比的优越性，但费用非常高昂，所以要求企业一方面要选择合适的广告媒体；另一方面要加强广告的制作水平，这是本方法成功的关键。

3．连锁介绍

此方法就是通过发动亲友或现有顾客介绍、推荐准顾客，从而形成连锁效应。实践证明，这能形成我们推销员最为广泛的顾客来源，是一种最为直接、最为有效的方法。

因为亲友或老顾客介绍的准顾客往往与他们都比较熟悉，彼此都较为了解情况，所提供的情况和信息就会比较准确。同时，因为有了亲友或老顾客的推荐，能更为方便地接近和访问准顾客们。

直播获客正当时

值得关注的是，近年来，自媒体、短视频、网络直播成了人们津津乐道的热门话题，由此网红经济得到商界高度关注，有的网红其销售力远超出常人想象。如网络达人李佳琦，号称“口红一哥”，近来活跃在多个短视频平台，仅在抖音就注册运作了好几个账号，其中一个账号（抖音号：166 ** 2759）在2019年8月19日这一天的平台数据显示，拥有粉丝3 000多万，获赞1.7亿次。2018年“双十一购物狂欢节”，李佳琦与马云PK直播卖口红，5分钟卖出15 000支，创下了短时间单品销售的神话。

思考与讨论：作为一名短视频新人，如何有效地吸引和积累粉丝？

4．名人介绍

这种方法是指在某一特定的销售区域内选择一些有影响力的人物，使其成为自己的客户，并获得其帮助和协作，将该范围内的销售对象转化为目标购买的销售方法，又称中心开花法。这种方法的关键就在于对中心人物的选择，如果选择不当就会导致严重的负面影响，但选择合适就会快速扩大业务，因此，如有可能，不要将希望寄托在某一个中心人物身上。

5. 会议寻找

这种方法就是通过参与会议或组织会议去寻找顾客的方法。现在各种各样的组织、各种各样形式的会议很多，我们的推销员要多多参与，比如舞会、酒会、生日宴会，舞蹈健身班、球类比赛，各类学习班、年会、联谊会等，要广泛培养自己的兴趣，积极参与。会议参加得多了，朋友就多，顾客就必然会多。如果有能力，自己或与他人联手发起并组织会议，效果会更好。

很多优秀的推销员在这方面做得非常成功，这是一个事半功倍的有效方法。

对于负责销售商品的业务人员，会对去哪里取得拜访客户的资料感到十分困扰。他们常常通过客户再介绍或者花钱买名单的方法获得客户的资料，但往往效果不佳，这时不妨采用会议寻找法。

6. 电话寻找

这是以打电话的形式来寻找客户的一种方法，电话最能突破时间与空间的限制，是最经济、最有效率的接触客户的工具。但使用这种方法要注意谈话的技巧，要善于把握通话的时机和时间。

7. 信函寻找

信函寻找是以邮寄信函的方式来寻找目标客户的方法，这种方法覆盖面广，涉及的客户数量多，但成本较高，时间较长，回复率较低，这需要销售员有足够的耐心和毅力。如一位汽车销售员，列出将近300位潜在顾客，这些潜在顾客对车辆都有相当的认识，基于各种原因，目前还没有购买，但他相信他们一两年内都有可能购车，而他不可能每个月都亲自去追踪这些潜在顾客，因此，他每个月都会针对这些潜在顾客寄出一封别出心裁的卡片，卡片上不提及购车的事情，而是趁每月的节庆日表示祝贺，如一月元旦、二月春节……，每个月的卡片颜色都不一样。潜在顾客接到第四、第五封卡片时必然会被他的热诚感动，就算是自己不立刻购车，当朋友中有人提到购车时他也会主动地介绍这位汽车销售员。

8. 资料查询

这种方法是指通过查阅各种有关的情报资料来寻找客户的方法。很多优秀的销售员都有一个共同的特点，就是善于收集信息，查阅各种资料，并从中寻找到自己需要的各种信息。信息的来源渠道还是非常广泛的，如工商企业名录、商标广告、产品目录、各类统计年鉴、银行账号、专业团体会员名册、专业报纸杂志、广播电视、互联网络，电话号码簿，邮编号码簿以及各类广告宣传资料等。关键是做有心人，把那些有用、有效的信息收集利用起来，从中发现和找出更多我们所需要的准顾客。当然采取这种方法可以较快了解大致的市场容量和准客户的情况，成本较低，但时效性较差。

9. 市场咨询

这种方法是指销售员利用市场信息服务机构所提供的有偿咨询服务来寻找客户的方法，在信息时代，生活中充斥着大量的信息，社会上出现许多专门收集市场信息的咨询机构，通过这些机构往往能够获得有用的信息，利用这种方法获取客户方便快捷，但要注意信息的可靠性和时效性，还要注意咨询费用问题。

10. 个人观察

这种方法是指通过销售员自己对周围环境的分析和判断来寻找客户的方法。这种方法成本低廉，但对销售员的观察和判断能力要求较高，且要求判断时尽可能客观。这要求销售员善于从平常的事物中找出它们的细微差别，经分析、判断和逻辑推理，判断事物的性质，培养职业敏感度。

11. 设立代理

它是指选择恰当的企业，与之签订代理合同，确定代理业务，使其成为本企业的代理点来寻找客户的方法。通过该方法可获得较稳定的潜在客户。

12. 竞争插足

它是指渗透到竞争对手的销售市场中与之争夺客户的一种寻找客户的方法。该方法易引起竞争者的报复行为。

13. 委托助手

它是指委托与客户有联系的专门人士协助寻找客户的方法，又称销售助手法。在受托人找到目标后立即与之联系，进行销售访问或洽谈。

委托助手法可节省销售员的时间，减轻其工作量。但助手的人选不易确定，而确定适当的助手又是该方法成功的关键。

14. 行业突击

它是指选择一些容易触发购买动机的行业作为销售访问的对象，进行集中性销售访问来寻找客户的方法。

采用该方法要求销售员要关注经济发展的态势，关心国民经济产业结构的现状及其未来的发展趋势。采用该方法若选择得当、销售得法，能够挖掘出大批的潜在客户。

15. 网上寻找

网上有很多庞大的数据库，免费或小额付费即可进去浏览，里面的信息因其功能而有相当高的正确性。再者，其资料皆已通过相当的分类，筛选后即可得到有效的资料。

寻找潜在顾客的方法多种多样，销售员一方面要在实践中不断进行总结，寻找出符合自己性格特点的寻找顾客的方法；另一方面要善于灵活运用各种寻找顾客的方法，互相取长补短，注意规避不同寻找方法的不足，发挥其优势。

●案例与思考

人生何处不推销

有一天，原一平到一家百货公司买东西。任何人在买东西的时候，心里总会有预算，然后在这个预算之内，货比三家，寻找物美价廉的东西。忽然间，原一平听到旁边有人问女售货员："这个多少钱？"说来真巧，问话的人要买的东西与原一平要买的东西一模一样。女售货员很有礼貌地回答："这个要7万日元。""好，我要了，你给我包起来。"

想来真气人，购买同一样东西，别人可以眼也不眨一下就买下来，而原一平却得为了价钱而左右思量。原一平有条敏感的神经，他居然对这个人产生了极大的好奇心，决心追踪这位爽快的"有钱先生"。有钱先生在百货公司里悠闲地逛了一圈，他看了看手表后，打算离开。那是一只名贵的手表。

"追上去。"原一平对自己说。

那位先生走出百货公司门口，穿过马路，走进了一幢办公大楼。大楼的管理员殷勤地向他鞠躬。果然不错，是个大人物，原一平缓缓地吐了一口气。眼看他走进了电梯，原一平问管理员："你好，请问刚刚走进电梯的那位先生是……""你是什么人?""是这样的，刚才在百货公司我掉了东西，他好心地捡起给我，却不肯告诉我大名，我想写封信向他表示感谢，所以跟着他，冒昧地向你请教。"

"哦，原来如此，他是某某公司的总经理。"

"谢谢你!"

思考与讨论：该案例给我们什么启示?

如何利用互联网获得商机

当公司派发了重要任务给你，有时你一定感到压力很大，如何在短时间内找到大量客户，达成交易呢？如今，互联网与人们的生活日益紧密，广阔的网上贸易市场存在着海量商机。

一、你可以在网上第一时间找到商机

(1) 当你进入网上贸易市场时，首先要获得一个网上贸易通行证，也就是详细填写你的注册信息，获得账号。详尽、真实的信息将有助于你获得客户信任，提高成交概率。

(2) 在网上给公司登个记，让采购商或供应商随时可以找到你。当你填写信息时，公司介绍、主营产品和服务等要详细准确，并定期检查公司信息，及时更改过时信息，从而方便客户与你联系。

(3) 在网上你可以随时方便、快捷地搜索客户信息，找到合适的目标客户，迅速达成交易。你可以按行业浏览或按"关键字"搜索，然后瞄准适合的客户，详细了解对方需求。如果对方是诚信通会员，你可以以"诚信通指数"作为选择的参考。如果对方贸易通在线，你还可直接与他联系，进行洽谈。

二、你可以把你的信息直接发上网，让客户来找你

(1) 将你的销售信息或采购信息描述详细、正确，然后发布上网。发布信息时，主题应清晰明了，关键字详细、准确，商品描述详细。如果是销售信息，还可以图文并茂，展示样品。这样可以更有效地吸引客户，获得客户的反馈。

(2) 如果你是诚信通会员，你还可在网上建立产品目录。这相当于在网上建立一个展示厅，你可以展示200个产品，并配上多图，自由排序，从而更直观、真实地吸引客户，获得客户的青睐。

(3) 适合的供应商看到你发布的信息后，会与你联系。他们通常会以询价单、报价单、发送留言、贸易通在线与你洽谈。

当然，这时你需要更好地把握商机。当找到合适的客户后，在询价、报价、寄样、谈判等环节中发挥自己的优势和贸易技巧，最终达成交易。

(资料来源：世界咨询师——全球最大的管理咨询培训行业门户网站。http://www.ic-cun.com)

思考与讨论：你会如何利用网络寻找客户？还有哪些寻找客户的方法？

第三节　顾客资格审查

●情景体验

他发现了什么

一位房地产推销员去访问一位顾客，顾客对他说：“我先生忙于事业无暇顾及家务，让我做主用几十万元购买一套别墅。”推销员一听非常高兴，便三番五次到她家拜访。有一次，他们正在谈话，有人敲门要收购废品，这位太太马上搬出一堆空酒瓶与收购者讨价还价，推销员留心一看，这些酒多是一些低档酒，很少有超过10元钱的，推销员立即起身告辞，从此便不再登门。

思考与讨论：为什么推销员从此不再登门，他是基于什么来做决定的？正确吗？寻找顾客的方法还有哪些？

推销员在通过对潜在顾客的寻找后，可以获得一些用户的名单，但这些用户是否都可以成为推销的对象还不一定。因为这些名单只是列出了一个大致的范围，其中有的暂时还不具备购买的条件，有的可能还存在一些未知的不能确定的因素。因此，需要对初拟的名单进行一次筛选，将其中最有可能成为顾客的个人或组织挑选出来，被选定的这一部分顾客，才是推销员将来进行推销活动的对象。

所谓顾客资格审查，就是指推销员对初步拟出的准顾客名单，按照一定的标准进行评审，以确定适当的目标顾客的行动过程。

顾客的资格审查一般从四个方面进行，即顾客需求评价、顾客购买能力评价、顾客购买权力评价和顾客购买信用评价。

一、顾客需求评价

顾客需求评价的目的在于确定顾客名单上的具体对象是否真正需要推销员所推销的商品。如果一个推销员向一位不需要自己产品的顾客进行推销，无论如何是难以成功的。因此，需求评价是进行顾客资格审查的首要内容，此项如果不能成立，其他方面的评价则无必要进行。

对顾客的需求评价一般从以下两个方面进行：

1．估计顾客需求的可能性

顾客是否需要推销员所推销的商品，这一问题如何估计？应该说主要取决于推销员的判断，如果顾客明确表示他需要所推销的商品，这一问题当然简单，毫无疑问他就是目标顾客。

但现实中情况并非如此，推销员所接触的顾客中多数会表示他不需要所推销的商品，是否真的是这样，需要推销员作出判断。一般来说，顾客表示不需要的原因有以下几个方面：

（1）顾客确实不需要推销员所推销的商品。

对这样的顾客自然应该将其从准顾客名单中划掉。

（2）顾客尚未认识到他对推销品有需求。

比如，两个推销员同到一个岛上去推销鞋子，却发现这个岛上的人从来就不穿鞋。其中一个推销员认为岛上的人对鞋子无需求，另一个推销员却认为需求量很大，而且最终推销成功。可以说，在推销员到来之前，岛上的人也未意识到自己有这种需求，推销员凭自己的判断并经过努力使这种待发掘的需求变成了现实。在推销过程中也有许多类似的情况，有的商家会告诉推销员："本店从来不卖你所推销的商品。"但过去不卖，不等于将来永远不卖，如果推销员认为顾客只是尚未认识到他对所推销的产品有需求，则不要轻易将其划掉。

（3）顾客因某种原因暂时不需要。

如顾客刚刚购进一批同样的商品，或因资金周转困难暂时无力购买等，这种情况只是暂时的，自然应该在名单中保留其准顾客的资格。

（4）顾客因传统习惯的影响表示不需要。

如顾客表示只使用某某品牌的产品，如"我们有固定的进货渠道，其他产品一概不进"等，这样的顾客不仅不能将其从名单中划掉，而且还要作为重点顾客来对待。

2. 估计顾客的需求量

在确定了顾客有需求之后，还要对其需求量作出评价。因为有些顾客虽有需求，但数量很少，对其推销是不合算的。推销的重点应该是那些需求量较大，又长期需要的顾客。

在进行顾客需求量估计时，一方面要看顾客现实的需求量；另一方面还要看顾客将来的发展情况，尤其对后者不应忽视。有的小公司尽管目前需求量不大，但未必将来不会取得发展，有许多大公司就是由小公司发展起来的，怠慢小公司只会堵了推销员的后路。

佩氏农庄的失策

美国西部的佩珀尔基农庄是一个在历史上享有盛名的农庄。20 世纪 70 年代末，这个农庄几乎成了传统的优质农副产品的代名词。无论是新鲜蔬菜还是速冻食品，只要是冠以佩珀尔基的品牌，在市场上就很抢手。

1979 年，佩氏农庄准备扩大战果，农庄的董事们聚集在一起，进行了长时间的酝酿。他们认为，人们的饮食模式正在改变，传统的家庭用餐方式已经衰退，人们需要在无规则的时间里食用味道鲜美、数量不多却饶有趣味的"非正餐"食品。1980 年初，佩氏农庄推出了夹心膨化型面制糕饼类食品。1980 年 3 月，这条食品线在加州的贝克斯菲尔德经过了小范围试验，试验结果表明，与三明治相比，这种食品更能引起人们的食欲，且烹调方便，价格便宜。于是，他们将其命名为"得利"食品。董事们预测，这种食品上市后的一年中，销售额不会低于 4 000 万美元。

一年之后，“得利”食品的销售额却只有3 500万美元，大大低于佩氏农庄的事先所料。这是该农庄有史以来的第一次严重失利。农庄的老板德鲁奇先生承认，“得利”食品的牛肉馅肉质太老，令消费者极不满意；消费者并没有真正接受“得利”的新口味；更重要的是，“得利”食品在早期决策中没有明确顾客需求，是为谁而生产、准备卖给谁，至今仍不清晰。

思考与讨论：佩氏农庄的失策在哪里？这种产品的目标顾客群是哪些人群？

二、顾客购买能力评价

顾客购买能力评价的目的，在于选择具有推销价值的目标顾客，那些不具有购买能力的顾客，对其推销毫无意义。如果说顾客的需求欲望和需求量还有一些弹性的话，购买能力则是实实在在的，没钱就是没钱，丝毫虚假不了，推销员再怎么努力都无济于事。购买能力评价可以有效防止呆坏账的损失，降低商业风险，从而提高推销工作的实际效果。

对购买能力的评价也主要从两个方面进行：

1. 现有购买能力的评价

对顾客现有购买力的评价主要是通过对顾客现有收入水平、经营状况等进行调查研究，在此基础上作出估计和判断。这种调查可以从内部和外部两方面进行。内部调查是推销员深入客户内部了解客户的财务状况，或通过各种关系和途径摸清客户的支付能力；外部调查则是推销员对顾客表面现象进行观察判断，然后作出估计。两种方法中，内部调查比较困难，顾客的财务状况一般不向外披露；外部观察相对较易，但对推销员的观察判断能力有较高要求，要能够于细微之处判断出客户的经济状况。例如，某推销员在与客户接触中“顺便”问起客户有什么业余爱好，客户回答喜欢打高尔夫球，昨天刚请朋友去某地玩了一场。推销员由此判断，顾客的经济状况应属不错。顾客的经济状况，或多或少会通过其行为表现出来，只要用心观察还是可以发现的。

2. 潜在购买能力的评价

在现实的推销活动中，有些顾客因处于发展过程之中，或因贷款未及时收回等原因，出现暂时支付困难，经过一段时间后仍然可以支付的，称之为潜在购买能力。对于具有潜在购买能力的顾客应保留其准顾客的资格，推销员如果认为不存在什么风险，可以主动帮助解决支付困难的问题，如分期付款或延期付款；如果认为还不保险，可以适当延缓一下推销行动，待顾客经济状况好转后再进行推销，但要注意与顾客保持必要的联系。

顾客为什么反悔

20世纪90年代中期，香港有位销售员胡先生，他向一位姓陈的顾客推销产品。谈了15分钟后，陈向胡订购了热水器一台、新式煤气灶一个、电子微波炉一台，共计价值数千元，并约定第二天早上8点半到陈家安装（胡已知陈刚买了一幢新洋楼，地理位置较偏，风景秀丽）。

可是第二天上午陈先生却来电话说不要了。

胡先生并没有作罢，也没有埋怨，只是询问道："为什么呢？您昨天不是高高兴兴的……"

"我太太说免了，因为烧热水就可以了，旧有的煤气灶还可以用。"

"那么，电子微波炉呢？"

"我太太说，家里有电炉，也有火锅，何必再花那么多钱，"并接着说，"我太太说，拿这些钱给我买一辆摩托车。"

思考与讨论：假如你是这位销售员胡先生，应该怎样看待顾客的反悔？你又应该如何做？

三、顾客购买权力评价

无论准顾客是一个人还是一个单位，最终和推销员洽谈购买的必定是一个具体的人，这个人必须拥有购买决定权。和一个没有购买权力的人谈判，无论怎样努力都无助于推销。对顾客购买权力评价的目的就在于缩小推销对象的范围，避免盲目性，进一步提高推销的效率。

顾客的购买权力因个人消费与集团消费而有所不同，评价时应区别对待。对于一个家庭来说，究竟谁是购买的决定者？一般来说是夫妻共商，有时是妻子做主，有时是丈夫做主，有时候是丈夫出面谈判，妻子幕后指挥，公公、婆婆、小叔、小姑也都可能是幕后人物，所以要准确判断出谁是购买决策的核心人物也不是一件容易的事。因此，在面对家庭顾客推销时，最好对任何人都客气礼貌，礼节周全终归不是坏事，这一做法对于集团消费者也同样适用。

对于集团消费者来讲，购买权力评价相对容易一些，一般来讲职位越高，权力越大，加上部门分工明确，弄清谁具有购买的决策权一般不会很困难。但在一些比较大的单位里，多实行分权管理，有些购买决策权会分散在中层或基层，这样的话就给评价带来一定的困难，对此可以采取两个办法：第一是问，即询问单位里的内部职工或知情者，此事由谁负责，一般会得到一个满意的答案；第二是碰，如果经询问仍不能确定，可以径直去找单位的最高领导人，即便此事领导人不具体负责，也会指给你一个负责的人，领导人是不会讲出"不知道"或"不清楚"之类的话的。当然有些购买决策需要由多人共同研究决定，有的需要上级部门批准，这些情况都需要在评价时一一搞清，以便在推销时明确目标，避免白白浪费时间。

应该拜访谁

假如你是销售员，准备向某公司销售一种高新技术产品。据你所知，该产品是一种塑料添加剂，有了这种添加剂可以使企业在生产产品时多添加20%的旧塑料，并保证产品质量不受任何影响。塑料原材料的价格在两个月前是6 000元/吨，现在是8 000元/吨，旧塑料的价格一直稳定在3 500元/吨左右，因此，这种添加剂具有很大的市场潜力和空间。请向你的几个准客户推销这一产品。

思考与讨论：你认为应该向准客户的什么人推销是最为有效的？

四、顾客购买信用评价

顾客购买信用与顾客购买能力有着密切关系，都涉及推销后货款能否安全收回的问题，如果顾客缺乏足够的支付能力，即便主观上愿意支付，也会因缺少购买能力而无法支付；如果顾客有支付能力，而主观上有意拖欠，也会给货款回收造成障碍。顾客信用评价主要是对顾客的主观态度作出评价，确认顾客是否诚信，以保证贷款的安全。

对顾客信用进行评价不仅要调查、了解新顾客的信用状况，而且也要注意老顾客信用状况的变化。

1. 要慎重选择新客户

对于新顾客，推销员一定要持谨慎态度，既不能轻信对方的表白，也不能轻信外界的传言。有的人虽然口袋里没钱，却吹得天花乱坠，装出一副有钱的样子，对推销员的商品极力称赞，要货数量多多益善，就怕你不卖给他。对这样的人一定要特别警惕，因为他很可能就是不讲信用的人。而真正有支付能力的人往往并不张扬，表面上也很难看出其具有多大的实力，可谓“真人不露相，露相不真人”。如果确实难以把握顾客的信用情况，那么在最初的交易中还是应该坚持钱货两清的原则，待有了深入的了解之后再逐渐放宽标准，起码要把风险控制在可承受的范围之内。

2. 对老顾客要随时观察其信用变化情况

老顾客已有过多次甚至多年的交往，彼此有一定了解，但难保不会发生变化。商场变幻莫测，昨天还是“红红火火”，明天也许就是“夕阳西下”。尽管顾客主观上没有改变，但因缺乏足够的货币支撑，想支付也兑现不了，何况人的主观态度也会随着客观条件的变化而改变。因此，对于老顾客的信用评价主要还是通过对其支付能力的分析来进行判断，推销员尤其应该注意坚持原则，不要认为交往时间长、了解深，就将条件放得越来越宽，将付款时间一延再延，数额越积越大，最终可能使企业蒙受损失。值得注意的是，有些诈骗分子也利用了推销员的懈怠心理来进行诈骗，开始很讲信用，之后便开始寻找各种借口拖延兑现，到后来等一大批货物到手便会溜之大吉。对此，推销员应时刻保持警惕，当顾客的承诺不能按期兑现时，要及时查清原因，以便及早采取对策，确保贷款的安全。

●案例与思考

不能轻信别人

张钢是山西大同市某工厂的职工，1996 年工厂破产后一直在家待业，后经人介绍开始做钢材生意，勤劳能干的他在两年间赚了十万多元，一心想着发大财的他对此并不满足，于 1988 年将挣得的钱全部投入开办了兴正建筑装潢公司。以前曾和张钢做过钢材生意的李振方得知张钢开了个装潢公司，便找上门对张钢说："这几年我老家河南城市建设发展很快，你正好开了个装潢公司，到河南发展一定能挣大钱。"张钢听后非常高兴，同时也请他回河南后替自己联系一些业务。

两个月后，张接到了李打来的电话，得知李在三门峡找到了一个活儿，正为接不着工程而焦急的他听后非常高兴，急匆匆地带着一名技术人员来到了三门峡，李领着他们俩看了一栋即将完工的商品楼，张非常满意，于是，就带着李回到了宾馆。在房间里，李说："刚才看的那幢楼有 153 户要装修，一共是 1 800 多平方米，为了能揽下这个活，找了好多关系，花了不少钱。"张心领神会，当即给了他 2 000 元，并说合同一旦生效，还给好处费。

4 月 18 日，张在李盖有鲜红公章的合同上签了字并盖了章。第二天，张便返回山西准备材料，招集人马去了，他准备大干一番，同时也希望能大赚一笔。

5 月 9 日，张带着价值 8 万元的铝合金等装修材料返回三门峡市，把货放在了李联系的离施工楼房很近的地点，张对此觉得很放心，双方经过商议，同意先预付 40% 的定金。

10 日上午，李找到张，说是因项目较大，合同须公证处公证，张觉得这在情理之中，就不加思考地把合同给了李。

11 日下午，左等右等不见李影子的张钢焦急万分，实在坐不住了，就来到存货地点，一看货不见了。据看货人告知，货是昨天中午李让拉走的，当时李还给了他 1 000 元的存货费。

思考与讨论：从张钢的教训中我们有何启发？

●本章小结

推销员在访问、寻找顾客前，首先就要做好推销前的准备工作。主要工作有推销员的自我准备，对销售产品以及企业的了解，对本产品消费者的消费心理的了解和分析，分析产品销售环境以及在销售过程中存在哪些机会。接着根据产品特色采取与之相适应的寻找潜在顾客的方法。然后在找到目标顾客之后对顾客的购买资格进行审查和评价，确定推销的具体对象和接近策略。

●思考与练习

一、单项选择题

1. 当推销对象不太明确或数量很多时，可采用（　　）。

A. 逐户访问法　　B. 广告搜寻法

C. 资料查询法　　D. 委托助手法

2. 岛上的人从来不穿鞋，是因为（　　）。

A. 他们不需要穿鞋　　B. 岛上不适宜穿鞋

C. 他们未意识到自己有穿鞋的需要　　D. 没有人卖给他们鞋

3. 下列说法中正确的是（　　）。

A. 顾客信用评价主要是针对新顾客，因为老顾客的情况已很了解

B. 顾客信用评价主要是针对老顾客，因为对老顾客的销量最大

C. 顾客信用评价不仅要了解新顾客的信用情况，而且也要注意老顾客信用状况的变化

D. 对顾客的信用状况很难评价，因为顾客的情况随时都在变化

4. 顾客对外界事物反应异常敏感，情绪不稳定，易激动，对自己所作的决策容易反悔。这类顾客属于（　　）。

A. 内向型　　B. 虚荣型　　C. 神经质型　　D. 怀疑型

二、多项选择题

访问顾客及准备工作主要包括（　　）。

A. 分析顾客心理　　B. 匹配销售方格与顾客方格

C. 接近潜在顾客　　D. 认定顾客资格

三、问答题

1. 寻找准顾客的程序是什么？方法有哪些？

2. 何谓顾客资格审查？推销员应从哪些方面对顾客资格进行审查？

四、案例分析

联想集团在向海外发展的过程中，曾经对其所处的环境成功地进行了分析，从而制定出有针对性的营销战略，获得了快速发展。联想集团是中国科学院计算技术研究所投资创办的，而香港联想公司是由中国科学院联想集团与香港企业合资创办的，中国科学院计算所拥有1 800多名计算机专业人才，技术实力雄厚，在计算机技术研究领域代表国家最高水平，被称为中国计算机技术的“发源地”。虽然香港联想公司没有很充裕的资金，但是却能以中国计算机专业的“最高学府”为技术后盾。反过来，该公司的成立又能促使中国科学院改变偏重理论研究、忽视应用研究的现状。在1988年4月的香港联想公司的成立仪式上，时任中国科学院院长周光召称创办香港联想公司的意义就在于中国科学院能够参与国际合作，走向海外市场。另外，香港联想公司既能够利用香港的信息、经济和管理机制的优势，又能够起到促进香港吸引内地科技力量、弥补香港科研力量薄弱环节的作用，有利于双方共同开拓欧美市场。

几年来，在国内市场竞争中，通过技术服务产生增值的流通领域的公司，可能会发迹一时，但实质上时刻会被危险的阴影所笼罩。鉴于这种情况，联想公司就用汉卡作为促销计算机的手段，努力建设销售网点并做好培训服务工作，使自己在计算机领域站稳了脚跟。完全由自己独立开发具有多种效益的产品，即联想汉字系统，这部分产品占公司营业额的30%左右。公司的主营产品之一是计算机，尽管它占公司营业额最大比重，但是计算机的硬件部分全部依靠进口，于是公司按照国家政策，同时也为自己能够继续发展下去，决心研制自己的计算机。根据统计，国内计算机市场在全世界只占5%，进口部件则需要设法使外汇平衡。国内市场存在着众多不可测因素，无法分析竞争对手形势和市场变化的受控因素。因此，联想集团决心走向海外，充分利用国内外的各种优势，形成有研究中心、生产基地、跨国销售网点的计算机产

业集团。

1988 年，联想汉字系统获得了国家科技进步一等奖，自投放市场以来，已销售了两万多套，创造了 6 000 多万元人民币的产值。经过不断开发和完善，现在联想汉字系统已经形成 6 个硬件型号、10 个软件版本的系列产品，广泛应用于办公自动化、CA、计算机网络、电子排版等领域。现在，联想汉字系统广泛地应用于全国交通系统、财政系统、公安系统、农牧渔业系统、国家国土资源系统和一些工矿企业、机关、部队、院校局域系统中。随后联想还推出了各型微机、联想 CAD 超级汉字系统、联想“1＋1 教育电脑”等，并且还代理了 AST 微机、HP 打印机等国外名牌产品。

联想集团是一个有“拼命三郎”精神的创造型“大牌”科技专家集团，管理和高科技的带头人有机结合，为以后联想形成集工贸一体化的企业结构奠定了基础。联想集团的管理体制是“大船结构”，这种结构是按工作性质划分部门、分工协作的，各“船舱”定位，统一指挥，统一号令，研究、开发、生产、销售、服务一体化，海内外一体化，做到了有效集中财力、物力、人力，保证了战略目标的实现。

联想集团总公司有业务部和企业部，地方有分公司和代理商、经销商，形成了一支经验丰富的销售队伍，有 19 家分公司，建立了遍布全国的销售网络，拥有最大的国内市场。

问题：

（1）根据以上资料，说明联想集团公司进行销售环境分析的意义。

（2）分析联想集团公司的销售环境类别，各类别内部分别包括哪些内容？

（3）分析联想集团公司的销售环境存在哪些威胁？面对销售环境中的威胁，联想集团公司应如何反应？

（4）分析联想集团公司的销售环境存在哪些机会？面对销售环境中的机会，联想集团公司应如何反应？

五、实训题

（一）课内模拟演练

1. 角色扮演

训练目的：让学员学会分析顾客的消费心理和需求动机，并采取有效的解决办法。

训练项目：对于本章“顾客为什么反悔”案例中，假如你是胡先生，应该如何对陈姓顾客说？为什么？接着案例后面模拟演示胡先生与陈姓顾客应该是怎样的对话，以达到成功销售的目的。在模拟之前各个小组需要分析顾客的消费心理和购买权力、购买能力等，然后确定相应的对话。

训练指导：

（1）最好以 6 人小组为单位开展讨论活动。

（2）每组安排并确定一人扮演推销员胡先生，另一个人扮演陈姓顾客。

（3）模拟时交叉进行，即一组的推销员对阵另一组的陈姓顾客扮演者。

（4）教师在学员讨论过程中穿插到各组讨论，辅助分析案例，引导学员讨论、分析。

（二）课外实战训练

2. 寻找顾客

训练目的：灵活运用寻找顾客的方法找到更多的有效顾客。

训练项目：因地制宜开展一次寻找顾客和对顾客资格进行审查的活动。活动结束后，认真总结：①运用了哪些寻找顾客的方法？效果如何？②如何对顾客资格进行审查？审查结果合理吗？

训练指导：

（1）最好以6人小组为单位开展活动。

（2）联系某卖场开展某种促销活动，这样可获得商家的销售指导和支持。

（3）建议采用弹性时间安排活动，可利用课余时间或双休日，一般要求在一周内完成。

（4）活动结束后，以小组为单位递交总结报告。

（5）教师可安排适当时间组织同学进行课内交流。

第四章　接近顾客的技巧

●能力目标

1. 能够根据产品和顾客的特点拟订销售拜访计划
2. 能够灵活运用约见顾客的各种方法，确定约见的时间与地点
3. 能够灵活应用各种技巧成功接近顾客，为下一步顺利实施推销行为创造条件

●知识目标

1. 熟悉顾客拜访计划的基本内容
2. 了解与掌握约见顾客的主要内容与方法
3. 熟练掌握接近顾客的各种技巧及其特点

●能力训练重点

1. 拟订拜访计划
2. 顺利约见顾客
3. 有效接近顾客

第一节　拟订拜访计划

●情景体验

怎样制订销售拜访计划

假如你是销售人员，准备向某公司总经理推销一种高新技术产品。据你所知，该产品是一种塑料添加剂，有了这种添加剂可以使得生产产品时多添加20%的旧塑料，并保证产品质量不受任何影响。塑料原材料的价格在两个月前是6 000元/吨，现在是8 000元/吨，旧塑料的价格一直稳定在3 500元/吨左右，因此，这种添加剂具有很大的市场潜力和空间。该

公司是一个非常重要的客户，如果成功，你将一次性完成全年业务订单。企业要求你拟订一份详细的拜访计划，让公司觉得你的拜访会是有效的。

思考与讨论： 你认为应该拟订一份什么样的销售拜访计划？

在推销准备工作完成和顾客寻找到以后，销售人员就进入推销活动过程的下一个阶段——访问和接近顾客阶段。这个阶段主要包括拟订拜访计划、顺利约见顾客、巧妙接近顾客以便介绍产品和激发顾客购买欲望等。

一、拟订拜访计划的重要性

除了寻找客户方面需要加强以外，一个经常被忽略但又极其重要的一步就是拟订销售拜访计划。尽管在寻找阶段我们对客户有了一定的了解，但是销售人员除了开拓新客户时要确定拜访计划，对于现有客户拟订计划同样非常重要，因为何时拜访各类顾客，即约见的时间是销售成功的关键。具体来说，销售拜访计划有以下几个方面的重要性：

1. 反映专业化程度

推销是建立在良好的商业关系活动过程之中的，即建立在销售人员对客户的考虑以及他们对行业、公司、竞争产品和公司需求的理解上的关系，销售拜访计划的职业性要求销售人员具有专门的知识以解决客户问题并满足客户的需要。

2. 有助于建立商誉

顾客欣赏且欢迎能理解他们的问题和需要的销售人员，计划展示有助于提供满足他们需要的产品和服务，销售人员使用一种销售计划表（见表4－1）对最好地完成工作有好处。通过对公司产品和服务的了解，以及对顾客需要牢记在心的销售计划，能建立起销售人员和顾客之间的良好关系。

表4－1　客户销售计划

日期			销售人员姓名		
顾客/潜在顾客			地址		
电话			传真		
电子邮箱			职务		
目标	最初接触	特殊采购者特征	利益愿望	明确行动	达成日期

3. 有助于销售人员树立自信心

成为专业销售人员和建立良好商誉的能力在某种程度上取决于销售人员的自信心，当销售人员精心准备拜访，且把注意力集中在客户需要上时，销售人员的信心将大大增加。因为自信通常是从购买者处获取订单的前提条件，这一理由本身就足以让销售人员制订拜访计划，而销售计划核对表有助于评价销售人员制订拜访计划的能力。

4. 有助于增大销售的可能性

一个自信的、准备充分的、能够说明某个特定产品或服务是如何最好地满足顾客需要的销售人员，可创造比毫无准备的销售人员更好的业绩。计划确保顾客的需要与公司的产品和服务之间的正确匹配能被考虑得更加成熟，并设计成一个良好的展示，以保持客户的兴趣并增强其购买的意愿。

二、拜访计划的内容

拟订销售拜访计划，其基本内容一般包括确定拜访顾客、确定拜访路线、安排拜访时间和地点、拟定现场行动纲领、准备推销工具等方面。

1. 确定拜访顾客名单

选择好当天或第二天要走访的具体顾客。视工作时间与推销产品的难度以及以往的推销经验来确定人数，从你所列出的潜在顾客名单上挑选具体人物，可以根据交通和顾客地址来选择几个走访方便的顾客作为一个顾客群。这样有利于节省时间，提高效率。

2. 确定拜访路线

根据计划要走访的顾客名单来确定自己拜访顾客的路线，做到统筹安排，既要保证无一遗漏，又要保证节省时间、路费，尽量提高拜访的效率，并据此来确定与准顾客见面的时间以及地点。

3. 安排拜访时间和地点

确定已联系好的顾客的访问时间与地点。如果你已与某些客户取得了联系，那么不妨根据对方的意愿来确定访问时间与地点。一般来说，访问时间能够预约安排下来将有助于成功，而访问地点与环境应具有不易受外界干扰的特点。

4. 拟定现场行动纲领

这一部分是针对一些具体细节、问题和要求来设计一些行动的提要，包括介绍的要求。在对产品有了深入了解的情况下，不妨将产品的功能、特点、交易条款以及售后服务等方面综合归纳为少而精的要点，作为推销时把握的中心，设想对方可能提出的问题，并设计回答，对于经验不丰富的推销员，一定要多花一些时间在这上面，做到有备无患。

5. 准备推销工具

在推销时除了要带上自己精心准备好的产品介绍材料和各种样品、照片、鉴定书、录像带等，还要带上个人介绍材料，如介绍信、工作证、法人委托书、项目委托证明等，带上证明企业合法性的证件或其复印件也是非常必要的。如果公司为客户准备好了纪念品也不要忘记带上。最后当然还应带上一些达成交易所需的材料，如订单、合同文本、预收定金凭证等。

如果面对的是一项较为复杂的推销任务或开发新的市场，可以成立推销小组。小组推销可以将对手的注意力分散，可以给每个人留下一段思考时间，经验上相互弥补、相互促进。如果准备以推销小组来进行推销，那么必须进行小组推销规划。

一次失败的拜访

一位推销员匆匆走进一家公司，找到经理室敲门后进屋。

推销员（以下简称推）：您好，李先生！我叫李明，是佳美公司的推销员。

曲经理（以下简称曲）：我姓曲，不姓李。

推：噢，对不起，我没有听清楚您的秘书说您是姓曲还是姓李。我想向您介绍一下我们公司的彩色复印机……

曲：我们现在还用不着彩色复印机，即使买了，可能一年也用不了几次。

推：不过，我们还有别的型号的复印机，这是产品介绍资料（将印刷品放到桌子上，然后掏出烟与打火机）。您来一只？

曲：我不吸烟，我讨厌烟味，而且，这个办公室里不能吸烟。

问题与思考：这位推销员的拜访是否成功，为什么？

●知识拓展

推销员拜访前应有的准备

推销员在上班后才决定到哪里去拜访客户，不是取得成功应有的做法。推销员应制订每月、每周的计划，然后再根据计划的内容，制作每日的拜访顾客计划表，当天的拜访顾客计划应在前一天制订好，推销员最好养成就寝前拟订计划的习惯。一份完整的拜访计划主要包括以下基本要点：目标明确；不浪费、不勉强、不疏忽（松弛不紧张）；符合 5W1H 法则［why（理由）、what（内容）、where（场所）、when（时间）、who（谁）、how（怎样）］；按地区、商品和客户端不同而分别设想；必须规定限度（如规定自己每天访问多少人，访问多少家公司）。

拜访顾客计划的填写原则（见表 4－2）：

表 4－2　拜访顾客计划的填写原则

填写原则	例子
预访地点以及路程	紧急事情或规定时间应进行联络
考虑访问以及面谈时间长短	第三次访问 A 公司，时间是下午 2 点，由于这次是第一次成交，因此要花 50 分钟
考虑等待、路途上的时间	面谈时间 1 小时，路途上的时间约 25 分
空闲时间的运用	以最短时间结束拜访，剩余时间到附近随机访问
决定每天访问数	作随机拜访，沿着 × × 街拜访 5 家商店

第二节 约见顾客

●情景体验

如何顺利约见到总经理

假如你是销售员，准备向某公司总经理销售一种高新技术产品，据你所知，该产品是一种塑料添加剂，有了这种添加剂可以使得生产产品时多添加20%的旧塑料，并保证产品质量不受任何影响。塑料原材料的价格在两个月前是6 000元/吨，现在是8 000元/吨，旧塑料的价格一直稳定在3 500元/吨左右，因此，这种添加剂具有很大的市场潜力和空间。该公司是一个非常重要的客户，如果成功，你将一次性完成全年业务订单，之前企业要求你拟订一份详细的拜访计划，让公司觉得你的拜访会是有效的。如果公司同意你的这次拜访，那么你能够绕过秘书这一关而顺利约见并接近总经理吗？

思考与讨论：你认为应该如何避免被秘书挡驾从而顺利约见到总经理？

约见是推销员征求顾客同意接近洽谈的过程。它既是准备工作的继续，也是接近顾客的开始。约见虽然只是求得与顾客见面，但也不是一件容易的事，推销员要想全部约见取得成功几乎是不可能的。但倘若连顾客的面都见不到，推销就无从谈起。因此，约见顾客也是一项很有技巧性的工作，是推销过程中的一个重要环节。

一、约见的意义

1. 有助于推销员成功地接近顾客

在许多情况下，由于种种原因，顾客都不愿意接见突然来访的推销员，以免干扰到自己的日常工作，打乱工作计划。如果能事先征得顾客同意，顾客会在接见之前对原来的计划作出调整，以安排专门的时间与推销员会面洽谈。因此，约见可以消除由于意外来访而使顾客产生的不满，取得顾客的信任和支持，为推销成功创造条件。

2. 有助于推销员顺利开展推销洽谈

要使推销洽谈能够顺利进行，洽谈的双方应事先做好充分的准备，对洽谈事项所涉及的条件都有所考虑。为此，推销员应事先征得顾客的同意，这样显得比较慎重；另外也便于顾客在会面之前有所准备，使会谈在一定的轨道和范围内进行。

3. 有助于推销员客观地进行推销预测

有经验的推销员，能够根据约见时的情况及顾客的初步反应，对顾客的个性、爱好以及顾客的需求特征等作出初步的判断，对推销中可能发生的情况作出大致的预测。据此来修改、补充、完善原来的洽谈计划，使洽谈计划更加符合特定顾客的实际情况。

4. 有助于推销员合理利用推销时间

推销员如果事先未征得顾客同意就上门拜访，很可能见不到访问对象，或者见到了，顾客也可能因忙于其他事务而无暇接待，使推销员白白浪费许多时间。如果事先与顾客进行约定，依约前去拜访，基本上可以避免这种情况，从而使推销时间得到合理利用，提高推销的效率。

二、约见的内容

（一）确定约见的对象

到一家公司去进行推销应该找谁？这是首先应该明确的问题，确定是总经理还是采购部主任，采购员还是使用推销品的工人。如果约见的对象不明确，推销就是盲目的。从前面购买权力评价的分析中我们知道，约见的对象应该是拥有购买决策权的人。但是，拥有购买决策权的人往往是公司的高层领导，直接约见有一定难度，这些领导通常会委派秘书类的接待人员来对付推销员。如果事情比较重要，则由秘书安排会面，而一般的推销多会被秘书挡驾。如遇这种情况，推销员首先必须通过秘书这一关，在与接待人员打交道时，一定要对其表现出足够的尊重，恰当地恭维几句，送一点企业的小礼品也许会有不错的效果。如果仍不能如愿，也可先绕过这一关，先与其他能够对购买行为产生影响的人约定会见，因为这些人也是相关人物，虽然不能最终决定购买与否，但会对购买的行为产生影响；何况这些人大都是公司的内部职员，如果能够说服他们，由他们出面帮助安排与领导人见面，事情就会容易得多。

（二）约见事由

推销员在确定了约见的对象后，要向对方说明约见的事由，虽然推销员约见顾客的最终目的是推销商品，但每次约见的事由不尽相同。一般来说，约见的事由有以下几种：

1. 推销商品

多数情况下，推销员访问顾客的目的都是为了直接向顾客推销商品，但以此为由约见顾客往往会遭到拒绝，因此，推销员在语言上要做精心的设计。推销员必须在较短的时间内使顾客对推销的商品产生兴趣，重视你的推销，这样才可以达到约见的目的。

2. 市场调查

市场调查是推销员的重要职责之一。一般来说，推销员以市场调查的名义约见顾客比较容易为顾客接受，因此，市场调查常常成为约见顾客的一种借口。

推销员通过与顾客面谈，可以了解到顾客的一些真实情况，为以后的推销做准备，还可以为企业的经营决策提供参考，优秀的推销员往往会在调查的过程中，不知不觉地将顾客引向正式的推销，从而一举两得。

3. 提供服务

为顾客提供服务也是推销员的重要职责，以提供服务为由约见顾客，往往会受到顾客的欢迎，如技术指导、安装、调试维修等。如果这些服务工作推销员自己就可以承担，自然为约见顾客增加了机会，也为今后的推销工作创造了条件，甚至在服务的同时就可以开展新的推销活动。

4. 签订合同

一般情况下，推销员在与顾客谈妥交易条件之后，应当立即签订合同，如果因某种原因当时未签，也可在事后约定时间专门签订，以此为由约见顾客一般比较容易，但要注意一定要抓紧时间，不可拖得太久，以免顾客反悔。

5. 收取货款

在交易中因某种原因造成顾客拖欠货款也是常有的事，欠债还钱本是天经地义，以收取货款为由约见顾客自然也是理直气壮，顾客一般不好回绝；但如果顾客资金紧张或主观上不愿支付就会寻找各种借口来进行推托，避而不见。对此，推销员要特别讲究约见的技巧，不给顾客找借口的机会。

6. 走访用户

走访用户是与老顾客保持业务关系的重要方法，在顾客购买商品之后，定期或不定期走访用户，征求一下顾客的意见，可以增进顾客对推销企业和推销员的信任感，以此为由约见顾客，也往往会受到欢迎。推销员在征求意见的同时也可顺便了解顾客的需求情况，为再次推销创造条件。

7. 寻找借口

推销员以某种借口约见顾客，如慕名求见、节日赠送、祝贺喜庆、代转口信等，这种约见往往人情味较浓，顾客一般也容易接受。

总之，不论以何种理由约见顾客，一个总的原则是要让顾客感觉到约见会对他有所帮助，而不是增加麻烦。

（三）确定访问时间

约定访问时间，是约见的一项重要内容。在这一问题上，推销员往往没有主动权，一般应是客随主便，尊重顾客的意见。但有几点需要注意：

1. 要考虑顾客的特点

尽量避开顾客忙碌的时间、节假日和休息时间，还要考虑到顾客的情绪和身体状况，不要选择顾客心绪不佳或生病时前去拜访。当然，以探病为由联络一下感情还是可以的。

2. 要考虑访问的目的

如果是为了推销商品，应选择在有利于达成交易的时间约见。如季节前推销季节性商品，节日前推销节日礼品等；如果是进行市场调查，应选择在市场行情变化较大，客户面临多种选择时约见；如是提供服务，应在顾客需要服务时约见；如是签订合同，应在掌握了充分的信息时约见；如是收取货款，则最好在顾客资金周转良好，账户上有余额时约见。只有这样，才能较好地实现约见的目的。

3. 要考虑访问的地点和路线

如果约定在顾客家中会面，时间应当选择在顾客的工作之余；如果是在办公室会面，则应选在工作时间；如果是在其他的公众场合，则要考虑顾客的出行是否方便和出行路线来恰当选择时间。

4. 要尊重顾客的意愿

在约定访问时间时，推销员应首先听取对方的意见，让顾客确认一个他认为方便的时间会面，客随主便。如果顾客提出的时间与推销员的时间安排有冲突，推销员应礼貌地与对方协商，以取得一致意见，同时时间约定不要过死，避免因意外原因导致不能按时赴约，可确定一个时间范围，留有适当余地。如果推销员确因重要事情不能赴约，要提早通知对方，以免顾客久等，并请另约时间。

（四）访问地点

在确定访问地点时，也要视具体情况而定。一般有两点需要注意：一是方便顾客；二是尽量避免干扰。一般来说，有以下一些地点可供选择：

1. 工作地点

对于集团消费的顾客或是推销生产资料类商品，可选择在顾客的工作地点拜访。这对于顾客来说非常方便，但由于办公地点人员来往较多，极易受到干扰，于洽谈不利。如果顾客有专门的洽谈室或者会议室，选在这些地方将最合适，可使双方都静下心来进行洽谈，有利于洽谈的深入进行。

2. 家庭住所

如果推销员推销的是个人生活用品，选择顾客的家庭住所作为访问地点是比较合适的。但由于种种原因，许多顾客不愿意推销员到自己家里来推销产品，以免生活受到干扰。因此，只有在顾客主动提出将访问地点选在自己家里的情况下才比较恰当，推销员一般不要主动建议，如果顾客不情愿，更不可强求。

3. 公众场合

饭店、球场、展销会、娱乐场所等公众场合也可作为会谈的地点，选择这些场合有利于拉近双方的距离，感情上更加靠近，但环境嘈杂，难以静下心来进行洽谈。所以，选择社交场合作为访问地点，对于联络双方的感情是一种不错的选择，但对于正式的推销洽谈则未必合适。

4. 己方场所

选择推销员所在的工作单位或下榻的饭店进行会谈，对推销方是有利的。推销员占有地利之便，可以很好地创造会谈的环境，而且占有心理上的优势，但会给顾客带来一些不便。因此，不是所有的顾客都可以约在己方场所进行洽谈，只有确认顾客对推销品有兴趣或是老顾客才比较合适。如果约在己方场所进行洽谈，推销员一定要做好接待工作，礼节周全，使顾客感到舒心。

三、约见顾客的方法

约见顾客的方法一般有以下几种：

（一）当面约见

当面约见是指推销员和顾客面对面地约定访问的具体事宜。这种情况在实际中是比较多的，如双方在途中不期而遇，当时没有机会细谈，故另约时间、地点再谈；推销员未经约定，直接去找顾客洽谈，因顾客忙于其他事务或未做准备而未能谈成，故约定时间再谈等。

当面约见有许多优点：首先，当面约见可以缩短双方的距离，利于双向沟通、交流感情、消除隔阂；其次，当面约见可使推销员近距离地观察、了解顾客，准确地作出推销预测，做好接近顾客的准备；再次，当面约见可以把其他约定方式不易说清楚的问题讲清楚，避免造成对方的误会。

当面约见也存在一定的局限性：其一，由于受地区限制，不可能和所有顾客都当面约见；其二，推销员和顾客不认识时，当面约见易遭顾客拒绝；其三，某些场合下，约见对象可能会敷衍了事，随口答应，过后就抛到脑后。

（二）电话约见

电话约见就是推销员以打电话的方式约见顾客。对老顾客，电话约见方便、快捷、效率高，但对新顾客，用电话约见难度较大，需要推销员掌握一定的约见技巧。以下一些方法可供参考：

1. 强调利益法

即强调推销品能为顾客带来的利益，以此来吸引顾客。例如："张经理，您好，我是大洋公司的业务员，我们公司最近有一批商品准备降价促销，价格比平时低许多。我想您肯定有兴趣，您看什么时候方便，我去拜访您一下，明天可以吗?"

2. 信件预寄法

信件预寄法是推销员先将产品说明等有关资料寄给顾客，再打电话询问顾客的想法，以达到约见顾客的目的。例如："王经理，您好，上星期我给您寄去的资料收到了吗？您感觉我们的新产品怎样?"这一方法显示了对顾客的尊重，易博得顾客好感，被拒绝的可能性较小。

3. 心情感激法

这种方法一般用于已经与之有业务联系的顾客，推销员首先对顾客前一次的购买表示感谢，然后借机约见顾客推销新的产品。例如："李经理，您好，我是银河电脑公司的业务员，您四月底寄来的订单已经收到了，非常感谢您的支持。我们公司最近又推出了一批新产品，性能、价格都不错，想尽早介绍给您，您看什么时候比较方便……"电话约见有许多优点，如迅速、及时等，在电话日益普及的情况下也很方便、灵活，而且避免了被当面拒绝所遭遇的尴尬，是广泛应用的方法之一。

如果是初次电话约见，在有人介绍的情况下，需要简短地告知对方介绍者的姓名、自己所属的公司与姓名、打电话的事由，然后请求与他面谈就可放下电话了。务必在短时间内给对方以良好的印象。因此，不妨说："这东西对府上是极有用的""采用我们这种机器定能使贵公司的利润提高一倍以上""贵公司陈小姐使用之后认为很满意，希望我们能够推荐给公司的同事们"等；接着再说："想拜访一次，当面来说明，可不可以打扰您 10 分钟的时间？只要 10 分钟就够了。"要强调不会占用对方太多时间。然后把这些约见时间写在预定表上，继续再打电话给别家，将明天的预定填满之后，便可开始访问活动了。

（三）信函约见

信函约见是指推销员通过信函的方式来约见顾客，如通过信函、请帖、会议通知、产品介绍来约见顾客等。

信函是比电话更为有效的媒体。虽然时代的进步出现了许多新的传递媒体，但多数人始终认为信函比电话显得更尊重他人一些。因此，使用信件来约会、访问，所遭受的拒绝比电话要少。另外，运用信件约见还可将广告、商品目录、广告小册子等一起寄上，以增加对顾客的关心。也有些行业甚至仅使用广告信件来做生意。这种方法有效与否，在于使用方法是否得当。当今，信件广告泛滥，如果不精心准备，很可能被顾客随手丢掉，这样一来就十分失策了。

通常情况下，信件的内容包括问候、寄信的宗旨、拟拜访的时间，同时附上广告小册子。一般信件的写法是"……届时倘有不便，请在信封所附明信片上指定适当的时间……"，并且在明信片上，先写上"×月×日，上/下午×时"。只要请被访问对象在明信片上填写指定日期、时间并寄回即可。这样做在实践中可获得更大的效果。

信函约见的优点是：①目的容易达到。信函可以不受限制地送达特定顾客的手中，只要内容能使顾客感兴趣，就会引起顾客的积极回应。②节省费用。信函约见是所有约见方法中成本最低廉的。③体裁自由。推销员可以不受时间的限制，对约见信函进行精心的设计，仔细推敲所使用的语言，避免各种失误和不当之处。

信函约见也有一些缺点：①时间长。不适用于紧急约见。②反馈率低。有的顾客对约见信函不重视，或不拆开看就丢在一边，不了了之。③无法解答顾客的疑问。信函只是一种单向信息的传递，对顾客的疑问不能当面解答。

为了提高信函约见的实际效果，推销员在使用本方法时应注意：①信函内容要真实可信，文笔生动流畅，文字工整，措辞恳切，信函内容不可太长。②与其他方法结合使用，如在信函发出半个月左右，再以电话与顾客联系，一般效果较好；如果单纯使用信函约见，往往会得不到回音，因为顾客非急用一般很少回信。

（四）委托他人约见

委托他人约见是指推销员委托第三人来约见顾客。受委托的第三人必须与约见对象有一定的社会联系和交往，同时也与推销员有某种联系，这样的第三人才能从中牵线搭桥。

这种方法常在实际中被采用，其优点在于：①能顺利接近顾客。由于受委托人与顾客的特殊关系，往往使约见变得容易、顺利，拉近了与顾客的距离。②节省时间，提高推销效率。③有利于促成交易。顾客出于照顾介绍人的面子，只要商品与价格接近顾客需要，就有可能成交。

这种方法的缺点在于：①使用范围受到限制，如果没有合适的介绍人，这种方法便难以使用。②容易使顾客产生非正式洽谈的感觉，不会给予足够的重视。③如果双方洽谈中可能涉及的商业机密不便为他人所知，委托他人介绍会增加顾客的担心，反而为成交造成障碍。

（五）广告约见

广告约见是指推销员利用广告媒体把约见的内容广而告之，以达到约见顾客目的的方法。这种方法一般用在约见对象不明确或约见对象很多时使用。优点是覆盖面广，效率高；缺点是针对性差，费用大。

（六）网络约见

网络约见是指推销员利用网络工具与自己的客户约见的一种方法。这种方法的优点是方便快捷，成本低廉，不受时间和地点的限制，效率高；缺点是可信度较差，需要推销员自己辨别约见客户的真实性和可靠性。所以推销员最好通过专业网站进行网络约见，将风险降低。

除了上述方法外，还有其他方法。推销员在运用各种约见方法时，应注意以下一些问题：

（1）推销员应根据具体情况确定具体的约见方法。

对于经常见面的顾客或距离较近的顾客可以当面约见，也可以电话约见；对于电信不通的顾客可以信函约见；对于难以接近的顾客可委托他人约见；对于约见对象不明的可以广告约见等。

（2）各种方法结合使用，互相补充。

（3）不断创新，增强约见的效果。

当然，要想全部约见取得成功几乎是不可能的，约会被拒绝是推销员的家常便饭，但与上门时被拒绝相比，宁可电话中被拒绝，这样不论成败，时间的损失总会少些，可将时间用于其他更有效的访问上。

高技术公司推销员的一次约会

假设你是某高技术公司的推销员，这家公司是一个发明了用通用的材料增加新能量的方法的小公司。你相信那些主要的石油公司将对你们公司的新发明感兴趣。你起先访问南方石油公司的副总裁，受到冷遇后，你将怎样接近总裁李达的秘书？选择下面的谈话进行对话，并且证明你的选择是正确的。

(1) 早上好，我是高技术公司的安波，我希望拜访总裁李达先生。

(2) 早上好，我是高技术公司的安波，我们最近研制成功一种新产品，它将变革能源工业，特别是在未来10年的能源紧张的情况下发挥作用，这将是李达先生很想见到的一种产品，什么时候他有空？

(3) 早上好，你会想起我和李达先生的约会，我是安波。

(4) 早上好，我是安波，李达先生会对我们近期生产的一种新产品感兴趣，他想了解一些情况。

(5) 早上好，我是高技术公司的安波，我有李达先生很感兴趣的材料，并想在最近直接和他商谈。

秘书不能考虑那么多开场白，她试图阻止你，你确信李达先生在里面，但是秘书说，“李达先生今天刚出去做一笔交易”。下面哪项是你最好的回答？说明理由。

(1) 什么时候我能见到李先生？

(2) 我在什么地方能见到他？这是一种非常重要的材料，我想李先生是急需的。

(3) 我今天将等他回来。

(4) 明天早晨好吗？

(5) 我将在和其他竞争者讨论过这个材料之后再和李先生联系。

秘书认为你所说的产品有足够的优点值得和李先生的下级王先生（研究开发部的）见面，你将怎样回答：

(1) 谢谢，那样也很好。

(2) 谢谢，但我坚持和李先生会谈。

(3) 那么多人想得到这一技术，李先生会愿意第一个听到它的。

(4) 我会和王先生会谈，但我更愿意和李先生会谈。

(5) 王先生有这方面的渊博知识，但他没有决策的权力。为了不浪费你我的时间，我想和李先生会面。

思考与讨论：你认为安波的约会应该选择在什么时间最好？请说明理由。

第三节 接近潜在顾客

●情景体验

"格子"与她的"宝宝们"

90后女孩小兰大学已毕业三年，2020年受新冠肺炎疫情影响，她辞职创业开启自媒体营销探索之旅，主要借助抖音、小红书等短视频平台，以小个子微胖女生为主要服务对象，主推各季潮流服装，兼营女包和小饰品。

为吸引粉丝，给自己的账号取个合适的好名字是成功的第一步。为此，小兰很费了一番心思。她觉得好名字要符合三个条件：一要简短，方便记忆，以两三个字为宜，最长不要超过五个字；二要发音响亮、好听；三要有个性，有辨识度，尽量在网络流行文化与账号定位之间取得平衡。最终她决定给自己的抖音号取名"格子"，结合账号定位命名为"格子服装买手"（gezijia523），她对自己取的这个名字有些小得意。

开始两个月，"格子"每天都在努力发短视频作品，作品紧扣服装这一主题，力争在短短十几秒内突出产品的亮点。同时坚持在抖音开直播，可是每次直播间人数并不多，平均在15人，粉丝积累很慢，总数不足200人。"格子"想找到突破目前瓶颈的钥匙。于是，她一边学习，一边总结思考，发现自己有三个明显不足：一是发布的短视频作品质量有待提升。在形式上，主要体现为视频作品封面设计没有整体感，有的是横屏，有的是竖屏。各作品封面文字标注也是五花八门。在内容上，基本上是拍服装样品，加上音乐或讲解，经简单剪辑就发布了，缺乏足够的吸引力。二是直播时间不准时，多次出现直播预告时间到了却没有准时开播的情况，这些都可能导致掉粉。三是针对"小个子微胖女生"的顾客定位还有待强化。

找到问题是解决问题的一半。小兰马上着手整改，一方面把一些不太满意的作品私藏了，新发的作品争取做到封面风格统一；另一方面，提升作品质量，注意运用一些剪辑技巧，重视跟踪最新热门动态，在自己的作品中适时加入热门音乐、热门话题。同时，开播时注意加强与访客互动，常常以"宝宝们"的爱称与来直播间的网友打招呼，以增强亲和力。当然，"格子"还有一个"秘诀"，就是用发放购物优惠券的方式吸引访客加入"粉丝团"，这样既积累了自己的客户资源，又提高了潜在客户的黏性。通过以上调整，效果明显。作品播放量平均提升了好几倍，有的甚至提高几十倍，由原来不足一千猛增到三万多。粉丝积累步伐也明显加快，其中最得意的一次是一场直播新增访客88个。

对"格子"来说，尽管短视频创业之路还很长，必定会面临很多新的困难和挑战，但正如她自己所说，每一次成功都不会是轻而易举的。既然已经选择，必定迎难而上，不要轻易放弃。

思考与讨论：

1. 关注“格子”，分析她的短视频作品有什么亮点和不足？你有何合理化建议？

2. 对一名短视频创业新人来说，如何有效吸引访客？如何成功接近直播间的访客并努力把访客转化为粉丝甚至是买单的顾客？

接近顾客是销售洽谈的前奏，是销售人员与顾客正式就交易事件接触或见面的过程。接近顾客是为了让顾客了解和注意商品，了解和接近销售人员，也是为了进一步了解顾客的需求特征，以便为转入销售洽谈做准备。

接近顾客包括两个层次的含义：一是指销售人员和顾客之间在空间距离上的接近；二是指销售人员和顾客之间消除感情上的隔阂，逐步趋于同一目标。

销售人员接近顾客的方法多种多样，要注意掌握各种方法并综合运用。接近拜访顾客有以下几种方法：

1. 商品接近法

商品接近法是指销售人员利用商品的某些特征来引发顾客的兴趣，从而接近顾客的方法。这种方法对商品的要求比较高，商品应具有某些吸引力和突出的特点，并最好便于携带，使销售人员能将有形实体的商品展示给顾客。

2. 介绍接近法

介绍接近法是指通过销售人员的自我介绍或他人介绍来接近顾客的方法。介绍的内容包括姓名、工作单位、拜访的目的等。为获取顾客的信任，一般应递交名片、介绍信等相关证明材料。

在介绍时应注意言语简练、语调适中。该方法的缺点是接近顾客太突然，双方没有感情基础和同化日标的中介，因此，销售人员的仪表和言谈举止显得尤为重要。由他人介绍的方式往往更有利于接近顾客，取得顾客的信任。

3. 社交接近法

社交接近法是指通过与顾客开展社会往来接近顾客的方法。采用这种方法一般不开门见山地说明用意，而是尽量先与顾客形成和谐的人际关系。

以狗会友

有一位销售人员，连着四次去拜访一位老板都被拒之门外。后来他左思右想，决定从老板的爱好方面下手，他打听到这位老板喜欢卷毛狗，而且每天傍晚都到小区里遛狗。于是这位销售人员心生一计，他先学习了一些狗的知识，然后借了一条卷毛狗，也在傍晚的时候去小区遛狗，装作一个偶然的机会遇到这位老板，两人就津津有味地谈论起狗来，从狗的品种到如何喂养等，两个人很快成了忘年之交，因为狗的原因成了朋友。后来，就顺理成章地完成了交易，并使该老板成为他的稳定客户。

（资料来源：李先国．营销师．北京：中国环境科学出版社，2003.）

思考与讨论：面对难以接近的客户，你认为应该如何制造机会？

4．馈赠接近法

馈赠接近法是指销售人员通过赠送礼物来接近顾客的方法。馈赠礼物比较容易博得顾客的欢心，取得他们的好感，从而拉近销售人员与顾客的关系，而且顾客也乐于与之合作。但赠送的礼品不要过于贵重，注意应符合国家有关政策的规定。赠送礼物应具有实用价值，并尽可能制作得精美。

送顾客最需要的

一位油漆推销员，为了扩大自己产品的销路，来到一家油漆大户，想找采购部经理谈谈，但连续几次都被秘书挡在门外，说经理没有空。推销员实在耐不住，就设法向秘书打听是什么原因，秘书告诉他："这个星期六是经理儿子的生日，经理正忙着为儿子收集喜欢的邮票，许多推销员都被打发走了。"听完秘书的话，推销员转身就走，第二天他又来见经理，秘书还是不让进，推销员解释说："我这次不是来销售产品的，而是来送邮票的。"秘书放行了。推销员见到经理后，首先将邮票放在经理目前，经理欣喜不已，顾不得询问来人身份，忙着同推销员谈起邮票来，两个小时过去了，推销员起身告辞，经理才如梦初醒，问："对不起，你贵姓，找我有什么事？"等推销员介绍完后，经理说："这好办，明天你带上合同来找我。"

思考与讨论：请你谈谈还可以利用哪些接近技巧？

5．赞美接近法

赞美接近法是指销售人员利用一般顾客的虚荣心，以称赞的语言博得顾客的好感，接近顾客的方法。销售人员要注意观察顾客的仪表，在称赞顾客时要真诚、恰如其分。切忌虚情假意，以免引起顾客的反感。

以赞美对方开始访谈

每一个人，包括我们的准客户，都渴望得到别人真诚的赞美。有人说："赞美是畅销全球的通行证。"因此，懂得赞美的人，肯定是会推销自己的人。

有位推销员有一次去拜访一家商店的老板。

"先生，您好！"

"你是谁呀!"

"我是××公司的销售员，今天我刚到贵地，有几件事想请教您这位远近出名的老板。"

"什么？远近出名的老板?"

"是啊，根据我调查的结果，大家都说这个问题最好请教您。"

"哦！大家都在说我啊！真不敢当，到底什么问题呢!"

"实不相瞒，是……"

"站着谈不方便，请进来吧!"

……

思考与讨论：该案例除了运用赞美，还运用了什么接近方法？

6. 反复接近法

反复接近法是指销售人员在一两次接近不能达成交易的情况下，采用多次销售拜访来接近顾客的方法。该方法一般在交易量较大的重点生意中采用。采用该方法，一方面要求销售人员要有恒心、信心；另一方面要特别注意与顾客建立起良好的人际关系。通过反复接近，将交易关系变成朋友关系，以促进交易的达成。

7. 服务接近法

服务接近法是指销售人员通过为顾客提供有效的符合需要的某项服务来博得顾客的好感，赢得顾客的信任来接近顾客的方法。具体的服务内容包括维修服务、信息服务、免费试用服务、咨询服务等。采用这种方法的关键在于服务应是顾客所需要的，并与所销售的商品相关。

8. 利益接近法

利益接近法是指销售人员利用商品或服务能为顾客带来的实际利益以引起顾客的兴趣并接近顾客的方法。采用这种方法时，销售人员应把商品能给顾客带来的利益放在第一位，以引发顾客的兴趣，增强其购买信心。例如，一位销售人员在介绍产品时说："我们厂出品的账册、簿记比其他厂的产品便宜三成。"从顾客关心的重点入手，引发顾客对所销售产品的兴趣。

让利促销

小车是一家著名纯净水公司的销售人员。水市场的竞争十分激烈，但是小车的战绩出奇的好。有一次，他到了一家小卖店，仔细观察前来购买的客户，他发现该店一天卖两箱是不成问题的。于是他就和老板攀谈了起来，老板很爽快地说："我就端两箱吧。"小车就告诉老板："你一次拿10箱吧。"老板很纳闷，他就解释说："我们公司规定：一次订货超过10箱可以赠送10瓶水，你要是一次拿10箱几天就可以卖完，还白得10瓶水，又免去了多次进货的麻烦，而且也不多占地方。"就这样说动了那个老板。小店老板关心的是一分一分的利润，小车正是从小店老板的特点入手，从而战无不胜的。

（资料来源：李先国．营销师．北京：中国环境科学出版社，2003.）

思考与讨论：如何把握顾客的利益点来接近顾客？

9. 好奇接近法

好奇接近法是指销售人员通过引发顾客的好奇心来接近顾客的方法。好奇是人们普遍存在的一种心理。销售人员在采用该方法时，应注意保持新奇但不荒诞，并要注意在恰当的时机把谈话引入正题。如一位销售办公用品的销售人员对销售对象说："我有办法让你每年花在办公用品上的成本减少30%。"

10. 求教接近法

求教接近法是指销售人员通过请顾客帮忙来解答疑难问题，从而接近顾客的方法。例如，销售人员问："李工程师，您是机电产品方面的专家，您看看与同类老产品相比，我厂研制并生产的产品有哪些优势？"销售人员采用这种方法主要是利用对方好为人师的特点。注意一定要问对方擅长回答的问题，并在求教后及时将话题导入有利于促成交易的谈话中。

在运用求教接近法时，有以下几点需要注意：

（1）态度要诚恳，让顾客多说多讲，销售人员洗耳恭听，多听多记。

（2）赞美在先，求教在后。

（3）求教在前，推销在后。

（4）注意分析顾客的讲话内容，确定推销重点，在引起顾客注意与兴趣之后，适时诱导顾客转入推销洽谈。

11. 问题接近法

问题接近法是指销售人员通过直接向顾客提问的方式来接近顾客的方法。采用这种方法时要注意，所提出的问题必须是对方所关心的。可以循序渐进地提出一系列问题，也可在一个问题之后迅速转入销售劝说。在提问时，切忌含混不清、模棱两可，而要语气恳切、明确具体。如一位销售人员对一位业务经理说："我有一本书能帮助您改善业务流程，如果您打开后发现很有趣，您会读一读吗？"

12. 调查接近法

调查接近法是指销售人员利用市场调查的机会接近顾客的方法。这种方法现在为许多企业采用。它既可以帮助企业了解顾客需求的状况，又可以借调查之机扩大企业产品的知名度并进行宣传和销售。采用这种方法对销售人员的水平要求较高，这样才能打消顾客的戒备心理，从而进行深入调查。

●本章小结

推销员在开展推销活动过程中要明白一个道理，就是"磨刀不误砍柴工"。在正式开始销售接近前，有必要拟订销售拜访计划，确定拜访路线和接近顾客的方法，然后根据计划和顾客特点利用各种约见顾客的方法顺利约见顾客，进而接近顾客，开展推销活动。所以推销员要巧妙接近顾客，激发顾客对推销员及其产品的兴趣，以提高推销的效果。

●思考与练习

一、多项选择题

1. 接近顾客包括（　　）。

A. 在空间距离上的接近　　B. 在时间距离上的接近
C. 消除感情上的隔阂　　D. 在语言上接近
2. 下列选项属于接近拜访顾客的是（　　）。
A. 商品接近法　B. 介绍接近法　C. 社交接近法　D. 馈赠接近法
3. 下列选项属于接近拜访顾客的是（　　）。
A. 赞美接近法　B. 反复接近法　C. 服务接近法　D. 利益接近法
4. 下列选项属于接近拜访顾客的是（　　）。
A. 好奇接近法　B. 求教接近法　C. 问题接近法　D. 调查接近法
5. 介绍接近法的内容包括（　　）。
A. 姓名　B. 工作单位　C. 拜访的目的　D. 经济收入
6. 下列选项属于商品的兴趣集中点的有（　　）。
A. 商品的使用价值　B. 流行性　C. 安全性　D. 美观性

二、问答题

1. 接近顾客的目的是什么？方法有哪些？
2. 为什么要进行产品示范？推销员在示范时应注意哪些问题？
3. 接近顾客前为什么要拟订销售计划？它有什么内容？
4. 约见顾客的方法有哪些？如何进行约见？

三、案例分析

销售人员如何做有效的客户拜访

在实行经销制的企业，一个销售人员分管几个地区、一个省甚至几个省的市场，每个月要走访大量的客户，对每个客户拜访的时间则很短。在有限的时间内，销售人员应做好哪些工作，才有助于销售业绩的提升呢？

一些销售人员每次拜访客户都是三句话：上个月卖了多少货？这个月能回多少款？下个月能再进多少货？这些都无助于销售业绩的提升。

销售人员每次拜访经销商的任务应该包括五个方面：

（1）销售产品。这是拜访客户的主要任务。

（2）市场维护。没有维护的市场是昙花一现的。销售人员要处理好市场运作中的问题，解决客户之间的矛盾，理顺渠道间的关系，确保市场的稳定。

（3）客情建设。销售人员要在客户心中建立自己个人的品牌形象。这有助于你赢得客户对你工作的配合和支持。

（4）信息收集。销售人员要随时了解市场情况，监控市场动态。

（5）指导客户。销售人员分为两种类型：一是只会向客户要订单的人；二是给客户出主意的人。前一类型的销售人员获得订单的道路将会很漫长，后一类型的销售人员赢得了客户的尊敬。

要实现这五大任务，销售人员在拜访客户时，应做好以下工作：

1. 销售准备

失败的准备就是准备着失败。销售人员在拜访客户之前，就要为成功奠定良好的基础。

（1）掌握资源。了解公司的销售政策、价格政策和促销政策。尤其是在企业推出新的销售政策、价格政策和促销政策时，更要了解新政策的详细内容。当公司推出新产品时，销售人员要了解新产品的特点、卖点。不了解新的销售政策，就无法用新的政策去吸引客户；不了解新产品，也就无法向客户推销新产品。

（2）有明确的销售目标和计划。销售人员要为实现目标而努力工作。销售的准则就是：制订销售计划，然后按照计划去销售。销售人员每次拜访客户，都要明白拜访客户的目标，以及如何去做才能实现目标。

客户拜访目标分为销售目标和行政目标。销售目标包括要求老客户增加订货量或品种，向老客户推荐现有产品中尚未经营的产品，介绍新产品，要求新客户下订单等。行政目标包括回收账款、处理投诉、传达政策、客情建立等。

（3）掌握专业推销技巧。掌握销售技巧，以专业的方法开展销售工作。

（4）整理好个人形象。销售人员要通过良好的个人形象向客户展示品牌形象和企业形象。

（5）带全必备的销售工具。台湾企业界流传的一句话是“推销工具犹如侠士之剑”。凡是能促进销售的资料，销售人员都要带上。

调查表明，销售人员在拜访客户时，利用销售工具，可以降低50%的劳动成本，提高10%的成功率，提高100%的销售质量！销售工具包括产品说明书、企业宣传资料、名片、计算器、笔记本、钢笔、价格表、宣传品、样品、有关剪报、订货单、抹布等。

2. 行动反省

销售人员要将自己上次拜访客户的情况作一个反省、检讨，发现不足之处，并及时改进。销售人员可分为两种类型：做与不做的；认真做与不认真做的；工作完成后总结与不总结的；改进与不改进的；进步与不进步的。结果，前一类人成功了，后一类人失败了。

（1）上级指令是否按要求落实了。销售人员的职责就是执行、落实领导的指示。销售人员在每次客户拜访前都要检讨自己：上次拜访客户时，有没有完全落实领导的指示？哪些方面没有落实？今天如何落实？

（2）未完成的任务是否跟踪处理了。

（3）客户承诺是否兑现了。一些销售人员常犯的错误是“乱许诺，不兑现”。销售人员一定要做到“慎许诺，多落实”。

（4）今后几天工作的计划、安排。今天的客户拜访是昨天客户拜访的延续，又是明天客户拜访的起点。销售人员要做好路线规划，统一安排好工作，合理利用时间，提高拜访效率。

3. 比较客户价格

我国企业市场运作的经验说明，市场乱是从价格乱开始的，价格的混乱必定导致市场的混乱，因此，管理市场的核心是管理价格。销售人员要管理价格，首先要了解经销商对企业价格政策的执行情况。销售人员要了解以下方面的情况：

（1）不同客户销售价比较。将当地市场上几个客户的价格情况进行一个横向比较，看不同客户的实际价格；或是对照公司的价格政策，看经销商是否按公司价格出货。

（2）同一客户不同时期价格比较。将同一个客户的价格情况进行纵向比较，了解其价格变动情况。

（3）进货价与零售价比较。由于企业的价格政策不统一，许多经销商的进货价不同，销售人员要看看经销商的进货价和零售价是多少。

（4）了解竞争商品价格。竞争商品的价格如有变动，就要向公司反馈。

4. 了解客户库存

了解客户的库存情况，是销售人员的基本责任，主要了解以下几个方面：

（1）库存产品占销售额的比例。了解客户的库存产品、销售额，分析库存产品占销售额的比例，以便发现问题。如果库存产品占销售额的比例太低，可能会缺货、断货；如果所占比例太大，说明产品有积压的倾向，销售人员就要和客户一起动脑筋，帮助客户消化库存。

（2）自己产品占库存产品比例。看看我们的产品在客户库存中所占的比例，不占压经销商的库房和资金，是销售的铁律。

（3）哪些产品周转快、哪些产品周转慢。由于各地市场情况不同，公司产品的品种在各地的销售情况会不同。了解一下在客户处，哪些品种卖得快，哪些卖得慢，就可以指导客户做好销售。

（4）库存数量、品种有无明显变化。了解最近一段时期，我们产品在客户处的库存数量和品种有什么变化，掌握销售动态。

5. 了解客户销售情况

只有了解客户销售的具体情况，才能发现问题，进行指导，做好销售。

（1）公司主销产品、赢利产品、滞销产品是什么，占客户总销售额的比例，竞争商品能销多少。目的是了解在当地市场上，我们的产品和竞争商品相比，哪些品种卖得好，哪些卖得不好？

（2）能否做到专柜专卖，样品是否按规定摆足、在显眼处、经常更换？

（3）公司标志、广告宣传资料是否齐全，环境是否整洁、清爽？

（4）导购员服务是否规范？

6. 核对客户账物

销售人员不仅要提高销售量，更要提高销售的含金量。降低货款风险，是提高含金量的重要方法。

（1）对照客户铺底额度，核对客户实际铺底数、抵押物及其数量。

（2）书面确认客户已付款未结算、预付款及应收款数。

（3）及时清理历史遗留问题，明确债权债务。

（4）定期与客户共同进行账款物核对，并做到降价时即时点库。

7. 检查售后服务及促销政策

了解总经销商对二级批发商、零售商提供服务的情况。客户是否按照企业的服务政策和制度为顾客提供服务？对二级批发商和零售商的促销政策，要通过经销商来落实，销售人员要了解经销商执行促销政策的情况，有没有问题，如侵吞促销品等。

8. 收集市场信息

（1）了解准客户资料。企业的客户队伍是不断调整的，销售人员要了解在当地市场上潜在客户的资料。以便当企业调整客户时，有后备的客户资源可以使用。

（2）通过巡访客户和其他媒介，调查、了解竞争对手的渠道、价格、产品、广告促销办法及市场占有率。

（3）了解并落实条幅广告、POP 等，组织现场促销。

（4）调查客户资信及其变动情况。

9. 建议客户订货

销售人员在了解客户的销售、库存情况的基础上，向客户介绍产品及销售方案，如公司新的促销方案，回答客户提出的问题，根据安全库存数，建议客户订货。

10. 客户沟通

经常与客户沟通，能拉近我们与客户之间的关系。销售实践说明，再大的问题也能通过良好的沟通圆满地解决。企业与客户之间的矛盾很多是因为沟通不良造成的。

（1）介绍企业信息。让客户了解企业的情况、最近的动态，向客户描述公司的发展前景，有助于树立客户的信心。经销商是根据“产品好、企业好、企业人好”的三好原则选择产品的。让客户了解企业动态，既可以使客户发现新的机会，又可以在客户心中树立企业形象。

（2）介绍销售信息。向客户介绍我们公司在某些区域市场上的成功经验，给客户介绍一些销售经验与促销方法。

（3）竞争商品信息。向客户介绍竞争对手的产品、价格、渠道、促销、人员变动等方面的信息，然后和客户一起想办法去应对竞争者。

11. 客户指导

销售人员在拜访客户时，帮助客户发现问题，提出解决办法，是双赢的做法。某企业一位销售经理，每次去拜访客户，不是坐在客户办公室里和客户东拉西扯说闲话，而是到客户的店面和仓库看看，到市场、批发商和零售终端转转，和经销商手下的人谈谈，然后再回到经销商办公室里和经销商一起想办法解决问题，扩大销量。优秀销售人员的经验就是，请客户吃百顿饭，不如为客户做件实事。

（1）培训。某公司一位销售人员业绩很高。他的一个成功经验就是，每次拜访经销商时，抽出一两个小时的时间，培训经销商的业务员。他有8年的销售经验，很爱学习，讲的都是跑市场、做销售的实战方法，很快就赢得了客户的好感。每次他去拜访经销商，从老板到业务员都尊称他为“老师”。当客户把你尊为老师时，他们难道不会大力推荐你的产品吗？

（2）顾问式销售。多给客户出主意、想办法，做客户生意场上不可缺少的有力臂膀。

（3）服务。销售人员应当是客户问题的解决者。当客户遇到问题时，能找到销售人员，并且销售人员能帮助客户解决难题，才会赢得客户尊重。

（4）处理客户投诉。正确处理客户投诉，是销售人员的基本功。正确处理客户投诉＝提高客户的满意度＝增加客户推广产品的积极性＝丰厚利润。

12. 行政工作

在拜访客户结束后，销售人员还要做好以下工作：

（1）填写销售报告及拜访客户记录卡。

（2）落实对客户的承诺。

（3）评估销售业绩。对拜访目标和实际结果进行比较分析，目的是让销售人员把重点放到销售成果上，同时提醒自己，多思考改进的方法并且在下一次的拜访中落实这些步骤：

①是否达成拜访目标？如果没有达成，检讨分析为什么。

②想想自己的优点是什么？哪些方面还需要改进？把它们写下来。

（资料来源：世界咨询师——全球最大的管理咨询培训行业门户网站）

案例思考：结合本章和上章知识，分析本案例对我们有何启迪？

四、实训题

（一）课内模拟演练：模拟接近顾客

训练目的：灵活运用约见和接近顾客的方法。

训练项目：因地制宜开展一次约见和接近顾客的模拟演示活动。活动结束后，认真总结：①运用了哪些约见顾客的方法？效果如何？②如何运用各种接近顾客的方法，效果如何？

训练指导：

（1）最好以6人小组为单位开展讨论活动。

（2）每组安排并确定一人扮演推销员，另一个人扮演顾客。

（3）模拟时交叉进行，即一组的推销员对阵另一组的顾客扮演者。

（4）教师在学员讨论过程中穿插到各组讨论，辅助分析案例，引导学员讨论分析。

（二）课外实战训练：推销实践

训练目的：灵活运用接近顾客的技巧提升推销效果。

训练项目：因地制宜开展一次真实的推销接近活动（利用校内实训超市）。活动结束后，认真总结：①我是运用什么方法约见顾客的？效果如何？②我是运用什么方法接近顾客的？效果如何？③本次接近实践，成功的地方在哪里？有哪些地方需要改进？

训练指导：

（1）最好以3人小组为单位开展活动。

（2）联系某商家为其开展代理销售最佳，这样既可获得商家的销售指导和支持，又方便处理存货。也可以利用校内实训超市代理销售。

（3）建议采用弹性时间安排活动，可利用课余时间或双休日，一般要求在一周内完成。

（4）活动结束后，以小组为单位递交总结报告。

（5）教师可安排适当时间组织同学进行课内交流。

第五章　推销谈判技巧

●能力目标

1. 能够根据企业的要求，展开推销谈判项目的策划与组织工作
2. 能够准确分析企业谈判形势，组织实施谈判的应对策略
3. 能够运用各种语言技巧，独立进行产品的推销介绍与交易谈判工作

●知识目标

1. 明确推销谈判工作的内容和要求
2. 熟悉推销谈判工作的一般步骤
3. 掌握各种谈判策略运用的要求和技巧
4. 掌握推销谈判的语言技巧

●能力训练重点

1. 推销洽谈技巧的训练
2. 实施谈判策略的技能训练
3. 推销谈判语言的训练

第一节　推销谈判概述

●情景体验

让他成为“重要人物”

安塞尔是铅管和暖气材料的推销员，多年以来一直想跟布洛克林的某一位铅管商做生意。那位铅管商业务极大，信誉出奇的好。但是安塞尔从一开始就吃足了苦头，那位铅管商是一位喜欢使别人窘迫的人，以粗鲁、无情、刻薄而著称。他坐在办公桌的后面，嘴里衔着雪茄，每次安塞尔打开他办公室的门时，他就咆哮着说：“今天什么也不要谈！不要浪费我的时间！走开吧！”

然而有一天，安塞尔试了另一种方式，而通过这个方式，就与之建立起了生意上的关系，交上了这个朋友，并得到可观的订单。事情是这样的：

安塞尔的公司正在商谈，准备在长岛皇后新社区收购一家公司。那位铅管商对那个地方很熟悉，并且在那里做了很多生意。因此，那一次当安塞尔去拜访他时，就说："先生，我今天不是来推销什么东西的。我是来请您帮忙的。不知道您能不能挤出一点时间和我谈一谈？"

"我们的公司想在皇后新社区开一家公司"，安塞尔说，"您对那个地方了解的程度和住在那里的人一样，因此，我来请教您对这事的看法。"

这位铅管商立刻对他客气起来："请坐！请坐！"他拉了一把椅子让安塞尔坐下，接着一谈就是一个多小时，他详细地解说了皇后新社区铅管市场的特性和优点。他不但赞同那个分公司开设的地点，而且还告诉安塞尔一个批发铅管公司应如何去展开业务，怎样才能做得更好。另外，他还把家务上的困难和夫妇不和的情形也向安塞尔诉苦。

那天晚上，当安塞尔离开时，不仅口袋里装了一大笔的订单，而且也与那位铅管商建立了牢固的业务友谊。这位过去常常叱骂安塞尔的家伙，现在常和安塞尔一块儿打高尔夫球。这个改变，就是因为安塞尔请他帮了个小忙，而使他有一种自己是"重要人物"的感觉。

（资料来源：高国政．卡耐基经商之道．北京：北京燕山出版社，1997.）

思考与讨论：

1. 分析安塞尔利用另一种推销方式后，成功获取大笔订单的原因。
2. 小组讨论：推销谈判过程中，如何捕捉客户心理？

著名成功学大师戴尔·卡耐基曾说过这样一句话："你是经营者，顾客是你的上帝，你不能欺骗他们，而是应该提高语言艺术，巧妙地劝说他们购买商品，这是你的职责，也是义务。"毋庸置疑，推销是通过买卖双方的谈判来实现的，推销员的谈判技能在一定程度上决定了推销的效果。业务谈判贯穿推销的全过程，它绝非谈判双方在谈判桌上的简单对话、交换意见、各持己见或大吵大闹；相反，谈判是一项需要充分准备和精心策划的工作。成功的推销，是通过准确分析和满足顾客的心理需要、利益需要，运用适当的谈判策略和技巧，采取恰当的措施，在融合了竞争和合作的谈判中促成交易。

一、推销谈判的内容

推销谈判是一项复杂、灵活性极强的工作，也是一门需要综合运用多种学科知识的艺术。所谓"谈判"，指的是双方或多方为了改善关系、实现特定的利益需求，通过交换意见、自由协商的方式来消除分歧、达成一致的行为和过程。无论是在政治、经济、军事、外交、文化等领域，还是在人们的日常生活中，谈判工作都是广泛存在的，时刻影响着人们的工作和生活。

本章中所说的"谈判"，是"商务谈判"中的 种类型。顾名思义，商务谈判是指经济商务活动中的谈判，具体指的是谈判双方或多方为了自身的经济利益，就商务活动中涉及的各种交易条件进行洽谈、磋商，以消除分歧、达成协议的行为和过程。因此，我们在理解推销谈判的时候，必须注意到这里的“谈判”是推销活动中的谈判，是为了实现买卖交易目标而进行的谈判活动。

推销谈判的内容是以所推销的商品为中心的，主要包括商品的质量、价格、交易数量、包装、运输、货款结算支付方式、保险等条款，其中商品的质量、价格、交易数量的谈判显得尤为重要，经常成为谈判各方激烈讨价还价的焦点。

1. 品质

商品的品质是商品的内在素质和外在形态的综合。在买卖交易中，商品的品质是谈判各方最关注的问题，也是洽谈的重点。

在推销谈判中，首先必须让交易对象充分了解商品品质的优势，树立交易的信心，这是吸引对方继续谈判的重要原因。为了能让对方更好地了解己方的商品，可以通过实物演示、规格说明、出示国家认可的品质标准检测报告等方式，尽可能把商品的性能、特征和优势展现出来。此外，推销员应迎合谈判对象当前的需要，着重介绍能满足对方需要的方面，让对方感到有利可图，以维持对方谈判的积极性。

2. 价格

在推销谈判中，商品价格谈判是最重要的内容。商品价格的高低直接影响到贸易双方的最终得益，决定着商务谈判的成败。

商品的价格主要受到生产成本、质量标准等级、交易数量、供求关系、企业经营策略及谈判策略等因素的影响。对于推销员而言，必须认识到合理定价是达成交易的前提，只顾获利而忽略价格的竞争力只会把客户吓跑。因此，在合理获利范围内确定有竞争力的商品价格，是推销员在进行推销谈判之前就必须充分考虑、及时解决的问题。

3. 交易数量

商品交易数量的多少，不仅关系到卖方的销售计划和买方的采购计划能否完成，而且直接影响到商品价格的高低。一般情况下，推销员应尽可能让客户购买更多的商品，以获取更高的利润。因此，在适当情况下，推销员可主动提供更优惠的价格，以吸引对方增加购买数量；同样，也能以增加购买数量为条件来作出适当的价格让步，以妥协的姿态吸引顾客，更有利于达成交易。

4. 包装

为了吸引顾客，大多数厂商都十分重视产品的包装设计和用料，这一方面有利于显示商品的档次和质量；另一方面也能迎合顾客的审美心理。然而，商品的包装，还涉及生产成本乃至商品定价的问题。显然，买方希望卖方在不提高价格的前提下提供更好的包装，而卖方则希望能把包装作为商品本身以外的利润来源。因此，往往会导致双方在商品包装上的意见分歧，使之成为推销谈判的重要洽谈内容。

5. 运输

在商品运输方面，洽谈的内容主要是运输方式、运输费用、交货地点和时间等。其中，运输方式与运输费用是密切相关的。在洽谈运输方式时，首先，必须考虑商品的特点、运货量大小、地理条件等方面的基本问题；其次，必须考虑到运输费用的变化及经济效益高低的问题；

此外，也必须考虑到交货时间对选择运输方式的限制。

二、推销谈判的特点和原则

（一）推销谈判的特点

作为实现企业营销目标的关键环节，推销谈判有着区别于一般业务活动的特点，而了解并利用其特点，有利于推销员顺利完成推销谈判工作。具体而言，推销谈判具有以下特点：

1. 谈判对象的广泛性和多样性

在现代经济社会中，商务活动是没有地域限制的。作为一名推销员，你有可能把一件商品销售给任何地区的任何一个人。为了使交易更有利可图，推销员需要积极、广泛地接触不同的交易对象，而不论其国别、年龄、性别、职业及学历等。就每一笔交易而言，交易对象极可能是不一样的，而具体的交易对象有着自身的特点和利益，在存在竞争的营销活动中会呈现出不同的表现，这都需要推销员灵活应对，以更好、更快地达成交易。

2. 谈判目的的明确性和利益性

谈判是人们为了实现特定的目的而进行反复磋商的过程。谈判是建立在人们需要的基础上，总是以满足某种特定利益为目标。任何一次谈判都具有明确的目的性，至于具体目的是什么，这取决于谈判双方的客观需要。

任何领域中的谈判，都有着特定的目的和利益。在任何一项推销谈判工作中，谈判双方或多方都有着各自特定的利益，当这些利益的满足无法通过自身的能力而需要借助与他人合作才能实现时，便促使谈判双方不厌其烦地反复进行洽谈、磋商，以谋求实现意见一致，达成合作关系。

3. 谈判双方的竞争性和合作性

正如上文所说的，参与谈判的双方或多方都有着特定的利益需要满足，为了实现自身利益的最大化，谈判各方必然是想方设法地设计出有利于己方的交易条件，据理力争，否则自己的利益就会受损。另外，谈判双方也必须意识到，合作才是双方实现利益的基础。只进攻而不妥协，只会破坏双方的友好关系，走向极端，最终导致谈判破裂，利益消失。因此，在谈判过程中，在据理力争的同时，必须主动关心对方的合理性利益，努力寻求能实现双方的共同利益的方案，在激烈竞争中实现友好合作。

（二）推销谈判的基本原则

1. 合作原则

谈判是一个竞争与合作兼而有之的过程。其中，合作是基础，是达成交易的前提。参与谈判的各方都是合作者，而非敌对者。明确合作的重要性，是顺利开展谈判的重要保障。

在推销谈判中，买卖双方都有着各自的利益和需求，当这些利益和需求的满足不能通过各自的能力实现，而必须借助与人合作才能实现的时候，便产生了谈判的动力。谈判是充分洽谈、自由协商的过程，它要求谈判各方的积极配合和友好合作。

为了更好地履行合作原则，应遵循以下两个方面的要求：

（1）关注谈判各方利益的实现，建立合作关系。

任何一项经济交易的达成，都必须依赖于交易方合理获利要求的实现，即互利互惠。合理利益的实现是维持良好的谈判氛围的重要条件，也是达成交易、实现双方利益的重要保障。

（2）坚持真诚与坦率的态度，促进合作。

任何交易活动，都不应建立在隐瞒、欺诈的基础上，这是无法取得理想合作效果的。只有在相互信任、坦诚交流的基础上，谈判各方才能及时表达各自的观点和要求，明确各种交易条件，为双方更全面、更有效地洽谈问题、消除分歧、实现合作提供良好的基础和条件。

2. 人事分开原则

在推销谈判中，双方往往是按照自己的思维定式分析问题，而导致争持不下，这时谈判往往出现僵局。僵局的出现，问题不一定在于利益的不相容，而可能是受到个人思维或情感的影响，导致无法达成协议。在谈判中，重要的原则之一是要将人的问题与实质利益区分开来，注重实质利益的满足，尽量排除个人因素的负面影响。

在谈判中，如果双方出现意见冲突时，应做到以下几点：第一，切忌以自我为中心推论对方的意图，尽可能站在对方的立场上考虑问题；第二，相互积极讨论彼此的见解和看法；第三，在整个谈判过程中，尊重对方的人格，为对方保留面子，以免伤害双方的关系。

3. 双赢原则

之所以能在谈判中达成协议，是因为谈判各方都有"赢"的感觉，即都认为己方实现了预期的谈判目标。只有当谈判各方都认可各自的获利情况时，才有可能消除障碍，达成最终协议。因此，在推销谈判中，应遵循双赢的原则，兼顾双方利益，实现各自的谈判目标。

为了更好地履行双赢的原则，谈判各方应遵循以下要求：

（1）树立双赢的概念。

所谓双赢，就是指谈判各方都必须意识到己方利益的满足必须以对方利益的实现为前提，即让各方都能从本次交易中获利。只有树立了双赢的观念，才能更好地指导谈判人员开展工作，让其在时刻关注自身利益实现的同时，也站在对方立场上分析对方的获利情况，满足各方的利益要求，真正实现交易利益的互利共享。

（2）协调分歧利益，寻找双赢的方案。

意见冲突、利益分歧是谈判中常见的问题，也是导致谈判破裂的主要原因。当利益分歧足以影响谈判结果时，应积极考虑解决措施，灵活选择替代方案。比如，当买方不能接受卖方的较高要价而使双方在价格问题上争持不下时，买方可考虑从价格问题上转移出去，以提供更高标准的产品质量、优质的售后服务、免费的技术指导等作为替代条件，软化卖方的价格立场，以此来消除或缓解交易价格上的利益分歧。

（3）寻求共同利益。

共同利益是谈判各方进行沟通、协商的基础，也是达成协议的基础。在谈判活动中，谈判各方经常就各自利益的实现而展开激烈的讨价还价，往往忽略了隐藏在争持背后的共同利益，导致利益冲突越发明显，破坏双方的合作关系。相反，当谈判各方充分认识到互利交易的重要性时，就能从共同利益出发，不断发掘潜在利益，从而使交易的总体利益增多，使各方的得益增大。显然，共同利益的发掘和分享，有助于谈判各方消除利益矛盾、实现友好合作。

4. 集中利益而非立场原则

集中利益而非立场原则，即在谈判中，谈判者应将谈判集中于双方所关心的利益因素，而不是表面的立场。在推销谈判中，面对谈判双方的利益冲突，应重视并设法掌握双方实质性利益的信息，在此基础上共同协商、设计双方都认可的方案来实现双方利益的最大化。具体来说，应遵循以下两个基本要求：

（1）了解每一方的利益。

在推销谈判中，谈判各方首先应清楚了解己方的实质利益所在，明确谈判的目标，并在谈判中积极、准确地表达己方在本次交易活动中的利益需要，强调己方利益实现的重要性和必要性，让对方了解己方的利益需要并引起其重视。此外，谈判各方应主动了解和掌握对方的实质利益情况，努力寻求解决方案。

（2）分析立场背后的利益。

立场只是谈判者利益的形式要求，而并非利益本身，不能完全表达利益的需求。因此，谈判各方在谈判过程中，应结合客观因素充分分析各方的谈判立场，设身处地地思考问题，努力发掘立场背后的利益所在，寻求能满足各方实质利益的途径。

5. 客观标准原则

当谈判各方就某一个利益问题争执不下、互不让步时，应使用社会认可的客观标准来阐述问题。例如，对于价格问题，谈判中应该利用市场价值、替代成本、折旧价值等标准来分析问题，这样既不会伤害感情，又能迅速建立解决问题的标准，有助于取得谈判成果。

三、推销谈判的步骤

在推销谈判中，谈判者要在错综复杂的形势中掌握谈判进程，就必须掌握谈判的步骤，有计划、有条理地展开磋商。一般而言，良好的谈判都是按照特定的程序进行的，主要包括六个基本步骤，如下图。

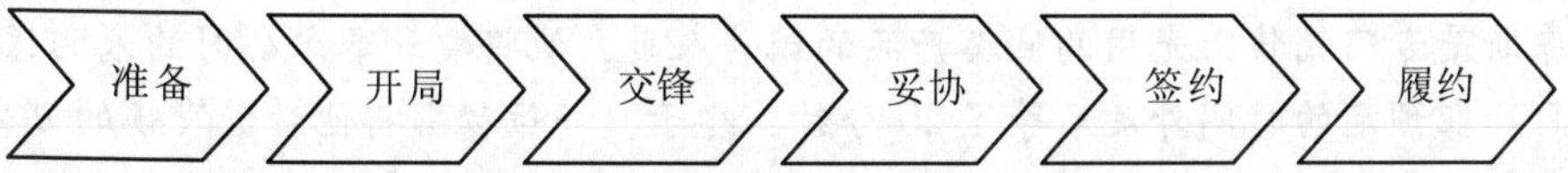

谈判的基本步骤

1. 准备阶段

准备阶段是推销谈判正式开始以前的阶段，其主要任务是了解商品及组织的情况、选择推销谈判对象、收集有关对方的信息、制订谈判计划和方案、建立与对方的关系等。充分的谈判准备，有助于提高推销谈判的实力和效果，为谈判的进行和成功创造良好的基础。

2. 开局阶段

开局阶段是从谈判正式开始到实质性谈判开始之间的阶段，即谈判的前奏阶段。在此阶段，无论是寒暄、自我介绍还是商品显示，推销员都必须致力于建立良好的第一印象，创造良好的洽谈氛围，吸引对方的兴趣，关注并掌握有利的推销谈判地位。虽然开局阶段只是推销谈判中非常简短的一个过程，但其为整个谈判过程奠定了气氛和基调，为谈判各方建立友好的关系奠定了基础，因而起着十分关键的作用。

3. 交锋阶段

交锋阶段是实质性谈判的核心阶段，也是推销谈判各方显示实力、提出利益需求、交换意见、针锋相对的阶段。报价、讨价还价、协议分歧、对抗、实施策略等，都是本阶段的重要任务和内容。在此阶段，谈判双方就各自的需求和获利的考虑，明确提出各自的需求和特定的交易条件，并极力提出证据和理由来说服对方接受已方的要求，希望得到对方的理解和让步，以争取利益的最大化。

4. 妥协阶段

妥协阶段是谈判各方在激励交锋后，为达成交易而考虑适当的让步，以尽快实现交易的阶段。在此阶段，谈判双方开始重新审视自身的利益需求，关注对方的合理性利益，并尝试以提供一定优惠条件作为交换条件，换取对方的让步和妥协，最终制订出双方都认可的方案。

5. 签约阶段

签约阶段是在谈判各方经过相互妥协而消除意见分歧，并达成协议后进入的后期阶段。在此阶段，谈判各方还须对主要的交易条件进行最后的洽谈和确认，对前期谈判进行总结回顾，但此时的利益分歧已基本消除，双方均认为已达到较为理想的谈判目标，可以提出成交。此外，拟定合同条款及对合同进行审核、签订合同也是本阶段的重要任务。

6. 履约阶段

签订合同并不意味着谈判的完结，履约阶段是十分重要的阶段，因为交易各方的利益必须经过履约阶段才能变为现实。因此，必须重视履约阶段的工作的实施，主要是在规定时间内履行合同条款，与对方保持密切的联系，努力维护双方的合作关系等。

布鲁斯的一次油漆推销过程

布鲁斯是专门销售上光用的油漆产品的销售人员，他将要和泰尔公司的采购代表霍顿女士会面。在预定的时间外足足等了20分钟，终于，一位秘书将他带进霍顿的办公室。

布鲁斯：你好，霍顿女士。我是葛林油漆公司的布鲁斯，我想和你谈谈我们的产品。（霍顿女士并没有理睬布鲁斯的微笑，而只是指了指办公桌前面的一张椅子。）

霍顿：请坐！我想告诉你我现在手头上有两个月的存货，而且，泰尔公司已经同那些供货商打了近三年的交道。

布鲁斯：（坐下）谢谢！你知道，葛林油漆公司是全国最大的油漆公司之一，我们的服务和价格都是无可挑剔的。

霍顿：你为什么觉得你们的服务优于其他公司呢？

布鲁斯：因为我们对全国的每个销售点都保证在24小时内发货，如果我们当地的储备不足，我们会空运供货。我们是业界唯一使用空运的公司。另外，我们的油漆很牢固。你们通常的订货量是多少，霍顿女士？

霍顿：这要看情况而定。

布鲁斯：大多数公司都订一到两个月的货。你们一年之中共用多少油漆？

霍顿：只有看了你们的产品之后，我才想谈订货的问题。

布鲁斯：我明白，我只是想弄清你们的订货量，以便决定给你们的价格和折扣。

霍顿：我想，你们的价格和折扣不会比现在的好。我想给你看一份价目单。

布鲁斯：我相信各个厂家之间油漆价格的竞争会很激烈，这是我们最新的价目单，你可以比较。如果把价格与产品质量和服务保证联系起来，你会发现我们的产品很具吸引力。

霍顿：也许吧！

布鲁斯：许多和你们类似的公司都不止一家供货单位，这可以保证供货的稳定性，我们愿意成为你们的供货商之一。

霍顿：我只想有一家供货商，这样我可以得到更多的折扣。

布鲁斯：你考虑过两家轮流供货吗？这样你可以获得相同的折扣，并且使货源更加充足。

霍顿：让我考虑考虑，把你随身带来的文件留下来我看看吧。

（资料来源：豆丁网．http://www.docin.com.）

思考与讨论：

1. 案例中，布鲁斯和霍顿主要围绕哪些内容展开谈判？
2. 结合案例，对布鲁斯的整个推销谈判过程进行评价。

第二节　推销谈判策略

●情景体验

“防克菜篮”

某厂家向一个公司经理推销自己生产的专利产品“防克菜篮”——一种可以防止缺斤少两的菜篮，希望由该公司总经销。其他方面都没有问题，但是双方在价格上始终谈不拢，一次、两次、三次，都因价格问题而使谈判失败。

第四次，厂家改变了策略，双方刚一见面，对方就说：“价格不降，我们不能接受，即使再谈也没有用。”厂家马上回答说：“经理先生，今天我不是来同您谈价格的，我是有一个问题要向您请教，您能花一点时间满足我的要求吗？”经理愉快地接受了。坐定后，厂家说：“听说您是厂长出身，曾经挽救过两个濒临倒闭的企业。您能不能给我们一些点拨？”在对方谦逊之后，厂家接着说：“我们的菜篮正如您所说，价格偏高，所以销售第一站在你们这里就受阻了。再这样下去，工厂非倒闭不可。您有经营即将倒闭的企业的经验，您能不能告诉我，如何才能降低这菜篮子的成本，达到您所要求的价格而使我们又略有盈余?”

然后，厂家和经理逐项计算，从原材料型号、价格、用量，到生产工艺、劳务开支等，都进行了详细核算，并对生产工艺进行了多方改进，结果价格却只是略微降了一些。当然，对经理先生所付出的劳动，厂家报以真诚的感谢，送上一个礼品表示谢意，同时表示一定接受经理的意见，在工艺上进行改进，以减少生产成本。然后，当厂家再谈到总经销价格时，对方没有任何犹豫就接受了，并说：“看来这个价格的确不能再降，你们做了努力，我们试试吧。”

（资料来源：豆丁网. http://www. docin. com.）

思考与讨论：

1. 请你分析在这个案例中，“防克菜篮”制造厂家使用了怎样一种谈判策略?
2. 如果你是“防克菜篮”制造厂家的销售代表，你还能使用哪些谈判方法?

一、开局阶段的策略

在推销谈判的开局阶段，推销员和客户之间互不熟悉，态度比较谨慎，不适合进行实质性谈判，而推销员要做的只是问候、介绍、寒暄等，以此拉近彼此的距离，务求能在客户心中建立良好的第一印象，以便获取客户的信任，为整个推销谈判过程奠定良好的洽谈氛围。为了达到这一目的，我们应做好以下三方面的工作：

1. 选择正确的开局方式

最为理想的开局方式是以轻松、愉快的语气谈及双方容易达成一致意见，也能获取对方好感的话题。比如，询问对方公司的经营情况，称赞对方公司的管理方式，赞美对方的人品等。这些看似无足轻重的话题，往往能引起对方的重视，得到对方的认可，比较容易创造一种“一致”的感觉，以便获取对方的信任。

2. 积极主动地创造和谐的谈判气氛

要创造相互信任的谈判气氛，就要争取给对方留下良好的第一印象。首先，推销员应积极主动地与对方进行交流，诸如主动地握手、关切地问候、热情地交谈，都有益于创造良好的气氛。第二，坦诚以待。推销员初次与顾客见面的时候，无论是闲聊还是正式交谈，都应坚持诚挚的态度。第三，推销员应在谈判之初设法引起对方的兴趣和关注。诸如回顾历史交往中的情况，谈论有共同兴趣的问题，给予对方适当的赞美等，以轻松、愉快的方式交谈，便于更好地消除双方之间的隔阂，迅速建立友好的关系，为推销谈判的进一步发展奠定良好的基础。最后，注意在谈判刚开始的时候，不要提出种种交易要求，也不要涉及双方存在意见分歧的议题，以防止双方激励争论的情况出现，导致谈判气氛变得僵硬和尴尬，这都不利于培养良好的谈判气氛。

3. 收集尽可能多的信息，探测对方情况

在谈判的开局阶段，不仅要注意观察对方发言时的声调、语气的轻重缓急，还要注意对方谈话时伴随的行为语言，如表情、眼神、肢体动作等，尽可能借助敏锐的感觉器官来接收对方语言、表情、姿态动作中传递来的信息，并对信息的含义进行分析、综合，以判断对方的态度、性格、需求、经验和实力等，把握动向，为及时调整己方的推销谈判策略提供依据。

二、交锋阶段的策略

交锋阶段是谈判双方表达己方利益需要和交易要求，争取实现自身利益的阶段，是利益争取和分配的重要时期。在本阶段，正确灵活地运用谈判策略进行谈判，将有助于控制局势，促进交流，减少冲突，为己方实现利益的最大化。因此，在此阶段运用良好的谈判策略，有助于争取更有利的谈判地位，掌握谈判的主动权。

1. 走马换将策略

走马换将策略是指当谈判中遇到关键问题或与对方有无法解决的分歧时，以适当的理由换成新的谈判代表，重新谈判或继续洽谈。

走马换将策略的基本做法是：频繁更换主要谈判代表，在每次更换谈判代表后，都要求对手重新了解新的谈判对手、重复陈述要求、阐明观点、解释问题和提出建议，以便继续谈判，这意味着谈判对方必须付出加倍的精力、体力和投资。而且，新的谈判代表上场后，可以轻易抹杀其前任所作出的让步，以及前任代表的遗漏和失误，并要求重新开始谈判。更换次数增多，时间一长，易于使对方出现漏洞和差错，以致丧失信心、降低要求，也就达到了实施走马换将策略的目的。

当谈判对手使用走马换将策略时，必须认真应对，首先，做好充分的心理准备，从容应对不断更换的谈判对手；其次，如果新的谈判对手否定前任谈判代表承诺的让步时，己方也可借此否定过去的妥协，重新谈判；最后，找适当的理由尽力换回原来的谈判代表，以便开展稳定而有效的谈判。

2. 红脸白脸策略

所谓白脸，是指在谈判中态度强硬、咄咄逼人、声色俱厉的角色；所谓红脸，是指谈判中态度友好、积极考虑对方要求、乐于配合工作的角色。在谈判中，使用红脸白脸策略，能达到争夺利益而不失友好的效果。

要实施好红脸白脸策略，取得预期的谈判效果，就必须在谈判之前选定扮演红脸、白脸角色的谈判人员。一般来说，由外表和善、性格温和的谈判代表扮演红脸，由性格严肃、语气强硬的谈判代表来扮演白脸。白脸采取的是强横霸道、立场坚定、毫不妥协的谈判方式，让对手产生极大的反感。而红脸则与对方推心置腹地交流看法和思路，平和地与对方共同分析谈判的形势，表现出对对方难处的体谅，以合情合理的态度，照顾对方的某些要求，放弃己方的某些苛刻条件，作出一定的让步，使谈判重新回到友好和谐的气氛中。

红脸白脸策略在实际谈判中是十分常见的，在遇到对方使用这种谈判策略时，可采用直接说破的方法来打击对方实施策略的信心，打乱对方阵脚，以避免受到影响，更好地争取己方的合理性利益。

3. 声东击西策略

声东击西策略指谈判一方为实现某种目的和需要，把洽谈议题引到某些无关紧要的问题上去，以达到扰乱视线、掩盖真实企图的效果。

使用声东击西策略主要是为了掩盖真实的动机，达到乘虚而入的目的。在谈判中，当需要收集某方面的信息以探测对方立场时，为了避免让对方发现而有所准备，常以转换议题、纠缠枝节问题，或给予对方在某些交易条件上的优惠承诺等手段，转移对方的注意力，消除对方的防范意识，以获得相关的信息和有利的条件，迫使对方在另一些方面作出让步。例如，在一次推销谈判中，卖方提出各种佐证材料以要求延长交货期，否则会增加成本，无法以当前价格达成交易，促使对方在认可他的理由的基础上，考虑在价格、运输等条件上作出让步。实际上，卖方的目的并不在于延迟交货，其真正企图是想通过交货期的协商，来争取改善价格或运输等交易条件。

4. 疲劳轰炸策略

疲劳轰炸策略又称疲劳战，是指通过设计时间长而密集的谈判日程，安排多而杂的讨论议题，以此来消耗对方的体力和精力，消磨对方谈判的意志力，达到促使对方出错或妥协的效果。

此策略的使用，能造成使谈判对手劳力又劳心的效果。在谈判中，使用疲劳轰炸策略的一方，面对长久的谈判日程和杂乱的谈判内容能依然保持清醒的头脑，而谈判对手则因过于繁重的谈判事务而感到身心疲惫、意志消沉，难以维持理性的思考，为了尽快结束谈判就急于下决定，因而容易出现失误或轻易妥协的行为。这正是疲劳轰炸策略的预期效果。

5. 浑水摸鱼策略

浑水摸鱼策略是指谈判一方通过把尽可能多的交易条款放在一起讨论，使得谈判复杂化而趁乱达到目的。

在推销谈判中，一般应根据谈判议程逐项谈论交易条款，但为了能达到浑水摸鱼的目的，谈判一方同时讨论提交货日期、售后服务方式、品质标准、数量差价、价格条件、支付方式及包装运输等一系列重要问题，将事情弄得极为混乱和复杂。目的就是为了探测谈判对手的虚实，试探谈判代表的实力，确定对方是否做好了充分的谈判准备，就对方实力较差的方面或准备不足的方面发起进攻，以求能从中获得利益。

例如，推销谈判人员在与客户谈判时，将有关产品成品的难以考证和计算的复杂资料作为产品要价合理的依据，使对方不能在短时间内理清头绪，促使对方难以拒绝我方较高的要价，从而有助于争取到更好的交易价格，获取利益。

6. 故布疑阵策略

故布疑阵策略是指谈判一方利用向对方散布己方虚假信息的手段，诱导对方步入迷阵，从而实现从中谋利目的的方法。总体而言，故布疑阵策略主要是利用了谈判中谈判代表总是设法获取有关对方谈判的机密内容（谈判意图、谈判策略或谈判底线等信息）的心理，不露痕迹地向对方泄露虚假的资料信息，诱导对方陷入假象之中，因而采取错误的谈判措施，从而使实施策略一方掌握谈判主动权，并从中获利。

在实际谈判过程中，这种策略使用的常见方式主要有故意在谈判室或字纸篓中遗留己方的谈判记录、便条或文件，或通过第三方向谈判对手传递虚假信息等；也可通过简单问题复杂化，突然改变谈判计划，提出新建议来故布疑阵；答非所问、故装糊涂等做法也是为了通过施放烟雾干扰对方，从而达到目的。

故布疑阵，声东击西

某工厂要从日本A公司引进收音机生产线，在引进过程中双方进行谈判。在谈判开始之后，日本公司坚持要按过去卖给某厂的价格来定价，坚决不让步，谈判陷入僵局。我方为了占据主动地位，开始与日本B公司频频接触，洽谈相同的项目，并有意将此情报传播，同时通过有关人员向A公司传递价格信息，A公司信以为真，不愿失去这笔交易，很快接受我方提出的价格，这个价格比过去其他厂商引进的价格低26%。

（资料来源：如何获得商业竞争情报．牛津管理理论网．）

7．欲擒故纵策略

欲擒故纵，“擒”是我方获得利益，“纵”是我方通过让步给对方以利益，而最终的目的是“擒”，即取得我方利益。使用此策略，必须注意两个关键点，一是设法让谈判对手相信我方虚设的假信息，同时对谈判保持爱理不理的态度、不紧不慢的状态，以此表现己方的不在乎，利益关系不大，避免让对方识破我方的真实意图；二是“纵”，尽可能考虑对方的利益，处处为其着想，激起对手的成交欲望。

例如，多年前，美国可口可乐公司为了打开中国市场，采取的并不是大量倾销产品的方法，而是先无偿向中国提供价值400万美元的可乐灌装设备，投入大量资金在电视上做广告，并向中方提供低价浓缩饮料，让中方乐于生产和推销美国的可乐饮料。而若中方再要引入进口设备和原料，美方则会根据需要情况来调整价格，抬价获利。多年以来，美国的可口可乐饮料风行中国，销量、价格也成倍增长，早已超出无偿给中国提供设备的投资数额，获得巨额利润，这就是典型的欲擒故纵策略。

8．投石问路策略

投石问路策略是指通过迂回的方式，不断询问对方各方面的问题，以试探对方的价格目标，从而获得充分的信息，以便在谈判中做出正确的决策。使用此策略的关键是要选择恰当的问题，即对方关心而又难以拒绝回答的问题，这样才能获取己方需要的信息，有针对性地探测对方的情况。

此种策略常被买方所应用，当需要购买5 000件产品时，买方会逐一询问购买1 000、2 000、3 000、4 000等数量产品的单价，目的是想从中分析出卖主的生产成本、设备费用的分摊、价格政策、谈判经验等情况。最后，买方就能得出购买5 000件产品的合理价格，降低对方的要价优势。

9．以退为进策略

以退为进策略是指以退让、妥协的姿态作为进取的基础，“退”是一种形式和假象，目的是通过让步使谈判对手得到心理满足，降低警惕性，并以回报的方式，满足己方的其他交易要求，而这些要求正是己方的真实目的。

在使用以退为进策略中，必须注意：一是让步必须适当，让对方感觉到己方的每一个让步都是来之不易的，能满足对方的利益需求，引起对方的重视和感激；二是必须掌握好让步的幅度，做到既能满足对方的需求，不会引起对方的怀疑，又不会损害到己方的重要利益；三是已方的每次让步必须能换取对方在其他方面的让步，以条件交换的方式来促使对方满足己方的特定需求，从而实现谈判利益。

10. 最后通牒策略

最后通牒策略是指谈判中处于有利地位的一方，给出己方的最后要价，并声称若对方不接受，己方将退出谈判，借此向对方施加巨大的压力，迫使对方接受己方的交易条件的谈判策略。这是一种风险较高但效果显著的策略，它在打破对方再次要价的幻想、强迫犹豫中的对手下决定等方面起着决定性的作用。

最后通牒策略以极强硬的形象出现，实际上是把对方逼到了毫无选择余地的境地，容易引起对方的敌意。使用这种策略存在两种结果：一是谈判对手接受己方的交易要求，达成协议；二是谈判对手坚定立场，绝不退让，谈判破裂，双方一无所得。为了避免后一种负面情况的发生，在选用最后通牒策略的时候，必须谨慎分析是否适合使用此策略。一般而言，最后通牒策略主要适用于位于谈判强势一方争取利益，或己方的交易条件已降到谈判底线的限度，已无法再退让的情况。

极端的最后通牒——博弈案例

两人分一笔数额固定的钱，比如100元。方法是：一人提出方案，另外一人表决，如果表决的人同意，那么就按提出的方案来分；如果不同意的话，两人将一无所得。比如说，A提方案，B表决。如果A提的是70∶30，B接受的话，则A得70元，B得30元；B若不同意，则两人将什么都得不到。

A提方案时要猜测B的反应，A会这样想：根据理性的假定，A无论提出什么方案给B——除了将100元全部留给自己而一点都不给B的情况以外，B都有可能接受，因为B接受了还会有所收获，而不接受将一无所获——当然此时A也将一无所获。此时理性的A会提出这样一个极端的方案：留给B一点点，即1分钱，而将99.99元归为己有，即方案是：99.99∶0.01。B若接受了还会有0.01元，而不接受，将什么也没有。

（资料来源：潘天群．博弈生存：社会现象的博弈论解读．北京：中央编译出版社，2002.）

三、妥协阶段的策略

妥协阶段是谈判各方在激烈交锋后，为达成交易而考虑适当的让步，以尽快实现交易的阶段。在交锋阶段，谈判各方针锋相对，各执己见，但长期的争持不下是不可能达成协议的，只会导致谈判僵局的出现。为了顺利达成协议，在此阶段，谈判双方开始重新审视自身的利益需求，关注对方的合理性利益，并尝试以提供一定优惠条件作为交换条件，换取对方的让步和妥协，最终制订双方都认可的方案。

（一）让步的策略

让步并不是利益的损失；相反，让步是对更大利益的追求。

让步策略主要用于解决分歧较大的利益冲突问题，具体是指谈判双方或多方为了促成谈判，采用放弃部分利益以实现特定目的的谈判策略。为了更好地达成谈判，谈判双方或多方常采取不同的让步方式，以放弃部分利益为引子，换取双方的意见一致，其最终目的是为了获得最大的收益。

1. 互利互惠的让步策略

所谓互利互惠的让步策略，是指在谈判中，己方以某一问题上的让步换取对方在另一问题上让步的策略，简单而言，即条件交换。这种补偿往往以对等让步的形式出现，这需要谈判双方都必须为最终谈判和局的实现而牺牲某一方面的利益，并从对方的让步中得到利益的补偿，达成互惠互利的让步。

为了保障互利互惠让步策略的效果，己方谈判人员在让步前，必须表明立场：若要让己方违背公司原有政策作出某一让步，对方必须在某个问题上有所回报，才不至于损害己方公司的利益，好对公司高层有所交代。

2. 于己无损的让步策略

所谓于己无损的让步策略，是指在谈判过程中，以表面让步来换取对方实质性让步的策略。

以商品贸易谈判为例分析于己无损让步策略的运用。假设我们在这次交易中充当供应商的角色，当我们遇到对方要求降低价格的情况时，为了不损害己方的实质利益，我们可采取以下措施：以质量保证或提高质量作为让步；给予对方更加周到或免费的售后服务；展示以往的交易记录，以使对方相信他们现在争取到的价格是最优惠的；延长交货时间以更好地满足对方的要求等。

3. 坦率式的让步策略

所谓坦率式的让步策略，是指以诚恳、坦率的态度，在谈判进入妥协阶段后，真诚地让出全部可让利益，促使对方以同样友好坦率的态度作出让步，以达到以诚制胜的目的。这种策略主要适用于以下两种情况：一是谈判中处于劣势的一方向对方示好，以获得与对方合作的机会；二是谈判双方之间的关系比较友好，以较大让步来感染对方，可迅速达成交易。实际上，采取坦率式让步策略的一方并不是主动放弃利益，而是以主动让步换取对方的感激和回报，更有利于其获得关系全局的重大利益。

坦率式的让步策略存在一定的风险，可能会传递给对方一种有求于人或我方在交易条件中尚有利可图的信息，无形中提高谈判对手的期望值，使其继续要求己方让步以获取更大的利益；同时，一次性大幅度让价，可能会失去本来己方能保留或争取到的利益。

4. 强硬式的让步策略

所谓强硬式的让步策略，是指一进入妥协阶段的初期，便以寸步不让的态度示人，一直坚持强硬的态度，直到最后时刻才一次让步到位，促成交易。采用这种策略，能让对方重视己方的让步，并对己方承诺的让步产生来之不易的感觉，更加珍惜己方的让步，这是促使对方以让步作为回报的重要因素。

5. 稳健式的让步策略

所谓稳健式的让步策略，是介于坦率式让步和强硬式让步之间的让步策略，既有坚定的原则立场又给对方一定的希望，它强调让步的适度和节奏，提倡根据对方的态度和形势的发展灵活掌握让步的幅度，分阶段地作出合理的让步，以争取较为理想的谈判效果。

稳健式的让步策略的采用，能灵活机动地根据谈判形势调整己方的让步幅度，并使谈判双方在反复的磋商和论证中全面思考和讨论问题，能更好地设计出双方都能接受的交易方案。但这种繁杂的讨价还价的方式，会耗费大量的时间和精力，容易引起对方的不满，降低谈判的效率。尽管如此，稳健式的让步策略依然是谈判人员最常用的让步策略。

（二）打破僵局的策略

在谈判过程中，由于谈判各方对所谈及的问题分歧较大，又互不让步，致使矛盾不能调解而形成对峙，最终导致僵持局面的出现，这就是所谓的谈判僵局。虽然谈判僵局的出现并不代表谈判破裂，但其严重影响谈判的进展，必须迅速处理，让谈判双方能尽快回到谈判桌上继续谈判，才能维持谈判既得的成果，提高谈判成功的可能性。具体而言，打破僵局的策略主要包括以下几点：

1. 转移议题

谈判僵局的产生，往往起因于谈判双方对某一议题产生严重分歧而不愿意让步的情况，此时，如继续针对原来问题展开更激烈的讨价还价，只会加剧僵局的形势，甚至导致谈判破裂。相反，当谈判陷入僵局时，应适时转移议题，回避分歧，既可以争取时间讨论其他问题，也可以凭借其他问题带来的和谐气氛来缓解原来的紧张气氛，使双方谈判代表恢复冷静和沉着，有利于商讨问题的对策。

2. 适当让步

谈判双方之所以坚持立场，互不退让，是为了争取更大的利益。然而，任何利益的实现，都是建立在双方认可的基础上的。只有通过合作，达成协议才能实现双方的共同利益。只要双方合作所带来的利益大于坚持己方立场所争取的收益，只要让步所付出的利益小于相互对峙而导致谈判破裂所造成的损失，适当让步的策略就是明智的选择。换句话说，就是通过牺牲部分的眼前利益，来换取整体利益，确保谈判的成功。

3. 注重利益

在谈判僵局中，双方常关注立场，而并非关注利益本身，导致主观认识存在偏差，忽略了利益实现的重要性。同时，处于激烈讨价还价中的谈判双方，由于情绪激动，不能保持冷静的思维，容易脱离客观利益的需求，盲目追求立场上的坚定，导致谈判更加艰难。此时，谈判双方应冷静下来，重新审视正在讨论的问题所涉及的因素，充分考虑双方的利益，认真思索实现理想目标的方法，为实现双方利益共同努力。

4. 提议休会

当谈判僵局出现，暂无办法能打破僵局时，为了稳定双方的情绪，维持谈判的成果，可适时提出休会建议，使双方都能通过休会冷静下来，重新思考问题。

在休会期间，尽快稳定情绪，组织谈判成员讨论争议的问题，强调谈判僵局所带来的利益损害，正视问题本身，充分考虑双方的利益需求，重新设计可供选择的问题解决方案。另外，也可以在休会期间向上级领导汇报情况，请示指导意见，以便及时调整谈判策略。

5. 转换环境

转换环境和提议休会策略有异曲同工之妙，目的是转换谈判气氛，让谈判双方重新回到轻松、和谐的谈判环境中。在谈判僵局出现时，可暂停会议，邀请对方谈判人员参与户外的娱乐活动，如旅游、宴会等，让大家在轻松愉快的环境中进一步熟悉、了解对方，促使双方在和谐的气氛中，就争议问题继续交换意见，共同寻找解决问题的方法。

6. 调换谈判人员

当谈判僵局出现时，谈判双方已产生对立情绪，不能很好地将人与问题区别对待，导致问题的分歧演变成谈判双方人员之间的矛盾。此时，通过休会、转换环境等方法已难以从根本上解决问题。为了尽快展开进一步的谈判，可考虑调换谈判人员，也可由更高职位的谈判人员出席谈判，以获得新的谈判局面。

四、签约阶段的策略

经过激励的磋商和友好的妥协后，谈判双方取得一致意见，进入成交的阶段，这是谈判后期的关键阶段。此阶段的主要任务就是尽快促成签约，以免发生出人意料的变故。为了更好地达成协议、签订合同，需要适时地采取一定的签约策略。

1. 期限策略

期限策略是指通过控制谈判进程，在谈判最后阶段明确谈判的结束时间，以促使双方及时达成协议，圆满地结束谈判。为了实施这一策略，谈判人员必须准确掌握谈判议程和谈判节奏，这就要求谈判人员仔细观察和分析对方的谈判时限，准确预测对方的谈判时限，并在此基础上安排谈判议程，以使谈判在己方掌握的时段中完成。

实施此策略时，要避免暴露己方的谈判时限，并要根据谈判的实际情况，合理地确定一个谈判的结束日期，这一日期一般应尽可能接近对方的谈判时限，以便能够主动地促进谈判进程。

2. 优惠策略

优惠策略是指在谈判最后阶段，为了能尽快签约，向对方提高某些方面的优惠条件作为诱饵，尽快促成合同的签订。

在推销谈判中，常见的优惠条件主要包括：赠送礼品、折扣销售、免费保修、附送零配件、免费安装、提高免费的技术培训等。

3. 行动策略

行动策略是指谈判一方在解决了主要问题，双方意见基本一致的情况下，适当采取行动，促进对方签订合约。典型的做法是在签约最后阶段，谈判一方率先草拟合同，并就合同的条款详细询问对方的意见，趁机解决剩下的问题，以尽快谈妥所有的争议，为签订合约奠定基础。

三换谈判人员

日、美企业有一项重大的技术合作的谈判。谈判伊始，美方代表便拿着各种技术资料、方案，滔滔不绝地发表意见，希望能以强烈的谈判气势压倒日方，取得谈判的成功。然而，整个谈判过程中，日方代表一言不发，仔细倾听并埋头作记录。美方谈了几个小时后，向日方征求意见，双方继续磋商。然而，双方的谈判进程异常缓慢，日方代表在整个谈判过程中表现得相当迷茫，只讨论了一些枝节问题后，日方就以没做好准备为由，草草结束了首次谈判。

第二次谈判时，日方以撤回原来的谈判代表等为理由，不仅推翻了之前的谈判代表所作出的承诺，还要求美方重新陈述各种交易要求和条件，并就原来的问题重新谈判，使美方谈判代表颇感疲倦，但谈判最后，日方仍然表示没有做好准备，择日再进行谈判。

第三次谈判，如同第一、第二次谈判一样，日方故技重施，引起美方谈判代表的不满。美方人员大为恼火，认为日方没有诚意，于是下了最后通牒：如果半年后日方仍然如此，两方的协定将被迫取消。随后美方解散了谈判团，封闭了所有的资料，以待半年后的最后一次谈判。

谁料到，几天之后，日方即派出由前几批谈判团的首要人物组成的庞大代表团飞抵美国，美方人员在惊慌中，仓促应对，匆忙将原来的谈判成员召集起来。在谈判中，日方一反常态，带来了相关的详尽资料，做了精细的筹划，并将协议书的初稿交给美方。这使美方代表无从抗拒，只有签字。谈判以日方获胜而告终。

思考与讨论：

1. 本案例中，日方谈判代表运用了哪些谈判策略？
2. 就美方应如何应对日方的谈判策略的问题，谈谈你的想法。

第三节　推销谈判技巧

●情景体验

冰箱交易

李先生到某家电商场购买冰箱。

销售员：请问先生需要哪款冰箱？

李先生：这款冰箱的售价是多少？（李先生指着一台冰箱）

销售员：这种冰箱每台售价4 800元。

李先生：可是，这冰箱外表有一点儿小瑕疵！你看这儿。

销售员：我看不出什么。

李先生：这一点儿小瑕疵似乎是一个小割痕。有瑕疵的货物通常不都要打一点儿折扣吗？

紧接着，李先生又问：这一型号的冰箱一共有几种颜色？

销售员：两种。

李先生：可以看看样品本吗？

销售员：当然可以。（销售员说着，马上拿来了样品本）

李先生边看边问：（指着店里现在没有的颜色）这种颜色与我的厨房颜色相配。其他颜色同我的厨房的颜色都不协调。颜色不好，价格还那么高，若不调整一下价钱，我就得重新考虑购买地点了。我想别的商店可能有我需要的颜色。李先生打开冰箱门，看了一会儿后问道：这冰箱附有制冰器？

销售员：是的，这个制冰器一天 24 小时可以为您制造冰块，1 小时只需 5 毛钱电费。（他满以为李先生会对此感到满意）

然而，李先生回答：这太不好了，我儿子有慢性喉头炎，是绝对不能吃冰块的。这个制冰器能拆掉吗？

销售员：制冰器是无法拆下来的，它同门连在一起。

李先生：我知道——但是这个制冰器对我根本没用，却要我付钱，这太不合理了。价格不能便宜一点儿吗？便宜一点儿我就认了，马上买走了。

销售员：既然这样，我就便宜您 500 元，这可是绝无先例的。

思考与讨论：

1. 李先生是如何取得购买冰箱的折扣的？
2. 为避免折扣销售，销售员应如何与李先生讨价还价？

在谈判过程中，结合谈判形势，恰当运用推销谈判技巧，能取得事半功倍的效果。以下将着重介绍各种推销谈判技巧的运用，主要包括报价、还价技巧和各种语言技巧。

一、报价与还价技巧

在推销谈判中，价格往往是买卖双方最关心的问题，也是谈判的关键。为了争取更大的收益，买卖双方想方设法，希望通过适当运用各种谈判策略和技巧来实现预期的谈判目标。

（一）报价技巧

报价也就是确定开盘价的阶段，具体指的是在推销谈判初始阶段，谈判一方首次明确提出各种交易条件和交易要求。这里的“价”并非指价格，而是包括各种相关的交易条件，换而言之，“价”中包括了对价格、数量、质量、运输费用等问题的具体要求。

合理的报价，应具有一定的吸引力，并具有一定的谈判空间。所谓吸引力，是指所报的开盘价对于买方而言，是有利可图的；所谓谈判空间，则是指开盘价对于卖方而言，有妥协和回旋的余地，即使让步还能有理想的收益。

在推销谈判过程中，可利用以下技巧来提高报价的效果：

1. 以“最高价”报价

一般而言，报价应以“最高价”的形式出现，其作用在于：一是能为己方要价确定一个最高的限制，一旦报价，对方就不可能接受另一个比报价更高的价格；二是能为对方提供一个评价问题的标准；三是为下一步的讨价还价留有让步和回旋的余地。

然而，在实际谈判中，报价并不是简单的越高越好，它既要能为己方争取最高利益，又要兼顾对方接受报价的可能性。

2. 价格参照

在报价中，为了提高己方报价的合理性，可通过设立有利于己方的价格参照表来比较，为己方报价提供有利的证据。具体做法是：寻找同类商家的商品交易的报价单和相关条件，设立详细的价格参照表，针对所交易的商品性能、质量、价格等，就不同商家的各种交易条件和要求进行比较分析，目的是突出己方报价的合理性和优势。

3. 先低后高

先低后高的报价方式主要是运用在交易内容较多，或是成套设备交易的情况中。基本做法是先以较低的开盘价来报价，让对方看到交易的希望，尝到甜头，提高对方交易的积极性和热情，并在对方心中树立己方的报价是十分合理和可靠的形象。而在后期的其他交易内容的报价中，以较高的价格出现，也能更轻易说服对方相信己方报价的合理性，取得对方的信任，从而使谈判的整体报价在高于正常交易的情况下实现。

（二）还价技巧

还价也就是回价，是指谈判一方根据对方的报价，结合客观情况和自己的谈判目标，提出自己的交易条件。在还价过程中，应遵循以下要求：

（1）在还价前，必须准确了解对方的报价要求，以获得具体、准确的报价信息。

（2）还价应当是符合实际、合乎情理的可行价。

（3）报价应注意留有己方退让的余地。

二、语言技巧

（一）陈述技巧

陈述就是叙述自己观点的过程，这是推销谈判中重要的交谈方式。为了获得更好的陈述效果，销售人员在陈述观点或问题时，应注意遵循以下要求：

1. 产品或服务将带来的利益永远是陈述的重点

在推销谈判中，迅速吸引客户的兴趣是十分重要的，这要求推销谈判人员能准确地把握产品或服务所带来的收益与客户需求之间的关系，针对客户的未来收益来陈述产品的性能、质量、优势等；同时，还应根据客户的身份和关注点来灵活调整陈述的重点，以提高陈述的针对性和吸引力。

2. 合理运用证明性陈述

所谓证明性陈述，是指在陈述的过程中加入相关的证明材料，尤其是通过第三方来证实你所在企业的实力、产品的优势和合作收益等。在实际谈判中，证明性陈述的方法主要有以下三种：一是提供样品、模型、图片、视频等材料来展示你所提供的产品或服务的质量和优势；二是通过权威机构或权威专家所出具的报告和证书、权威刊物、客户反馈信函等资料来体现己方的实力；三是通过提供能支撑己方陈述观点的调查报告、统计材料或内部数据等信息来提高己方陈述观点的可信性和科学性。

3. 陈述中语调、语速的控制

通过调节语调和语速来制造不同的谈判氛围。如明快的语调、热情的语调能带来愉快的心情，拉近双方的距离；相反，急躁的语调、冷淡的语调会带来抵触情绪，影响双方的关系。陈述过程中，应根据不同的策略要求，根据谈判形势的变化来调整语调和语速，以提高陈述的质量和效果。

（二）倾听技巧

在推销谈判中，谈话与倾听是同等重要的，只有通过倾听并收集有价值的信息，才能把握对方的需要和心理，而这是说服对方购买的基础。

1. 了解客户，并站在客户的立场去倾听

了解客户的需要和利益，并以此作为倾听客户话语的基础，设身处地地站在客户的立场专注倾听客户的真实需求和心理，并按照客户的理念来思考问题，能让销售人员更好地把握谈话的内容和技巧，真正捕捉到客户的心理，促使双方意见达成一致。

2. 善用肢体语言

所谓肢体语言，是指人在沟通过程中，通过非语言的途径，包括身体、表情等来传递信息的特定肢体动作。肢体语言在谈判过程中的作用在于：一是比口头表达更能传递真实的信息，这是因为口头表达是人为设计的，而肢体语言更多是人在潜意识中表达出来的，因此比语言信息更加敏感和真实；二能通过观察对方的肢体动作来推测对方的心理；三能加强语言信息的感染力。例如，沟通的时候，需要注视对方的眼睛，适当地点头或微笑，这能让对方感觉到你的尊重和关注，能提高对方说话的积极性，收集更全面的信息。

3. 不要中途打断对方

倾听就是收集信息，这要求我们能给予对方充分地表达意见的机会，因此，不能随意打断对方的谈话。随意插话不仅会引起对方的不满，还会失去收集重要信息的机会，降低双方交流和谈判的效果。

4. 做好记录

倾听过程中存在大量的信息，而人的记忆能力是有限的，难以在同一时间内清楚、准确地记录所有的信息，这就需要进行适当的记录，把谈话中的重点有条理地记录下来，不仅能避免重要信息的流失，也能让对方感觉到己方对其传递信息的关注和重视，有助于促进双方的进一步谈判。

（三）提问技巧

提问是推销谈判中常用的语言技巧，其目的是了解情况、开展话题和促进沟通。通过适当的提问可以摸清对方的需要和目的，并能准确表达自己的思想，在促进双方交流的同时，也有利于解决问题和争议。

要想在推销谈判中通过适当的提问来达到预期的效果，必须顺应谈判形势和双方的谈判态度，有针对性地选择提问形式。

1. 延伸式提问

所谓延伸式提问，是指针对对方的态度，结合己方的需要，通过提问进一步深入探索以获得更多的信息的方式。例如，当对方表示如果我方的购买数量达到 5 000 件时，就可获得 20% 的销售折扣。此时，我方应运用延伸式提问：如果我方的购买数量达到 8 000 件时，是否可以得到更大的销售折扣？

2. 选择式提问

所谓选择式提问，是指针对某一问题，根据我方的设想，向对方提供若干种可供考虑和选择的建议或方案，让对方在己方的控制范围内作出选择性答复的提问方式。

3. 引导式提问

所谓引导式提问，是指提问的问题本身已经包含了我方观点，并能向对方提示问题的答案或引导对方来回答的暗示性提问方式。这种提问方式具有很强的可控性，通过用于强化某些毋庸置疑的问题，引导对方信服我方观点，达到增强我方观点合理性的效果。

（四）应答技巧

在推销谈判中，既要正确回答对方的提问，又要降低答话失误的可能性，就必须掌握正确的应答技巧。

1. 让己方获得充分的思考时间

应答问题必须谨慎小心，思考必须周全，才能作出正确的判断和决策。在谈判中，为了获得充分的思考时间，并降低应答失误的风险，可直接告诉对方你需要时间进行认真思考，也可提出休会的要求；同样，你也可以要求对方把问题再复述一遍或进行详细的解释，以获得思考问题的机会和时间。

2. 以反问的方式回答问题

这种应答技巧通常用于当对方所提的问题涉及机密信息，或涉及影响己方谈判成功与否的因素时，己方不愿意但又无法拒绝回答对方时的情况。例如，当买方询问卖方的批发价格，而卖方认为过早泄露批发价格不利于后期的利益谈判时，可采用反问的应答方式，卖方会说："批发价格是随购买数量的改变而改变的，请问能否先告诉我贵公司需要购买的产品的数量？这是我们报价的前提。"

3. 模棱两可的应答技巧

这种应答技巧常用于当对方问及己方不愿意回答或认为还没到回答时机的问题时，则可利用模棱两可的应答技巧加以应对。例如，当对方询问销售价格的时候，己方认为此时报价将不利于后期的要价，会降低己方的利润时，则可这样回答："我们的价格是符合当前市场行情的，具体得请示我们公司总经理。如果我们能先确定交易数量，相信能从我们总经理那里获得更准确的价格。"

进口 NEC 产品价格谈判

20 世纪 80 年代，我国某电子产品进出口公司与日本著名的 NEC 公司进行洽谈，准备订购一批产品投放市场。

那时消费者对日本 NEC 公司的产品知道得还很少，尽管它在世界市场上销路不错，但在中国市场上还是一片空白。

在谈判中，双方对产品价格发生分歧。日商代表坚持以当时国际市场的价格报价，而我方则要求其降低售价。日商认为他们的报价是国际市场的价格，不能让步。而我方代表则十分诚恳地说："不错，你们的报价确实是国际市场的价格。但你们是否考虑过，虽然你们的产品在国际市场上已经有了很好的销路，但在中国市场上还没有你们的产品，中国消费者还不了解你们的产品的优点。所以，我方进口你们的产品后，准备先进行一系列的广告宣传，使中国消费者了解你们的产品。中国市场的潜力是非常大的，一旦宣传成功，NEC 产品的需求量将会迅速上升，而作为中国最具实力的电子产品进出口公司，我们也肯定能给贵公司下大量的订单。”

“而眼下你们提出的价格肯定会影响该产品在中国市场的竞争。”

“因为我们要进行大规模的广告宣传，费用将进入产品的售价中。这样一来，你们的产品价格就会高于其他同类产品，而中国消费者对这个产品的优点还不够了解，这样很可能导致试销失败。”

“如果我们试销失败了，其他公司也不会轻易再作尝试，这个产品在中国市场上相当长的一段时间里仍然会是个空白。希望你们慎重考虑，怎样做才比较合适。”

日方听了我方有理有据且十分诚恳地阐述后，意识到这次洽谈并不仅仅是一次普通的商品交易，而是关系到开拓中国市场、长期发展合作的大事。

日方当即表示，为了配合开拓中国市场，可以先以成本价小批量供应一批产品，以后再逐步向国际市场靠拢。为了帮助中方进行产品宣传，日方还愿意提供一笔无息贷款，以解决广告费用问题。

经我方公司的大力宣传，加上 NEC 产品的优良性能，在很短的时间内，NEC 公司的产品就得到了中国消费者的认可，NEC 公司获得了丰厚的利润。

（资料来源：罗德．谈判不言败．杭州：浙江大学出版社，2003.）

思考与讨论：

1. 结合案例，评价我国某电子产品进出口公司谈判代表的语言运用效果。
2. 分析 NEC 公司最终作出让步的原因。

第四节　外商的谈判风格

●情景体验

与日商的谈判

Mike 代表公司业务部到日本商谈采购咖啡的事宜。

Mike 一下飞机，立刻有两三个西装笔挺的日本代表向他行了一个九十多度的大礼，请 Mike 上最好的轿车，然后问他累不累，请他这几天先好好休息轻松一下，表示对于 Mike 这样的贵宾，一定会付出全力使他的日本之行舒适愉快。他们也表示会为 Mike

准备机场来回接送之类的事情等。于是日方代表问：“Mike，您哪天要回美国？我们可以先帮你预约接送的车子。你知道我们日本人的英文比较差一点。您如果直接和旅行社联络，他们可能会误解你的意思，这种事情由我们来代劳可能会比较容易一些……”

Mike 心想：“这些日本人真是设想周到，连这些小事都替我考虑到了。”于是立刻把机票拿出来给他们看——下个星期五下午五点半。

接下来的几天，日本人带着 Mike 东逛西逛，介绍日本文化、学禅、吃寿司、看日剧……每次 Mike 问道：“我们什么时候来谈谈生意呢？”日本人就说：“不急，不急，我们有的是时间。”

一直到下周的星期三，他们才开始谈，到了星期四的下午，Mike 才发现日本人的英文确实很烂！花了一天工夫讲得口干舌燥，日本人还是听不太懂他说什么，他得花好长的时间来解释。

星期四晚上 6 点了，还是谈不出什么结果来。7 点钟，日本人已经准备好了离别宴会要给他饯行了。星期五早上，终于开始谈合约内容的详细细节。到了中午 1 点钟，接 Mike 到机场的车子已经在会议室门口等他。于是 Mike 匆匆忙忙跳上车子，可日本人还拿着合约谈价钱，等车子到了机场时，Mike 简直要急疯了，因为日本人还在问咖啡的运费和保险可不可以由美国来负担！

在这种压力下，Mike 最后还是签订了谈判协议。然而，因为时间太仓促了，这份谈判合约对 Mike 的公司来说实在不利。

（资料来源：郭芳芳．商务谈判教程．上海：上海财经大学出版社，2006.）

思考与讨论：

1. 分析并总结日本商人谈判的特征与风格。
2. 结合该情景，分析 Mike 在本次谈判中的失误之处。

推销谈判人员在参与国际贸易谈判时，面对不同国家的客商，除了要解决语言问题外，更重要的是熟悉并把握住对方的谈判风格，只有做到知己知彼，才能在谈判中灵活运用各种策略和技巧，促使谈判的成功，获取理想的收益。

一、美国人的谈判风格

美国是世界经济大国，与美国商人进行推销谈判是常见的事情。一般情况下，美国人都是精力充沛、外向、热情、自信、果断的，在贸易谈判中，他们善于讨价还价，以取得最大效益为目的。

1. 自信与傲慢

美国人对自己的国家和民族具有强烈的自豪感与荣誉感，这种心理在他们的贸易活动中表现为具有强烈的自我优越感，在洽商中充满自信，语言明确肯定，办事效率高。

美国人的自信与傲慢，导致其常以自我为中心，要求别人按他们的意愿行事。同时，美国人的自信也导致其不能客观地分析谈判分歧，在遇到意见分歧时，只是片面怀疑对方的分析，而坚持自己的“合理”看法，甚至会批评和指责对方，缺少对别人的宽容与理解。

2. 注重利益

美国人的贸易活动是以获取经济利益作为最终目标的。尽管美国人注重实际利益，但不等于他们会漫天要价，同时，他们也不喜欢对方漫天要价。在商务洽谈中，美国人追求的是一个“公平合理”的方案，这要求谈判双方在谈判初始阶段就必须具备平等阐明自己的立场、观点和优势的机会，而无须进行任何掩饰，以更好地设计双方都能接受的能获利的方案。

3. 热情坦率

在谈判中，美国人不论是在陈述己方观点还是表明对对方的立场态度上，都比较直接坦率。如果对方提出的建议他们不能接受，也是毫不隐讳地直言相告。在与美国人的谈判中，宜直截了当地表达自己的观点和立场。直率、明了的言辞更能让你获得美国商人的信任和欣赏。

4. 法律观念强

美国人十分注重合同条款的制定，尤其重视合同中关于违约赔偿的条款。对于任何一条合同条款，都必须在合乎法律要求的前提下，进行详细、具体和深入的讨论，以合理规范交易双方的权利和义务。同时，美国人在重视协议精神的基础上，强调必须按照合同的要求来履行条款，不得擅自修改，以实现双方的利益。

5. 注重时间、讲求效率

在商务谈判中，美国人非常注重时间和效率，而缺少耐心。无论是谈判前的信息收集还是谈判中的决策，美国人都要求能迅速、有效地完成。因此，在与美国人进行谈判时，切忌拖延时间，这只会引起对方的反感和不满。尤其不应在谈判或约会中早到或迟到，这在美国人看来是极不礼貌的行为，会直接破坏双方的关系。

二、英国人的谈判风格

英国人是传统、内向和谨慎的民族，具有不同于其他欧洲国家的贸易洽商特点。

1. 不轻易与对方建立个人关系

英国人具有保守、传统的个性，在与个人之间的交往上显得十分小心和谨慎，他们不会轻易相信或依靠别人。然而，一旦能与英国人建立了友谊，他们会十分珍惜，并会长期信任你，这使双方的合作关系非常稳定和融洽。可以说，争取得到在英国商人中有信誉的企业的推荐和介绍，尽快获得英国人的信任，是与英国人进行交易的基础。

2. 重视礼仪

英国人非常讲究礼仪，崇尚绅士风度，行为得体，态度友好，并使人感到愉快。在与英国人交往和谈判中，必须遵守以下规则：一是切忌佩带有条纹的领带；二是切忌以英国皇室的私事作为话题；三是要称呼他们是“大不列颠人”，而非“英国人”。

3. 不能按期履行合同

英国人在履约方面表现得不尽如人意，往往会出现延迟交货或不能按时履行交易合同的情况。尽管英国人为此作出了很大的努力，但效果不明显。这是因为：一方面英国人更注重追求生活的秩序和舒适而非工作的勤奋和努力；另一方面是英国人的产品质量好、性能优越，获得各国商家的青睐，不愁找不到合作伙伴，这些都促使英国人忽略了现代贸易中守时的基本要求。因此，在与英国人进行交易谈判中，应强调履约时间的重要性，并对合同中相应的毁约条款进行细致而明确的洽谈和规定，以避免因英国人不按时履行合同而导致的损失。

4. 做成生意的欲望不强

跟美国人不一样，英国人在谈判之前的准备不充分，也不够详细周密。他们虽然善于简明扼要地阐述立场和陈述观点，但在谈判中，却表现得沉默、平静、谨慎，而很少会主动抢占谈判的主导地位。英国人缺乏像美国人那样地对物质利益的强烈追求，他们求稳心理强，更愿意做利润少但风险也小的买卖，而不愿意冒险，尽管冒险能带来高额的利润。

三、俄罗斯人的谈判风格

1. 缺乏灵活性

由于传统计划体制文化的影响，俄罗斯人普遍注重按章办事，喜欢墨守成规。在商务谈判中，俄罗斯人注重按计划办事。因此，在谈判中，如对方的要求和让步与俄罗斯人预先设置的具体谈判目标相符时，则容易达成协议；但如果双方意见存在差距时，要想使俄罗斯人让步是十分困难的。

2. 善于讨价还价

俄罗斯人十分善于讨价还价。尤其善于采取各种离间手段，让争取合同的对手之间竞相压价，最后从中渔利。在与俄罗斯人进行价格谈判时，必须注重策略和技巧的选用，一般不应报“实价”，而应报“虚价”，并坚持到底。具体有两种方案：一是报出标准价格而非最低价，然后力争作最小的让步。这里所说的标准价格中，所有的单价都是包含适当的溢价的，这是为了能为后期的谈判留有回旋的余地。二是以交易中可能承担的额外费用和风险为由，明确告知俄罗斯商人己方在标准价格的基础上增加了一定的溢价。因为在俄罗斯政治体制较为不稳、通货膨胀率较高的环境中进行贸易往来，所承担的风险与费用是难以估量的，而这正是己方要价的依据。

3. 重视技术内容的谈判

俄罗斯人特别重视谈判项目中的技术内容和索赔条款的谈判，这也是源于他们对价格谈判的严格要求。俄罗斯人认为技术引进项目通常都是十分复杂的，对方在报价中又可能会有较大的水分。为了能以尽可能低的价格购买最有用的技术，他们特别重视技术具体细节的谈判，并向对方索要详细的设计图纸、设备装配图纸、零件清单、各种产品的技术说明、维修指南等与产品相关的材料。

4. 易货贸易形式

在对外贸易中，俄罗斯人乐于采用易货贸易的形式来进行交易。具体而言，就是用他们的货品来支付对方的全部或部分货款。同时，俄罗斯人不会在谈判一开始就提出易货贸易的要求，而是到交易的条款已基本谈妥时才提出易货贸易的形式，这更有利于促使对方妥协和让步，以使俄罗斯人实现预期的目的。所以，在与俄罗斯人的易货贸易中，必须注重所易货品的市场情况，因为俄罗斯人只会在你接受他们的易货商品，或者帮助他们把某些商品销售给第三方时，才能支付给你相应的货物，因此，必须认真考虑其中所涉及的时间、风险和费用的问题。

四、日本人的谈判风格

日本人注重礼节，他们的谈判人员表面上是彬彬有礼的，然而，这种礼节只是表面的，其背后隐藏着他们真正的谈判风格，即典型的“我赢你输”。他们想方设法，用层出不穷的招数来追求己方利益的最大化，而不惜损害对方的利益。

1. 注重礼节

日本人十分讲究礼节，注重尊卑地位。在商务交往中，必须注重对日本商人的接待，如派与日方谈判人员同等地位的人员前往机场、车站或码头迎接。在初次会面时，日本商人很重视交换名片，并仔细地端详，认真地研究对方的名片。在谈判开始时，必须安排地位较高的负责人拜访日本企业中同等地位的负责人，以表示对对方的重视，以及引起日方对己方企业交易的重视，这是促成谈判的良好开端。

2. 善于投石问路

日本人在参加正式谈判时，常安排一些带有社交性质的活动，包括聚会、旅游等，显得异常的真诚和热情。实际上，这些活动的安排是一种策略：日本人是想通过私下的交往和交流来了解对方谈判人员的性格、评估对方的可信程度，以及试探对方谈判的真实意图，通过不经意的交谈和询问来获得足够的信息，以及时调整策略，掌握谈判的主动权和优势。

3. 善于利用拖延战术

利用谈判时限，实施拖延战术是日本人在谈判中常用的伎俩。其做法是想方设法探听对方的行期和日程安排，并在得知此方面信息后，设计不同的活动来打乱对方的日程，尽量把正式谈判置于对方可用谈判时间的最后阶段来进行，因为越是接近谈判时限，迫使对方让步的压力就越大，这就有利于日方争取最有利的谈判结果。

4. 虚假的让步

让步是谈判中必不可少的一个环节。经验表明，日本人作出的让步带有强烈的形式主义的色彩。他们通过不断变换新的立场来说服对方相信这便是其能承诺的最大的让步。然而，这些立场的改变，对于日方而言，基本上不存在太大的利益变化，相反，却能让对方相信其交易的诚意及所做的牺牲。因此，在与日本人谈判中，必须仔细分析其每次让步所涉及的实际内容，判断这些让步对己方的利益及其对日方的影响，以免对方的虚假让步影响到己方的决策。

5. “低调”的谈判方式

日本人注重镇静、自信、优雅和耐心，拒绝进攻式的咄咄逼人的谈判。在谈判中，日本人表现得异常低调，面无表情、目光呆滞，并长时间一言不发。在整个谈判中，日本人极少会坦言其对对方的要求或意见不感兴趣或反对，而只是保持沉默和含糊的态度，这让对方很难判断其真实想法和意图。同时，日本人讨厌咄咄逼人的谈话方式，视其为不礼貌和恶意的行为，因此，在与日本人谈判中，切忌进行硬性的推销式的谈判，以免破坏双方的关系，影响谈判的效果。

迟到的代价

巴西一家公司到美国去采购成套设备。巴西谈判小组成员因为上街购物耽误了时间。当他们到达谈判地点时，比预定时间晚了45分钟。美方代表对此极为不满，花了很长时间来指责巴西代表不遵守时间，没有信用，如果老这样下去的话，以后很多工作很难合作，浪费时间就是浪费资源、浪费金钱。对此巴西代表感到理亏，只好不停地向美方代表道歉。谈判开始以后似乎还对巴西代表迟到一事耿耿于怀，一时间弄得巴西代表手足无措，处处被动。无心与美方代表讨价还价，对美方提出的许多要求也没有静下心来认真考虑，匆匆忙忙就签订了合同。

等到合同签订以后，巴西代表平静下来才发现自己吃了大亏，上了美方的当，但已经晚了。

（资料来源：职场网. http://www.zhichang.com.）

思考与讨论：

1. 案例体现的是美国人谈判风格的哪种特征？
2. 分析巴西谈判代表的失误。

●本章小结

推销谈判技巧是在商品贸易中为了实现推销谈判的目标，结合谈判形势来使用的技术诀窍。在明确推销谈判的内容、特点及原则的基础上，掌握并熟悉操作、开展推销谈判的步骤，是获取推销谈判成功的基础。

推销谈判技巧主要包括报价与还价技巧和语言技巧。其中，语言技巧中主要包括陈述技巧、倾听技巧、提问技巧、应答技巧、说服技巧。

除了掌握一定的推销谈判策略和技巧外，了解不同国家客商的谈判风格，也是推销谈判人员应该掌握的基础知识。

●思考与练习

一、单项选择题

1. 推销谈判的内容是以所推销的商品为中心的，主要包括商品的质量、价格、交易数量、包装、运输等条款，其中（　　）谈判是最重要的内容。

A. 品质　　B. 价格　　C. 数量　　D. 包装

2. 谈判是人们为了实现特定的目的而进行反复磋商的过程，这体现的是谈判的（　　）特点。

A. 对象的广泛性　　B. 协商性　　C. 合作性　　D. 目的的明确性

3. “集中利益而非立场原则”要求谈判人员遵循两个基本要求，一是了解每一方的利益；二是（　　）。

A. 绝不退让任何利益　　B. 争取利益的最大化

C. 分析立场背后的利益　　　　　　　D. 牺牲部分利益以获得谈判的成功

4. (　　) 是实质性谈判的核心阶段，也是推销谈判各方显示实力、提出利益需求、交换意见、针锋相对的阶段。

A. 准备阶段　　B. 开局阶段　　C. 交锋阶段　　D. 妥协阶段

5. 一般而言，报价应以 (　　) 形式出现，以提高报价的效果，并为后期的价格谈判留有回旋的余地。

A. 最高价　　B. 最低价　　C. 成本价　　D. 任何价格

二、多项选择题

1. 推销谈判的基本原则主要包括合作原则和 (　　)。

A. 客观标准　　　　　　　　　　　B. 集中利益而非立场原则

C. 双赢原则　　　　　　　　　　　D. 人事分开原则

2. 在实际谈判中，为了提高倾听的效果，可利用的倾听技巧包括 (　　)。

A. 了解客户，并站在客户的立场去倾听　B. 善用肢体语言

C. 不要中途打断对方　　　　　　　D. 作好记录

3. 以下对日本人谈判风格的描述中，正确的是 (　　)。

A. 自信心强　　B. 善用拖延战术　　C. 缺乏时间观念　　D. 注重礼节

4. 常见的让步策略主要有 (　　)。

A. 互利互惠的让步策略　　　　　　B. 于己无损的让步策略

C. 坦率式的让步策略　　　　　　　D. 强硬式的让步策略

E. 稳健式的让步策略

三、填空题

1. 推销谈判的特点主要包括谈判对象的 (　　) 和 (　　)、谈判目的的明确性和 (　　)、谈判过程的双向性和协商性以及谈判双方的竞争性和 (　　)。

2. 打破僵局的策略主要包括转移议题、(　　)、(　　)、(　　)、转换环境及调换谈判人员。

3. 还价是指谈判一方根据对方的报价，结合客观情况和自己的 (　　)，提出自己的交易条件。

4. 提问的常用方式有 (　　)、(　　) 和引导式提问。

四、案例分析

出售闲置印刷设备

华成印刷公司由于近两年赢利甚微，陷入财政危机。去年，它从专业美术品的印刷向更商业化的领域转轨，因此，一套市场上少有的、高质量的、欧洲制造的专业美术印刷机被闲置在工厂里，机器几乎完好如新。当地一个富有的美术爱好者打算开一个工作室承揽专业美术印刷业务，刚好需要华成公司的那套设备。得到消息后，他向华成公司开价 8 000 元。由于机器一直闲置在工厂里，因此，华成公司的第一反应是不管价格如何一定要卖掉它。公司经理给一个废品收购商打电话，询问如果把这台设备当作废铁处理掉会卖得多少钱，废品收购商问明机器的重量后开价是 4 000 元。这样看来，8 000 元的价格是有诱惑力的。而且由于这是一台专业美术品印刷设备，设备的初始购置价格是 80 000 元，在印刷机中是价格偏高的，加之是欧洲

制造，所以购买者不会太多。但是，公司经理也同时发现，这台设备是这个地区独一无二的，并且一台全新的机器现价为96 000元。为了把这套闲置设备处理得更好，公司通过电话向当地大学的美术系询问捐赠的情况。根据所掌握的信息，华成公司估计，如果捐赠机器，免税金额可达20 000元。于是，经过一场小型的谈判后，公司与购买者以30 000元的价格成交。

（资料来源：2008年4月全国高等教育自学考试《谈判与推销技巧》试题）

问题：

（1）结合案例，分析影响华成公司还价的因素有哪些？

（2）案例中并没有明确给出华成公司首次还价的具体金额，而是给出了双方的最终成交价为30 000元。结合案例所提供的信息，你认为华成公司的首次还价是多少？并说明理由。

编织袋生产线的洽谈

1984年，山东某市塑料编织袋厂厂长获悉日本某株式会社准备向我国出售先进的塑料编织袋生产线，立即出马与日商谈判。谈判桌上，日方代表开始开价240万美元，我方厂长立即答复："据我们掌握的情报，贵国某株式会社所提供产品与你们完全一样，开价只是贵方的一半，我建议你们重新报价。"一夜之间，日本人列出详细价目清单，第二天报出总价180万美元。随后在持续9天的谈判中，日方在130万美元价格上再不妥协。我方厂长故意同另一家西方公司作了洽谈联系，日方得悉，总价立即降至120万美元。我方厂长仍不签字，日方大为震怒，我方厂长拍案而起："先生，中国不再是几十年前任人摆布的中国了，你们的价格，你们的态度都是我们不能接受的！"说罢把提包甩在桌上，里面西方某公司设备的一些照片撒了出来。日方代表大吃一惊，急忙要求说："先生，我的权限到此为止，请允许我再同厂方联系请示后再商量。"第二天，日方宣布降价为110万美元。我方厂长在拍板成交的同时，提出安装所需费用一概由日方承担，不然就退出谈判，另找供应商，最终又迫使日方让步。

（资料来源：2005年1月全国高等教育自学考试《国际商务谈判》试题）

问题：

（1）我方厂长在谈判的交锋阶段运用了哪些策略？

（2）结合案例，分析该厂长谈判策略运用的效果。

五、实训题

（一）课内模拟演练

1. 谈判准备的训练

训练目的：学会如何合理确定各项谈判内容的目标和立场。

谈判双方：甲方：中国山东农产品经贸公司；乙方：北京商贸公司

谈判时间：2008年5月5日

甲方是专门生产和销售农产品的企业，成立于2006年。由于成立之初企业规模小，业务领域只限于山东省内。经过两年的发展，企业规模不断扩大，而企业信誉好，产品质量好，最终得到不少山东省内客商的肯定。为了进一步开拓市场，提高企业的知名度，甲方计划把业务向周边城市扩展。其中，向乙方推销银杏是甲方尝试对外发展业务的第一步。

乙方北京商务公司，是颇具声望的企业，企业历史悠久，经营规模大，十分注重信誉，因而能与众多客商维持长期、友好的合作关系，其中，广东健达饮料有限公司（国家名牌企业，专门生产银杏饮料，规模大，信誉好，实力强）则是其最大的客商之一。按照乙方与广东健达饮料有限公司签订的为期1年的合同要求，乙方须于每月20日前，向广东健达饮料有限公司以1.5万/吨的价格交付50吨新鲜银杏。按原定计划，乙方每月能从中获得15万的利润，如不能按时交货，除了要按合同要求赔偿15万元外，还可能失去广东健达饮料有限公司这一实力雄厚、需求稳定的合作伙伴，甚至会使自己长期努力建立起的信誉和声望毁于一旦。

由于天气问题，银杏产量下降，到目前（5月2日）为止，原与乙方合作的银杏生产企业只提供了30吨新鲜银杏，还存在20吨的缺口。为了能按合同要求按时全数交付银杏，乙方决定应邀参与甲方提出的5月5日进行的（银杏）买卖谈判。同时，乙方还积极寻找其他银杏供应商，以获得更高的选择性和降低风险，以便能按时向广东健达饮料有限企业交付银杏。

方案策划：

第一步，分甲乙两方角色，根据各自立场编写商务谈判计划（安排谈判议程、谈判内容、谈判策略、谈判技巧等）。

第二步，系统分析谈判目标。

第三步，明确各自在产品品质、价格、数量、运输等方面的要求和立场。

第三步，仔细分析让步的可能性。

第四步，在充分讨论的基础上，形成完整的谈判计划（书面报告）。

2. 模拟谈判

训练目的：熟悉谈判的步骤，能有计划地开展谈判工作。

训练项目：根据上题所提供的材料及编写的谈判计划，组织学生开展模拟谈判。

方案策划：以6~8人小组为单位开展活动，其中参与正式谈判的为3~4人。在模拟谈判前，允许同组同学之间进行内部的交流，以安排好谈判工作。在模拟谈判过程中，宜在适当时候安排5~10分钟的休会时间，让双方人员商量或调整谈判策略，同时让观看的同学进行点评。小组讨论和分析模拟谈判结果的合理性。教师要注意对整个模拟谈判过程进行掌控，模拟结束后针对存在的问题进行分析，并给予中肯的评价。

活动结束，以小组为单位递交总结报告。

（二）课外实战训练：推销谈判实践

训练目的：体会推销谈判技巧的实施效果，提高推销谈判的实践能力。

训练项目：在人流密集的地区，开展一次实地推销活动。活动分三部分：选择推销的产品，可由同学们选择产品，并联系企业给予支持；开展推销；总结。总结应包括如下内容：①产品是否吸引到顾客，为什么？②推销过程中，我运用了哪些推销谈判技巧？效果如何？③推销谈判过程中，我的语言使用是否准确？④如果没有与顾客实现交易，原因是什么？

训练指导：

（1）最好以3人小组为单位开展活动。

（2）联系相关企业，争取企业的指导和支持。

（3）活动时间为一周：周一至周五利用课余时间联系企业，确定推销的产品，并对所推销的产品进行分析，熟悉产品的特征、优势及目标顾客群情况等；周六日进行实地推销和活动总结。

（4）周六，以小组为单位撰写并递交总结报告，并就各组的实践经验和收获进行讨论和交流。

第六章　异议处理

●能力目标

1. 能够熟练处理顾客异议
2. 能胜任商品销售前台与顾客的接洽工作

●知识目标

1. 顾客异议的含义
2. 顾客异议的主要类型及应对技巧
3. 顾客异议处理的基本原则
4. 顾客异议处理的方法

●能力训练重点

1. 商品特点讲述
2. 价格异议处理
3. 异议谈判实践

第一节　顾客异议及其类型

●情景体验

顾客说太贵了，怎么办

“李经理，您好，又来拜访您了。我这次来主要是想谈合同的事情。我们的资料您也看过了，产品您应该是比较满意的。”

“产品你们做的是不错，就是太贵了。要知道××公司的同类产品就比你们便宜不少嘛。你们的产品只能打九折吗？这样吧，你帮我打七折我就买了。”

思考与讨论：

1. 什么是顾客异议，这类现象在生活中普遍存在吗？

2. 情景中顾客所提到的是关于哪一方面的异议？除了这类异议，在现实中还存在哪些类型的异议？

3. 假如你是推销员，碰到这类异议你会如何处理？

推销过程不可能是一帆风顺的，顾客会经常提出各种异议，这些异议将成为交易的障碍，推销员只有正确地认识、处理和化解这些异议，才能成功推销。因此，面对顾客异议保持良好的心态，认真分析异议的成因，采用不同的策略、方法和技巧，有效地加以化解，直至促成交易，是推销员必须具备的一项基本功。

一、顾客异议的含义

顾客异议是指推销员在推销过程中所遇到的各种阻力，即顾客的反对意见。顾客异议会自始至终地存在于整个推销过程中，是推销过程中的一种正常现象，也是推销成交必须跨越的障碍。在推销活动中，顾客经常对推销员、推销产品或推销活动提出各种反对意见，正确处理这些意见，是达成交易的前提。

推销员应该正确地认识和理解顾客异议，对销售而言，可怕的不是异议而是没有异议，不提任何意见的顾客通常是最令人头疼的顾客。因为顾客的异议具有两面性：既是成交障碍，也是成交信号。有异议表明顾客对产品感兴趣，有异议意味着有成交的希望。推销员通过对顾客异议的分析可以了解对方的心理，知道他为何不买，从而对症下药，而对顾客异议的满意答复，则有助于交易的成功。

二、顾客异议的基本类型

（一）需求异议

需求异议是指顾客认为不需要产品而形成的一种反对意见。它往往是在营销人员向顾客介绍产品之后，顾客当面拒绝的反应。例如，顾客提出“我的面部皮肤很好，就像小孩的一样，不需要用护肤品”“我们根本不需要它”“这种产品我们用不上”“我们已经有了”等。这类异议有真有假。真实的需求异议是成交的直接障碍。营销人员如果发现顾客真的不需要产品，那就应该立即停止营销。虚假的需求异议既可表现为顾客拒绝的一种借口，也可表现为顾客没有认识或不能认识自己的需求。营销人员应认真判断顾客需求异议的真伪性，对提出虚假需求异议的顾客，设法让他觉得购买产品所能获得的利益和服务符合他的需求，使之动心，再进行营销。

需求异议的处理技巧：

1. 投其所好

不同的顾客有不同的爱好，一个成功的推销员就要善于把握其目标顾客的喜好，有针对性地进行产品的推销。

2. 供其所需

有需求就有市场，无论新老产品、有无创意，只有顾客目前有确切的需求，他才有可能接受推销员推销的产品。

3. 激起所欲

顾客购买商品的目的是满足自己的需求，而人类的需求是可以激发出来的。推销员在适当的背景下使用某些适宜的词汇，有助于激发顾客的需求，诱导顾客产生拥有某种产品的强烈欲望，打动顾客的心。

4. 释其所疑

强化和完善商品包装、标志和使用说明的设计，提供详尽、易懂的商品信息，让顾客买得明白、用得放心。

●知识拓展

关于虚假异议

在实际推销活动中，虚假异议占顾客异议的比例比较多。日本有关推销专家曾对387名推销对象做了如下调查："当你受到推销员访问时，你是如何拒绝的？"结果发现：有明确拒绝理由的只有71名，占18.8%；没有明确理由，随便找个理由拒绝的有64名，占16.9%；因为忙碌而拒绝的有26名，占3.9%；不记得是什么理由，好像是凭直觉而拒绝的有178名，占47.1%；其他类型的有39名，占10.3%。

这一结果说明，有近七成的推销对象并没有说明明确的理由，只是随便地找个理由把推销员打发走。

（资料来源：吴金法，李海琼，等．现代推销理论与实务．大连：东北财经大学出版社，2002.）

（二）财力异议

财力异议是指顾客认为缺乏货币支付能力的异议。例如，"产品不错，可惜无钱购买""近来资金周转困难，不能进货了"等。一般来说，对于顾客的支付能力，营销人员在寻找顾客的阶段已进行过严格审查，因而在营销中能够准确辨认真伪。真实的财力异议处置较为复杂，营销人员可根据具体情况，或协助对方解决支付能力问题，如答应赊销、延期付款等，或通过说服使顾客觉得购买机会难得而负债购买。对于作为借口的异议，营销人员应该在了解真实原因后再作处理。

（三）权力异议

权力异议是指顾客以缺乏购买决策权为理由而提出的一种反对意见。例如，顾客说"做不了主""领导不在"等。与需求异议和财力异议一样，权力异议也有真实或虚假之分。营销人员在进行寻找目标顾客时，就已经对顾客的购买权力和决策权力状况进行过认真的分析，也已经找准了决策人。面对没有购买权力的顾客极力推销商品是营销工作的严重失误，是无效营销。在决策人以无权作借口拒绝营销人员及其产品时放弃营销更是营销工作的失误，是无力营销。营销人员必须根据自己掌握的有关情况对权力异议进行认真分析和妥善处理。

（四）价格异议

价格异议是指顾客以推销产品价格过高而拒绝购买的异议。无论产品的价格怎样，总有些人会说价格太高、不合理或者比竞争者的价格高。例如，“太贵了，我买不起”“我想买一种便宜点的型号”“我不打算投资那么多，我只使用很短时间”“在这些方面你们的价格不合理”以及“我想等降价再买”。在实际营销工作中，价格异议是最常见的，营销人员如果无法处理这类异议，营销就难以达成交易。价格异议的处理技巧如下表所示：

价格异议的处理技巧

异议成因	处理技巧	举例
顾客支付能力	若经济状况差，则放弃；若暂时资金紧张，建议采取其他的支付方式	顾客：“价格太贵。” 推销员：“您能接受的价格是多少？”
与同类产品或代用品价格比较	强调产品优势，强调一分钱一分货	顾客：“这件衣服太贵了，我朋友买的比它便宜。” 推销员：“这是名牌，面料、做工都是国内一流的，您这身材穿上它更潇洒。”
与竞争者相比	强调本公司优质的服务和提供更多的承诺	顾客：“别人的价格比你们低。” 推销员：“哦，这有可能，如果我们也不提供这种特殊功能的话，我们比他们更便宜。”
对推销产品误解，认为产品不值	强调物有所值	顾客：“这种产品根本不值这么多钱。” 推销员：“是的，它用料不多，但很费工，让我们看看它的生产工艺吧。”

（五）产品异议

产品异议是指顾客认为产品本身不能满足自己的需要而形成的一种反对意见。例如，“我不喜欢这种颜色”“这个产品造型太古板”“新产品质量都不太稳定”。还有对产品的设计、功能、结构、样式、型号等提出异议。产品异议表明顾客对产品有一定的认识，但了解还不够，担心这种产品能否真正满足自己的需要。因此，虽然有比较充分的购买条件，就是不愿意购买。为此，营销人员一定要充分掌握产品知识，能够准确、详细地向顾客介绍产品的使用价值及其利益，从而消除顾客的异议。

（六）营销人员异议

营销人员异议是指顾客认为不应该向某个营销人员购买其所推销的产品的异议。有些顾客不肯买推销产品，只是因为对某个营销人员有异议，他不喜欢这个营销人员，不愿让其接近，也会排斥此营销人员的建议。但顾客肯接受自认为合适的其他营销人员。比如，“我要买老王的”“对不起，请贵公司另派一名营销人员来”等。营销人员对顾客应以诚相待，与顾客多进行感情交流，做顾客的知心朋友，消除异议，争取顾客的谅解和合作。

（七）货源异议

货源异议是指顾客认为不应该向有关公司的营销人员购买产品的一种反对意见。例如，“我用的是××公司的产品”“我们有固定的进货渠道”“买国有企业的商品才放心”等。顾客提出货源异议，表明顾客愿意购买产品，只是不愿向眼下这位营销人员及其所代表的公司购买。当然，有些顾客是利用货源异议来与营销人员讨价还价，甚至利用货源异议来拒绝营销人员的接近。因此，营销人员应认真分析货源异议的真正原因，利用恰当的方法来处理货源异议。

（八）购买时间异议

由于营销的环境、客户及营销方法等不同，导致顾客表示异议的时间也不相同。一般来说，顾客表示异议的时间有以下几种：

1. 首次会面

营销人员应预料到顾客开始就有可能拒绝安排见面时间。如果这个顾客非常具备潜在顾客的条件，营销人员应事先做好心理准备，想办法说服顾客。

2. 产品介绍阶段

在这一阶段，顾客很可能提出各种各样的质疑和问题。事实上，营销人员正是通过顾客的提问去了解顾客的兴趣和需求所在。如果顾客在营销介绍的整个过程中一言不发、毫无反应，营销人员反而很难判断介绍的效果了。提出疑问，往往是购买的前兆。

3. 营销结束（试图成交）阶段

顾客的异议最有可能在营销人员试图成交时提出。在这一阶段，如何有效地处理顾客的异议显得尤为重要。如果营销人员只在前面两个阶段圆满地消除了顾客的异议，而在最后关头却不能说服顾客，那一切的努力都将付诸东流。

为了避免在成交阶段出现过多的异议，营销人员应该在准备营销介绍时就主动回答顾客有可能提出的异议，为成交打下基础。如果在试图成交阶段顾客的异议接二连三，就说明在前面营销介绍阶段存在的漏洞太大。

购买时间异议是指顾客有意拖延购买时间的异议。顾客总是不愿马上作出决定。事实上，许多顾客用拖延来代替说“不”。营销人员经常听到顾客说“让我再想一想，过几天答复你”“我们需要研究研究，有消息再通知你”以及“把材料留下，以后答复你”等。这些拒绝很明显意味着顾客还没有完全下定决心，拖延的真正原因，可能是因为价格、产品或其他方面不合适。有些顾客还利用购买时间异议来拒绝营销人员的接近和面谈。因此，营销人员要具体分析，有的放矢，认真处理。

如此推销

小黄为一家公司推销新型打印纸时，一般客户还没听说过这种产品，虽然该公司产品的质量人人信得过，但客户用惯了其他品牌的打印纸，谁都没兴趣为买这点小东西而多跑几家厂、多比几家货。

小黄最初上门推销时，除了一个客户正巧旧的打印纸用完，为了偷点懒不去商店才买下一批以外，其余的客户都摇摇头说：“我们不需要。”

“我可以用您的打印机吗？”第二天，小黄来到客户办公室寒暄之后，第一句就这么问。

客户怔了怔，便点点头：“当然可以。”得到了允许，小黄就把自己带来的打印纸放到打印机里，然后在电脑前坐了下来，在屏幕上输入这么一行字：“您用普通打印纸，能打出这么清晰的字吗？”接着便发出打印命令。

小黄从打印机上取下打印纸拿给客户看：“您不妨把它跟您用的普通打印纸比较一下。不用多说，您就会相信我们的新型打印纸一定适合您。”客户仔细地比较了一番，非常信服地看着小黄：“你们的质量的确一流。”说完后，爽快地向小黄订购了一批为数不少的新型打印纸。

以后几天，小黄满怀信心地来到前些天说不需要的客户那里，也用同样的办法推销，结果客户都纷纷愿意购买新型打印纸。

（资料来源：石家庄经济学院精品课程网）

思考与讨论：

1. 小黄最初上门推销时，碰到的是哪一类顾客异议？
2. 小黄是如何处理异议的？

第二节 处理顾客异议的原则和步骤

●情景体验

不满与应对

将同学分成 2 人一组，其中一个是 A，扮演营销人员，另一个是 B，扮演顾客。假设 B 已经将本商品买了回去（手机、MP3、图书等），但是商品现在有了一些小问题，需要进行售后服务，B 要讲一大堆对于商品的不满，A 的任务是帮他解决这些问题。

思考与讨论：

1. 交流的双方各自有什么感受？
2. 从这样的交流来看，面对顾客的异议，营销人员应该有什么样的态度和心态？
3. 在处理顾客异议的时候，需要注意哪些问题？

一、处理顾客异议的原则

1. 尊重顾客

顾客的意见无论是对是错、是深刻还是幼稚，营销人员都不能给对方留下轻视的感觉。营销人员要尊重顾客的意见，讲话时面带微笑、正视顾客，听对方讲话时要全神贯注，回答顾客问话时语气不能生硬。“你错了”“连这你也不懂”“你没明白我说的意思，我是说……”这样的表达方式抬高了自己，贬低了顾客，挫伤了顾客的自尊心。

2. 情绪轻松，避免紧张

推销员要认识到异议是必然存在的，在心理上不可有过激的反应，听到顾客提出异议后应保持冷静、不可动怒，更不可采取敌对行为，应该继续以笑脸相迎，同时了解反对意见的内容、要求及重点，一般多用下列语句作为开场白：“我很高兴您能提出如此意见”“您的意见非常合理”。

同时，对于顾客异议还要提前做好准备。“不打无准备之仗”，这是销售人员面对顾客拒绝时应遵循的一个基本原则。营销前要充分估计顾客可能提出的异议，做到心中有数。这样，即使遇到难题，到时候也能从容应对。事前无准备，就可能不知所措，顾客得不到满意答复，自然无法成交。可以说，良好的准备工作有助于消除顾客异议的负面性。

3. 选择恰当的时机

根据美国对几千名销售人员的研究，优秀的推销员所遇到的顾客严重反对的机会只是其他人的十分之一，原因就在于优秀的推销员往往能选择恰当的时机对顾客的异议提供满意的答复。在恰当时机回答顾客异议，便是在消除异议负面性的基础上发挥了其积极的一面。懂得在何时回答顾客异议的推销员会取得更好的成绩。推销员对顾客异议答复的时机选择有四种情况：

（1）顾客异议尚未提出时解答。推销员觉察到顾客会提出某种异议，最好在顾客提出之前，就主动提出来并给予解释，这样可使推销员争取主动，先发制人，从而避免因纠正顾客看法，或反驳顾客的意见而引起的不快。

推销员完全有可能预先揣摩到顾客异议并抢先处理，因为顾客异议的发生有一定的规律性，如推销员谈论产品的优点时，顾客很可能从差的方面去琢磨问题；有时顾客没有提出异议，但他们的表情、动作及谈话的用词和声调却可能有所流露，推销员觉察到这种变化，就可以抢先解答。

（2）异议提出后立即回答。绝大多数异议需要立即回答。这样，既可以促使顾客购买，又是对顾客的尊重。

（3）过一段时间再回答。以下异议需要推销员暂时保持沉默：异议显得模棱两可、含糊其词、让人费解；异议显然站不住脚、不攻自破；异议不是三言两语就可以辩解得了的；异议超过了推销员的解答能力；异议涉及较深的专业知识，解释不易为顾客马上理解等。急于回答顾客此类异议是不明智的。

（4）不回答。许多异议不需要回答，如无法回答的奇谈怪论；容易造成争论的话题；废话；可一笑置之的戏言；异议另有目的，不是异议本身；异议具有不可辩驳的正确性；明知故问的发难等。推销员不回答时可采取以下技巧：沉默；装作没听见，按自己的思路说下去；答非所问，悄悄扭转对方的话题；插科打诨幽默一番，最后不了了之。

4. 忌与顾客争论

争论意味着推销员要进行辩解，在没有足够事实说服顾客之前，过分的辩解会引起顾客的反感，他会认为推销员没有诚意。争论也意味着争吵，这会伤害顾客的感情。或许推销员在争论中获胜，但他永远失去了这位顾客。与顾客的争辩和争吵，都会使推销员得不偿失。

他们两个谁对

一位推销员在向推销经理汇报时说了下面一席话："对顾客的每一点看法，我都进行了反驳，并且把事实和数据告诉了他。我还义正词严地告诉他，这些反对意见是毫无根据的。我们大概谈了3个小时，可以说所有的论点都涉及了。直到最后阶段，顾客还是认为他自己是正确的。我们几乎花费了1个小时的时间来讨论防震问题，而这个问题又偏偏是个次要问题。然后我就告辞了，再拖延下去也是白白浪费时间。"推销经理听完了他的申诉，生气地说："你早就该告辞了，在业务洽谈进行到15分钟的时候，你就应该离开那里。"推销员对经理的话感到迷惑不解："我不能认输呀！"

思考与讨论：你认为他们两个谁对？

●知识拓展

香港某公司的推销原则

香港某公司培训推销员时，列出应如何对待顾客拒绝或抱怨的原则：

（1）不要回避或漠视顾客的不满。

（2）推销员要有容忍对方责难的雅量。

（3）要冷静听完对方的抱怨。

（4）不要争辩。

（5）尊重对方立场，尽量照顾对方的面子。

（6）不要意气用事。

（7）切忌过于主观。

（8）不要替自己找借口。

（9）不要急于下结论。

（10）避免采取轻视对方的言行。

（11）报告主管，商谈解决之道。

（12）要有"转祸为福"的应变能力。

二、处理顾客异议的步骤

无论推销员的推销能力多么出色，在交易过程中总会有一些异议发生。因此，规划好一个处理异议的步骤非常重要。

1. 认真倾听

回答顾客异议的前提是要弄清顾客究竟提出了什么异议。在不清楚顾客说些什么的情况下，要回答好顾客异议是困难的，因此，推销员要做到：认真倾听顾客异议；让顾客把话讲完，不要打断顾客谈话；要带有浓厚兴趣去听。推销员应避免的现象是，打断顾客的话，匆匆为自己辩解，竭力证明顾客的看法是错误的，这很容易激怒顾客，并会演变成一场争论。

2. 表示理解

在对一个异议作出反应之前，应保证完全理解顾客。这意味着你理解他的心情、明白他的观点，但并不表示你完全赞同他的观点，而只是了解他考虑问题的方法和对产品的感觉。顾客对产品提出异议，通常带着某种主观感情，所以，要向顾客表示你已经了解他的心情，如对顾客说“我明白你的意思”“很多人这么看”“很高兴你能提出这个问题”“我明白了你为什么这么说”等。

3. 澄清和确定顾客异议

顾客提出异议后澄清其真伪性，通过一系列的提问确定真实的顾客异议，然后表述一下推销员对顾客提出的异议的理解是否与顾客的出发点一致，对自己的判断予以确定。找不到真实的顾客异议，就不能解决顾客心中最大的顾虑。

4. 解答顾客异议

澄清顾客异议的同时，要掌握处理异议的技巧，选择最好的回答。需要强调的是，最佳的回答总是取决于顾客当时的情况和异议本身的特点，只有满足了顾客的需求，异议才会消除。

5. 努力完成销售或理智撤退

在推销员圆满地处理顾客异议之后，就有可能达成交易，但是，如果顾客对推销员的解答仍然摇头，则说明推销员没有真正弄清他的需求，仍要进行沟通，直至顾客满意，推销才能成功。

不过我们也应该清楚地认识到，顾客有些异议是不能轻而易举地解决的，但面谈时采取的方法对于双方将来的关系会有很大影响。如果认为一时不能成交，那就应设法敞开今后重新洽谈的大门，期待以后再有机会去解决这些分歧。因此，推销员要时时做好遭遇挫折的心理准备，学会在适当的时候做“理智的撤退”。

洗耳恭听，化解怒气

欧洲某国的AC电话公司曾遇到过这么一件事情，公司的顾客爱尔森初涉商界，并不顺利，然而业务电话用了许多，收到电话账单后见到话费数额很大，明显超过以前，于是打电话给AC电话公司，对接听电话的人大发脾气，指责该公司敲他的竹杠。爱尔森扬言要把电话线连根拔掉，还要到法院告状，并且真的一纸诉状告到了当地法院。

AC电话公司接到这一电话，初期认为爱尔森是无理取闹，在知道他向法院告状后，经过分析，决定派一名干练的业务员充当“调解员”，去会见这位无事生非的顾客。见面后，爱尔森仍滔滔不绝地又说又骂，业务员却始终洗耳恭听，连声说是，并不断对爱尔森所遇到的不顺利表示同情，就这样，在几个小时内，让爱尔森这位暴怒的顾客痛快淋漓地发泄了一番。

如此这般，在一周内，业务员上门三次，经历了三次相同的会面之后，爱尔森冷静了，并渐渐地友善了。最后，爱尔森照付了电话账单上的费用，撤回了诉状，甚至有些不好意思。

思考与讨论：

1. AC电话公司的业务员是如何解决这次顾客异议的？

2. 要是AC电话公司在一开始接到爱尔森的投诉电话后，就及时采取对应措施，可能会是一种什么局面？

3. 从这一案例来看，如果你作为推销员，应该用什么样的心态和态度来对待顾客异议？

第三节　处理顾客异议的方法

●情景体验

挑毛病

将同学分成2人一组，其中一个是A，扮演销售人员，另一个是B，扮演顾客。A现在要将公司的某件商品（手机、MP3、图书等）卖给B，而B则想方设法地挑出本商品的各种毛病，A的任务是一一回答B的这些问题，即便是一些吹毛求疵的问题，也要让B满意。

思考与讨论：对于顾客的各种异议，我们应该用什么方法去应对？

一、转折处理法

转折处理法是推销工作的常用方法，即推销员根据有关事实和理由来间接否定顾客的意见。应用这种方法是首先承认顾客的看法有一定道理，也就是向顾客作出一定让步，然后再讲出自己的看法。此法一旦使用不当，可能会使顾客提出更多的意见。在使用过程中要尽量少用“但是”一词，而实际交谈中却包含着“但是”的意见，这样效果会更好。只要灵活掌握这种方法，就会保持良好的洽谈气氛，为自己的谈话留有余地。例如，顾客提出服装颜色过时了，推销员可以这样回答：“小姐，您的记忆力的确很好，这种颜色几年前已经流行过了。我想您是知道的，服装的潮流是轮回的，如今又有了这种颜色回潮的迹象。”这样就轻松地反驳了顾客的意见。

转折处理法

推销员："这种童装系列是专家针对儿童的特点专门设计的，您看这色彩、款式都很时尚。"

顾客："这种款式我很喜欢，可惜布料太薄了，现在的孩子都很淘气，这种衣服恐怕穿不到两天就会破，一般人不会买的。"

推销员："看到这套服装的顾客都担心这个问题，这种布料看上去很薄，其实它是用一种高级纤维织成的，穿在身上轻飘、凉爽，但耐磨力和抗拉力都相当好，顾客知道了它的优点就会喜欢的。"

二、转化处理法

转化处理法是利用顾客反对意见的自身来处理。顾客的反对意见是有双重属性的，它既是交易的障碍，同时又是一次交易机会。推销员要是能利用其积极因素去抵消其消极因素，未尝不是一件好事。

这种方法是直接利用顾客的反对意见，转化为肯定意见，但应用这种技巧时一定要讲究礼仪，而不能伤害顾客的感情。此法一般不适用于与成交有关的或敏感性的反对意见。

转化处理法

一位中年女士欲购护肤品，推销员向她推荐一种高级护肤霜。

顾客："我这个年纪买这么高档的化妆品干什么？我只是想保护皮肤，可不像年轻人那样要漂亮。"

推销员："这种护肤霜的作用就是保护皮肤的，年轻人皮肤嫩，且生命力旺盛，用一些一般的护肤品即可。人一上了年纪皮肤不如年轻时，正需要这种高级一点的护肤霜。"

三、补偿处理法

如果顾客的反对意见的确切中了产品或公司所提供的服务中的缺陷，千万不可以回避或直接否定。明智的方法是肯定有关缺点，然后淡化处理，利用产品的优点来补偿甚至抵消这些缺点。这样有利于使顾客的心理达到一定程度的平衡，有利于使顾客作出购买决策。

当推销的产品质量确实有些问题，而顾客恰恰提出"这东西质量不好"时，推销员可以从容地告诉他："这种产品的质量的确有问题，所以我们才削价处理。不但价格优惠很多，而且公司还确保这种产品的质量不会影响您的使用效果。"

这样一来，既打消了顾客的疑虑，又以价格优势激励顾客购买。这种方法侧重于心理上对顾客的补偿，以便使顾客获得心理平衡感。

补偿处理法

推销员："您可以看一下这种饼干，老少皆宜，很受消费者喜欢的。"

顾客："这批饼干还有两个月就过保质期了，我不要了。"

推销员："这批饼干是一个老顾客订购出口的，由于顾客方面出了一些问题，没有履行合约，所以挤压下来。这批货质量都很好，就是保质时间短，所以现在打五折啊。"

四、委婉处理法

推销员在没有考虑好如何答复顾客的反对意见时，不妨先用委婉的语气把对方的反对意见重复一遍，或用自己的话复述一遍，这样可以削弱对方的气势。有时转换一种说法会使问题容易回答得多。但只能减弱而不能改变顾客的看法，否则顾客会认为你歪曲他的意见而产生不满。推销员可以在复述之后问一下："您认为这种说法确切吗?"然后再继续下文，以求得顾客的认可。比如，顾客抱怨"价格比去年高多了，怎么涨幅这么高"，推销员可以这样说："是啊，价格比起前一年确实高了一些。"然后再等顾客的下文。

五、合并意见法

合并意见法是将顾客的几种意见汇总成一个意见，或者把顾客的反对意见集中在一个时间讨论。总之，要削弱反对意见对顾客所产生的影响。但要注意不要在一个反对意见上纠缠不清，因为人们的思维有连带性，往往会由一个意见派生出许多反对意见。摆脱的办法，是在回答了顾客的反对意见后马上把话题转移开。

六、直接反驳法

直接反驳法是指推销员根据事实直接否定顾客异议的处理方法。理论上讲，这种方法应该尽量避免。直接反驳对方容易使气氛僵化而不友好，使顾客产生敌对心理，不利于顾客接纳推销员的意见。但如果顾客的反对意见是出于对产品的误解，而你手头上的资料可以帮助你说明问题时，你不妨直言不讳。但态度一定要友好而温和，最好是引经据典，这样才有说服力，同时又可以让顾客感到你的信心，从而增强顾客对产品的信心。反驳法也有不足之处，这种方法容易增加顾客的心理压力，使用不当会伤害顾客的自尊心和自信心，不利于推销成功。

直接反驳法

推销员："现在好多家庭都装这种分体式空调机，噪音小、功能多。"

顾客："这种分体式空调机只负责上门安装，却没说上门维修，坏了不知道怎么办。"

推销员："您只是害怕这一点吗？那么您尽可以放心，生产这种空调机的企业，在我市有特约维修服务部，随时可以上门维修、保养。您看商品说明书上都写明了维修服务部的地址和电话的。"

七、冷处理法

对于顾客一些不影响成交的反对意见，推销员最好不要反驳，采用不理睬的方法是最佳的。千万不能顾客一有反对意见，就反驳或以其他方法处理，那样就会给顾客造成你总在挑他毛病的印象。当顾客抱怨你的公司或同行时，对于这类无关成交的问题，可以不予理睬，话锋一转，谈你要说的问题。

国外的推销专家认为，对实际推销过程中80%的反对意见都应该冷处理。但这种方法也存在不足，不理睬顾客的反对意见，会引起某些顾客的注意，使顾客产生反感。且有些反对意见与顾客购买关系重大，推销员如果把握不准，不予理睬，会有碍成交，甚至失去推销机会。因此，利用这种方法时必须谨慎。

冷处理法

顾客："你们公司生产的外墙涂料日晒雨淋后会出现褪色的情况吗？"

推销员："您请放心，我们公司的产品质量是一流的，中国平安保险公司给我们担保。另外，您是否注意到东方大厦，它采用的就是本公司的产品，已经过去10年了，还是那么光彩依旧。"

顾客："东方大厦啊，我知道，不过听说你们公司交货不是很及时，如果真是这样的话，我们不能购买你们公司的产品，它会影响我们的工作。"

推销员："先生，这是我们公司的产品说明书、国际质检标准复印件、产品价目表，这些是我们曾经合作过的企业以及他们对我们公司、产品的评价，下面我将给您介绍一下我们的企业以及我们的产品情况……"

●案例与思考

亲情与推销

一个40岁左右的中年人带着自己的母亲来买砖，两个人在展厅里一边走一边看，这时候儿子接了一个电话。大妈就一个人在那里看砖，大妈走到一款“晶花芙蓉”产品面前停住了，很长时间不走开。这时候导购员走上去说：“大妈，您非常喜欢这一款，是吗？”

大妈：是的，就是太贵了。

导购：大妈，我想您和我妈一样，一辈子全为儿女了，没用过自己舒心的东西。这自己喜欢的东西买回家，自己天天看着就舒服，这人一舒服，就能多活十几年。您儿子还真孝顺，他买砖还把您带上一块来，不就想让您自己拿主意，买您老人家看着舒服的东西嘛。我看您儿子现在也不缺这几个钱。

这时候，大妈的儿子打完电话走过来。

导购：这位大哥，您母亲非常喜欢这一款，您看？

中年人看了看那款砖，又看了看大妈，大妈眼中没有反对的眼神，接着看了看砖的标价牌。

中年人：贵了点。

大妈似乎不悦，但没说什么话。（场面似乎有点尴尬）

导购：大哥，我们到那边坐一下怎么样？

导购和那位中年人走到休闲区坐了下来，另外一个导购倒了一杯水，递给大妈。

导购：大哥，我觉得买这一款可以。大妈看上一件东西不容易，大妈既然看上了，铺到家里她就看着心里舒服，老人心里舒服，一家人心里都舒服，老人要心里不舒服，一家人都会跟着难受。大妈心里舒服就少生病，老人健康，我们做儿女的就少担心，少担心就能集中精力做我们自己的事情。

中年人看了一眼还在原来地方看产品的大妈。

中年人：……

导购走到前台，拿过来一张合同。

导购：大哥，您贵姓？

中年人：免贵，我姓李。

导购：留一个您的手机号码吧？

中年人：××××××

导购：您看我什么时候可以送货？

（资料来源：中国超市策划网）

思考与讨论：

1. 导购在推销的时候遇到了什么异议？
2. 他是如何处理这个异议的，结果如何？

●本章小结

顾客异议是指推销员在推销过程中所遇到的各种阻力，即顾客的反对意见。常见的顾客异议有需求异议、财力异议、权力异议、价格异议、产品异议、营销人员异议、货源异议、购买时间异议等类型。对于顾客异议，我们要有正确的认识，并把握正确处理顾客异议的原则和方法。处理顾客异议的基本原则有：尊重顾客；情绪轻松，避免紧张；选择恰当的时机；忌与顾客争辩。实践中，处理顾客异议的基本步骤如下：认真倾听；表示理解；澄清和确认顾客异议；解答顾客异议；努力完成销售或理智撤退。

●思考与练习

一、单项选择题

1. 对于顾客异议的正确看法是（　　）。

A. 顾客是有意在刁难　　B. 是推销过程中的正常现象

C. 我运气不好才碰上的　　D. 这个顾客肯定是不想买了才故意这么说

2. 顾客："你这个充电器非常好用，不过可惜我家没有电动车，所以用不上。"这一异议是属于（　　）。

A. 价格异议　　B. 产品异议　　C. 需求异议　　D. 财力异议

3. 顾客："这批货物的质量不错，不过我最近资金周转不过来，暂时不想要了。"这一异议是属于（　　）。

A. 价格异议　　B. 产品异议　　C. 需求异议　　D. 财力异议

4. 推销员："你连商品的基本常识都不懂，还过来买东西，还敢提出这样的问题？"此推销员的态度（　　）。

A. 违背了尊重客户的原则　　B. 是据理力争

C. 违背了时机恰当原则　　D. 顾客有问题，当然要提出来

5. 顾客提出自己的反对意见时，推销员正确的反应是（　　）。

A. 赶快打断对方的话　　B. 不要匆忙打断对方的话

C. 可以听之任之　　D. 不能听之任之

6. 顾客："你们的产品怎么卖这么便宜，是不是质量有问题？"推销员："因为包装有了一点点磨损，所以才打三折的，不过包装绝对不会影响到使用的。"对于顾客异议，该推销员使用的是（　　）。

A. 转折处理法　　B. 直接反驳法　　C. 冷处理法　　D. 补偿处理法

7. 顾客："上次你的同事态度真的不好，所以我就没有买他的东西。"推销员："这是我们的产品的顾客评价，您可以详细地了解一下……"对于顾客异议，该推销员使用的是：（　　）。

A. 转折处理法　　B. 直接反驳法　　C. 冷处理法　　D. 补偿处理法

二、多项选择题

1. 对于顾客需求上的异议，我们应该（　　）。

A. 投其所好　　B. 供其所需　　C. 激起所欲

D. 释其所疑　　E. 马上撤退

2. 处理顾客异议的基本原则有（　　）。

A. 实事求是　　B. 尊重客户　　C. 情绪轻松

D. 忌与争辩　　E. 时机恰当

三、填空题

1. 顾客异议是指推销员在推销过程中所遇到的各种阻力，即顾客的（　　）。

2. （　　）是指顾客以推销产品价格过高而拒绝购买的异议。

3. （　　）是指顾客认为产品本身不能满足自己的需要而形成的一种反对意见。

4. 将顾客的几种意见汇总成一个意见，或者把顾客的反对意见集中在一个时间讨论，这

种方法称为（　　）。

5. 对于顾客一些不影响成交的反对意见，推销员最好不要反驳，采用（　　）的方法是最佳的。

四、判断题

1. 当顾客在交流过程中有认识上的错误的时候，推销员最好直接地指出。（　　）

2. 只有当顾客不愿意购买商品的时候才会将异议提出来。（　　）

五、问答题

处理顾客异议的常用方法有哪些？

六、实训题

（一）课内模拟演练：异议处理

训练目的：分析顾客异议，并学会灵活处理。

方案策划：列出某一生活必需品，如钢笔、手机等，同学们结合各自的经验讨论在这一商品销售过程中可能存在的异议，以及应对的措施。

要求：尽可能多地列出异议。

结合生活经验来讨论对策，最好能有真实案例。

重复讨论两到三种商品，并记录下过程。

（二）课外实战训练

1. 课外实践

训练目的：体验真实商业活动中推销员处理顾客异议的表现。

训练项目：针对上题中所讨论的商品，同学们以小组为单位到当地某两个大型商场去展开调查，对于同学们提出的课堂讨论过程中的所有异议，观察并记录推销员的应对措施。

在调查的基础上讨论和总结：

（1）推销员是如何应对异议的？是否合理？

（2）推销员的素质存在哪些不足？商场在推销员培训方面，哪些地方需要加强？

（3）调查的结果对你有何启示？

训练指导：实地调查时小组人数最好以3人为宜，人数多可能会引起推销员怀疑而导致训练失败。实地调查可利用周末或其他课余时间进行。

2. 工作任务实训

训练目的：通过实训，使学生能够接触到各种类型的顾客和顾客异议，掌握正确处理顾客异议的原则和方法。

工作任务：按要求完成以处理顾客异议为重点的商品推销实践。

训练指导：

（1）将班级同学每6个人分成一个小组，每小组推销一种小商品（具体如圆珠笔、墨水以及生活小用品等，可以到当地批发市场上购买一些，量不要大，重点放在销售体验上）。

（2）推销地点可以选择在校园内、校门口或到附近的居民区实行上门推销。

（3）实训时间集中在双休日，推销时间为一天左右。

（4）各小组完成项目后写出总结，全班交流经验。

第七章 推销成交技术

●能力目标

1. 能够根据顾客体现出来的成交信号，及时促成交易
2. 能够面对不同的顾客运用恰当的推销方法，达成交易
3. 能够在相关企业、单位从事产品销售、服务推广、业务开发等工作

●知识目标

1. 掌握推销成交信号的种类和形式
2. 理解推销成交具备的素质与策略
3. 熟悉并掌握推销成交的方法与技巧

●能力训练重点

1. 编制销售方案
2. 识别推销成交信号
3. 灵活运用推销成交方法

第一节 识别成交机会

●情景体验

成功推销纸张粉碎机

一个办公用品公司的推销员到某局办公室推销一种纸张粉碎机。办公室主任在听完推销员的推销介绍后，摆弄起这台机器，并自言自语道：“东西倒是很适用，只是办公室这些小青年，毛手毛脚的，只怕没用上几天就坏了。”推销员一听，马上接着说：“这样好了，明天我把货送来时，顺便把纸张粉碎机的使用方法和注意事项给大家讲一下。这是我的名片，如果在使用中出现故障，请随时与我联系。我们负责维修。主任，如果

没其他问题，我们就这样定了。”办公室主任很快接受了这个条件，实际上他连带接受了推销员的推销建议。

（资料来源：钟立群．现代推销技术．北京：电子工业出版社，2005.）

思考与讨论：

1. 推销员为什么能这么快就达成了交易？
2. 如果你是办公室主任，你会接受这个条件吗？

在整个推销过程中，达成交易是一个至关重要的阶段，也是实现成功推销要求的最终目标。在推销成交阶段，虽然成交的环境条件各有不同，成交的原因也各具特色，但推销员能时刻注意顾客的一言一行，及时识别成交信号，同时能够灵活运用成交策略与方法，积极促使顾客实施交易行为，最终实现推销的目标。

一、成交信号的种类

成交信号是指推销员在推销某种产品或介绍某项服务时，顾客通过表情、语言、行为等方面流露出来的一切暗号或提示。

美国一个心理学家，经过研究得出一个等式：一个人表达自己的全部意思 = 7% 的措辞 + 38% 的语音语调 + 55% 的动作、表情。

顾客的心理活动对于推销员来说，是一个暗号，不容易为我们所觉察。并且，在真正推销的过程中，顾客为了确保实现自己所提出的交易条件或争取更多的优惠，并获得交易谈判的主动权，在一般情况下不会自己首先提出成交，更不会主动或明确地提出交易。在交流过程中，顾客的购买意向总会通过各种方式表现出来，对于推销员来说，就要善于“察言观色”，并能从中识别顾客所表现出来的成交信号，及时作出成交提议，从而促成交易。

二、成交信号的表现形式

在一般情况下，顾客表现出来的成交信号主要有三种，分别是表情信号、语言信号、行为信号。

1. 表情信号

总的来说，顾客常常在达成交易的整个活动过程中，通过面部表情和体态等体现出来。比如，推销员与顾客在洽谈时，顾客面带微笑、神态轻松，态度友好，并下意识地点头或表示赞同你的意见或建议，对产品的不足表现出包容和理解，对推销的商品表示出浓厚的兴趣和关注等。

从顾客的表情中可以了解顾客的想法，这就要求推销员要具备一定的直觉判断能力与职业敏感性，据此识别顾客的购买意向，及时地发现、理解、利用顾客所表现出来的成交信号，把握成交时机，促成交易。

一般来说，下列几种情况可视为促成交易的较好时机：顾客神态轻松，态度友好；顾客表示对产品非常有兴趣；顾客提出的问题，得到推销员解释、说明之后，顾客比较满意地接受；顾客经推销员的介绍，全面了解推销品的主要优点之后；顾客对某一推销要点表示赞许。

2. 语言信号

这是顾客通过询问某一产品或服务的价格、使用方法、保养方法、注意事项、售后服务、交货期、交货手续、支付方式等，以及与竞争对手的产品及交货条件、市场评价进行对比，说出“喜欢”和“正是我所需要的”所流露出来的成交信号。

以下几种情况属于成交的语言信号：顾客对产品或服务给予一定的肯定或称赞；顾客主动征求别人的意见或看法；顾客向推销员详细了解产品的优缺点、使用方法、特性等；顾客询问成交的方式、交货日期和付款方式；顾客对产品的质量、产地、生产加工过程提出疑问或很感兴趣；顾客问及商品的市场反应或消费者的意见；顾客索取产品说明书或样品；顾客很有兴趣地了解售后服务的相关事项，如退换、安装、维修等。

有时，顾客的购买信号会以询问或反对意见的形式表现出来。对于顾客提出的问题，推销员最好的应对策略之一是反问。通过反问，推销员可以进一步、更为准确地探测顾客的需求和想法，如果推销员的反问得到顾客积极的回答，就表明顾客有着极高的购买兴趣。

3. 行为信号

对于推销员来说，能从顾客有意无意中的动作行为捕捉到一些对成交比较有价值的信息，如顾客认真阅读说明书，要求推销员展示样品或亲手触摸、试用产品等。这时候推销员就要立即抓住这一良好的机会，进一步对产品的优点、特性、优惠等事项进行说明，同时要自信、勇敢、果断地去试探、诱导顾客达成交易。比如，顾客在试穿某双新鞋时，在镜子前面左照右看，对款式、颜色等感觉很满意，表现出舍不得脱下来的样子。这时，推销员就应该顺水推舟地对顾客说：“这双新鞋非常适合您，而且款式新颖，可以说是为您专门定做的，这样吧，我帮您把旧的那双鞋包起来。”在这种情况下，顾客一般都能接受这样的建设，并能很快达成交易。

当有以下信号发生的时候，推销员就要适时地向顾客提出成交建议：顾客认真阅读相关文件或使用说明书；顾客主动要求推销员展示样品或亲手触摸、试用产品；顾客主动请出有决定权的负责人或领导；顾客仔细研究产品或对产品爱不释手；顾客认真查看、询问合同条款。

第二节　创造成交机会

●情景体验

真心祝福

乔·吉拉德认为，卖汽车，人品重于商品。一个成功的汽车销售商，肯定有一颗尊重普通人的爱心。他的爱心体现在他的每一个细小的行为中。

有一天，一位中年妇女从对面的福特汽车销售商行出来，走进了吉拉德的汽车展销室。她说自己很想买一辆白色的福特车，就像她表姐开的那辆，但是福特车的经销商让她过一个小时再去，所以她先来这儿瞧一瞧。

“夫人，欢迎您来看我的车。”吉拉德微笑着说。妇女兴奋地告诉他：“今天是我55岁的生日，想买一辆白色的福特车送给自己作为生日的礼物。”“夫人，生日快乐！”吉拉德热情地祝贺道。随后，他轻声地向助手交代了几句。

吉拉德领着夫人从一辆辆新车面前慢慢走过，边看边介绍。在来到一辆雪佛莱轿车前时，他说：“夫人，您对白色情有独钟，瞧这辆双门式轿车，也是白色的。”

就在这时，助手走了进来，把一束玫瑰花交给了吉拉德。他把这束漂亮的花送给了夫人，再次对她的生日表示祝贺。那位夫人感动得热泪盈眶，非常激动地说：“先生，太感谢您了，已经很久没有人给我送过礼物了。刚才那位福特车的推销商看到我开着一辆旧车，一定以为我买不起新车，所以在我提出要看一看车时，他就推辞说需要出去收一笔钱，我只好上您这儿来等他。现在想一想，也不一定非要买福特车不可。”

后来，这位妇女就在吉拉德那儿买了一辆白色的雪佛莱轿车。

（资料来源：冯华亚．推销技巧与实战．北京：清华大学出版社，2008.）

思考与讨论：

1. 乔·吉拉德用什么方法说服了这位女士？
2. 福特车的销售员失误在哪里？
3. 这位女士买了白色的雪佛莱轿车是因为那束玫瑰花吗？

一、营造成交环境

在零售学中有这样一项统计：20%的顾客是事先已计划购买某种产品，80%的顾客都是临时产生购买欲望，并进行购买决策的。由此可见，很大部分顾客是随机购买的，也就是说顾客的购买行为受外界的因素影响比较大。那么通过语言、交谈来影响顾客，唤起顾客的购买需求，激发顾客的购买兴趣，营造轻松和谐的氛围，成交概率定能大大提高。

●情景体验

奔驰汽车公司的销售服务

著名的奔驰汽车公司的销售服务措施简直就是撒向全国乃至全世界的两张网。它的第一张网是推销服务网：任何一位顾客或潜在的顾客在它的推销处或推销员那里，都可以对其汽车的样式、性能、特点等得到全面的了解。而且，根据顾客的不同需求和爱好，对诸如车型、空间设备、车体设备、车体颜色，甚至不同程度的保险钥匙等，都可以分别给予满足。第二张网是维修网：奔驰公司在国内共设了1 000多个维修站。维修站的工作人员，技术娴熟，态度热情，修车速度快。在任何一条公路上，汽车出了故障，车主只要向就近的维修站打个电话，维修站就会派技术人员来帮助修理，或者将车拉到站里进行修理，一般的修理项目当天就能完成，不影响车主使用。

（资料来源：李海琼．现代推销技术．杭州：浙江大学出版社，2004.）

思考与讨论：

1. 奔驰汽车成功的秘诀何在？
2. 你认为企业的销售与服务是什么关系？

1. 端正服务心态

在实际的推销活动中，推销员对产品的介绍说明以及推销员的服务质量是顾客形成购买决策的一个重要依据。所以，推销员面对顾客要有耐心，热情接待顾客，能积极地从各方面了解顾客的真正需求和顾虑，以服务的心态与顾客建立起良好的朋友关系，帮助顾客树立购买信心，从而达成交易。

2. 学会与顾客相处

推销员经常在与顾客经过一番交谈后，从顾客的语言、行为、表情中判断出顾客不会轻易就下定决心购买，这时推销员千万不要认为顾客在浪费时间，仍要以礼相待，绝不能恶言相对，而且要表现出推销员的大度、宽容与自信，欢迎顾客“货比三家”后再来成交。要与顾客建立良好的朋友关系，提醒他帮助自己把产品介绍给有需要的亲戚、朋友。往往在这种环境中，一方面会促使顾客尽快消除疑虑，达成交易；另一方面，哪怕顾客暂时不需要，但一旦有需求就会想起你，或会帮忙转告有需要的亲朋好友；再者，就算顾客不买，也未能帮忙，但至少对你有好印象，不会对你造成影响。所以很多时候，有没有成交，业绩好不好，与推销员创造的环境氛围密切相关。

3. 尊重和赞美顾客

尊重顾客，就是要尊重顾客的人格、身份、地位以及权利。推销员要做到“顾客面前人人平等”，不以外貌、穿着等评价顾客。作为推销员，特别要加强自身素养，提高职业能力，学会赞美顾客，进行换位思考，关心顾客的需求，营造良好的成交氛围。

4. 把握成交时机

对于推销员来说，达成交易是最为关键的，顾客产生购买意图的时候就是最佳的成交机会，必须好好把握时机，及时促成交易。以下是推销活动中几个最佳的成交时机：顾客重新问及推销员已说过的某些重点内容，表示对产品有兴趣时；顾客提出异议，推销员给了一个圆满的答复，顾客信服时；顾客问及商品的市场反应或消费者的反馈意见时；顾客了解产品主要优点时；顾客用其他公司的同类产品、交易条件与本公司的产品和条件相比较时；顾客仔细研究产品、说明书、报价单以及询问售后服务时。

●知识拓展

成交环节中最易犯的十种错误

(1) 不能实现成交。你的顾客是各种各样的，许多顾客并不需要一个完整的推销展示过程，所以当顾客已经表示“买”时，你仍然按部就班地进行“推销”展示就是多余了。

(2) 有不正确的认识倾向。如果你对你自己或所推销的产品心存疑惑，你的顾客也会感受到，因而有可能拒绝从你这里购买。

(3) 每次拜访都没有提出成交请求。成功的推销员认为，应当使每次拜访都表现出为实现成交而做。

(4) 方法失效。推销员应有意识地促使自己学习和使用一些新颖的成交意向表达方式，懂得如何提出成交请求，并将提出的方法不断改进和提高。

(5) 推销展示做得不充分。要想实现成交，应确保顾客明白你的产品或服务的优点是什么。

(6) 没能不懈努力。如果在听到第一次“不”之后就泄气，你也将成交的可能性束缚起来了。

(7) 确定成交的时间过长。所有有经验的推销员都听说过有关成交之后又停止的事，所以一旦成交，应在感谢顾客之后立即离开。

(8) 缺乏演练。与同事进行演练，是提高成交技巧的一个好办法，也可以在与小业务往来的客户交往中演练，这样可有效地控制推销损失和获得有价值的销售经验。

(9) 没有选择方法。应该在心中留有一个或更多的选择方案，针对不同的顾客用不同的方法。

(10) 未见兔子先撒鹰。不应该指望每次推销展示都能进入提请成交的层次。记住：除非获得订单，否则你什么也没做成。

(资料来源：李海琼．现代推销技术．杭州：浙江大学出版社，2004.)

二、克服心理障碍

日本推销之神原一平把推销定义为：推销是一项报酬率非常高的艰难工作，也是一项报酬率最低的轻松工作。所有的决定均取决于自己，一切操之在我。我可以是一个高收入的辛勤工作者，也可以成为一个收入最低的轻松工作者。推销就是热情，就是战斗，就是勤奋工作，就是忍耐，就是执着地追求，就是时间的魔鬼，就是勇气。

成交是推销过程中的一个重要“门槛”，有很多推销工作人员对推销中的成交环节或多或少存在恐惧感，在推销过程中容易产生如退缩、自卑、急于成交等消极心理。

1. 退缩不前，担心失败

不少从事推销工作的人员，由于自身缺乏工作经验，未能做好迎接失败的心理准备，总是担心提出成交请求后会遭到顾客的拒绝，或者觉得很难为情，在顾客面前不敢主动提出成交的要求，致使一次次交易“无疾而终”。实际上，推销员要加强自身心理承受能力的训练，保持一种平常的心态，及时地做好自我心理调适，坦然面对成功和失败，不断磨砺自身意志。而对顾客对自己说“不”是很正常的事，不断鼓励自己“这个顾客不需要，下一个顾客总会有需求的”。同时能敢于不断提出成交请求，哪怕遭到拒绝，还可以重新推荐产品，激发顾客的兴趣，争取再次成交。

2. 缺乏自信心，产生自卑心理

有些推销员由于受到某些社会成见或传统观念的影响，对职业缺乏自信心，误解为推销就是自己有求于顾客，甚至认为用产品来换取顾客口袋里的钱是不道德的，认为推销就是欺骗顾客。持有这种不积极、不健康的心理的推销员在与顾客的洽谈中，势必造成被动的状态，始终处于下风，就算顾客已初步表明有购买的意向或需求时，也不能大胆地向顾客推销，从而与一张张订单“失之交臂”。其实，推销员对于自身职业要有高度的认同感，树立良好的自信心，正确认识推销是满足顾客的需求，为有需要的人提供优质服务，是光荣的职业。

3. 期望过高，急于成交

一些推销员对顾客缺乏耐心，过高地估计成交概率，往往向顾客介绍完产品，还没有了解顾客的内在需求、真实想法，或者顾客对产品还没有一个全面的了解，推销员就迫不及待地要求顾客成交，以致顾客产生怀疑，甚至误解，导致顾客加强戒心，产生抵触心理，拒绝成交。常言道“心急吃不了热豆腐”，作为一名推销员，要努力使自己与顾客拉近距离，成为顾客的“良师益友”，使顾客对推销员、推销及所代表的企业产生信任感，才能让顾客心悦诚服地购买产品。

做顾客的朋友

姜海洋是闽佳商行有限公司的外贸销售代理，自从进入这家以外贸出口为主营业务的公司以来，他的业绩始终名列前茅，特别是在开拓和维护关键客户的过程中，屡屡让他的同事钦佩不已。

在他的客户名单中，重要客户永远是需要真正贴心服务的。2005 年 12 月中旬，姜海洋从在美国联合航空公司工作的同学口中得知，由于国际市场油价高涨使得美国独立航空公司面临破产的危机。他突然想起自己的一个重要客户曾计划到美国洽谈进口水下通信技术设备的业务，订的从华盛顿到亚特兰大的机票正是这家航空公司的。于是马上打电话提醒该客户，但是由于美国独立航空公司的机票价格便宜，该客户不愿意更改。为了说服该客户，姜海洋亲自赶到该企业所在地，把客观的现实情况一一道来，经过一个多小时的劝说，终于使该客户换了另外一家航空公司的机票。

2006 年 1 月 2 日美国独立航空公司宣布从 1 月 5 日开始停飞。由于及时更换了航空机票，该客户到美国洽谈的事宜没有因此而耽搁。事后这个客户对姜海洋非常感激，由于姜海洋细致入微的服务，不仅避免了该企业的重大损失，而且这笔生意让该客户成功赚取了 53 万美金。

（资料来源：孟昭春．成交高于一切．北京：机械工业出版社，2007.）

思考与讨论：

1. 姜海洋为什么能想到客户所要搭乘班机的航空公司出问题会对客户有影响？
2. 你是怎么看待这件事的？

第三节　促成交易的技巧

●情景体验

马丽的成功推销

推销员马丽敲开了王先生的门，向他推销榨果汁机："王先生，您的同事李先生要我前来拜访，跟您谈一个您可能感兴趣的问题。"王先生打消了怀疑态度，让马丽进入室内。马丽全方位地讲解了榨果汁机的优良性能，并进行了精彩的示范。王先生表示出极大的兴趣，但是他认为操作步骤有些麻烦。马丽从容不迫地告诉他："操作起来是有些麻烦，但是考虑到其一流的质量和低廉的价格，这不算什么大问题。不会影响使用效果。"王先生点了点头。马丽乘机说："您喜欢黄色还是绿色？"王先生挑了一个绿色的，交易很快完成了。

思考与讨论：

1. 马丽用的是什么成交方法？
2. 试列举其他可以使用的成交方法。

一、请求成交法

请求成交法是一种最简单也最常见的建议顾客成交的方法，也被称为直接成交法。它是指推销员在觉察到顾客的购买信号后，直截了当地提议顾客购买推销品的方式方法。一般情况下，推销员和顾客经过一番交谈沟通后，顾客对产品或某项服务的基本情况有了一定的了解或认识，推销员就要适时把握住机会，提出成交要求，顾客也就感到顺理成章。

请求成交法适用于老顾客、理智型顾客、推销员觉察到顾客有较强烈的购买意向以及推销员对达成交易充满信心等情况。

下面几种情况可以使用请求成交法：

（1）建立良好关系的老顾客。例如："陈小姐，我们公司这几天搞周年庆祝活动，三折优惠，我帮您挑一套产品吧。"

（2）理智型顾客。例如："先生，您好！您对我们公司的产品都很内行，质量好，又显档次，如果没其他问题的话，我帮您开单吧。"

（3）有购买意向的顾客。例如：顾客试穿一对新皮鞋后，询问质地、材料时，推销员就可以这样对他说："您真有眼光，这款皮鞋是我们公司今年最畅销的产品，耐穿又耐看，买一双吧。"

二、局部成交法

局部成交法又称小点成交法，是指推销员利用交易活动过程中的次要方面来间接促成交易的成交方法。这种方法主要针对顾客面对大型的购买决策，心理压力较大，唯恐有失误，而面对相对较小的购买决策时，心态比较轻松，容易作决定的情况。推销员可以试着诱导顾客作出部分成交决定，等各个部分都作出决定，整个推销也就完成了。

犹豫不决的顾客

一位顾客来到摩托车店看了很久，始终拿不定主意要买哪一台。推销员说：

“您需要的是女式摩托车吧？”

“喜欢白色，对不对？”

“要求省油一点，而且刹车性能要可靠，对吧？”

“说到底就是这一款，它最适合您了，请过来看看。”……

三、假定成交法

假定成交法就是指推销员假定顾客已经接受推销建议，只需对某一具体问题作出答复，从而要求顾客购买的一种成交方法。这种方法回避了是否购买的问题，只就有关问题与顾客商议，只要使用得当，这就是一种很有效的方法，因为它暗示成交，可把推销提示转化为购买提示，可以把顾客的成交心理直接转化为购买行动。对老顾客、已发出购买信号的顾客以及重大异议已排除的顾客，询问的问题不应是关于商品本身的问题，而应是涉及如何交货、付款、保修及保管产品等问题，或是应该着手写订货单、开发票等。例如：“王经理，如果没什么问题，我现在打电话给厂里安排马上送货。”此时，如果顾客同意推销员打电话，也就意味着生意做成了。

四、选择成交法

选择成交法也称有效选择成交法，指推销员向顾客提供几种可供选择的购买方案，并要求顾客立即作出抉择，这种方法是假定顾客成交的前提下，提供可供选择的购买方案。先假定成交，后选择成交，顾客无论作出何种选择，导致的结果都是成交。这种方法很常见也很有效果，关键在于推销员运用时能把握好顾客的购买意向，为顾客提供适合他们需要的选择方案，且要注意尽量避免向顾客提出太多的方案，最好的方案就是两项，最多不要超过三项，否则很难达到尽快达成交易的目的。

选择成交法的优点：可以减轻顾客的心理压力，创造良好的成交气氛；有利于推销员掌握主动权，留有一定的成交余地。

巧选方法促成交

推销员："以车身的颜色来说，您喜欢灰色的还是黑色的?"

客户："嗯，如果从颜色上来看，我倒是喜欢黑色的。"

推销员："选得不错！现在最流行的就是黑色的！那么，汽车是在明天还是在后天送过去呢?"

客户："既然要买，就越快越好吧!"

经过这样一番话，客户等于说要买了，所以这时推销员就说："那么明天就送货吧。"这样很快就达成了交易。

五、限期成交法

限期成交法是指销售人员定期通过限制产品购买期限，鼓励顾客尽快购买的方法。例如："优惠时间从×号至×号，每人限购5件。"

六、从众成交法

从众成交法是推销员利用顾客的从众心理来促成顾客立刻购买的一种方法。通过吸引一部分有影响力或有代表性的顾客来带动其他顾客，有利于吸引和招揽生意，一旦形成某种消费潮流，有利于促成大量交易。例如："刘经理，这种冷热饮水机目前最流行，特别适合大公司的办公室使用。与贵公司齐名的××公司，办公室都换上了这种饮水机。"但这方法对喜欢标新立异的顾客不合适，这里的"众"一定要合适，如果顾客对所提示的顾客无好感，就会效果相反。

因此，在运用这一方法时应该注意以下问题：

(1) 推销员要有针对性地抓住顾客的从众心理，恰当选择有一定影响力的顾客。

(2) 推销员要有较好的职业道德，不能以虚假信息来蒙骗顾客。

(3) 推销员要将此法与广告宣传相结合，以提高企业及其产品的知名度，扩大社会影响力，进而吸引大批量的从众顾客。

七、保证成交法

保证成交法是指推销员向顾客提供某种成交保证来促成交易的方法。顾客在交易时，往往会害怕吃亏上当，提供某种保证，可以打消顾客的疑虑，使其觉得风险很小，从而增强购买的信心。例如："刘先生，我们VCD制作过程是非常严谨的，绝对没有问题。如果万一出现问题，请联系我们，我们将马上给您更换。"

八、优惠成交法

优惠成交法是利用优惠条件来促使顾客购买的方法。这种方法利用顾客的求利心理，以优惠条件来吸引顾客，采用的是优惠定价策略，对某些滞销商品有独到的作用。优惠成交法与最后机会成交法经常结合起来使用，威力更大。例如："节日促销价，优惠大甩卖。"

九、最后机会成交法

最后机会成交法是通过及时向顾客提示最后的成交机会而促使顾客立即购买产品的成交方法。这种方法利用人们"机不可失，时不再来"的心理，制造出有利于成交的环境氛围，而且这种方法确实给顾客带来了实际的好处，故会受到顾客的欢迎，有着较好的推销效果。例如："酬宾优惠最后一天。"

在运用最后机会成交法时应该注意以下问题：

（1）强调机会千载难逢，利用涨价或增加费用的信息刺激顾客欲望。

（2）机会一定要属实，不能"挂羊头卖狗肉"。

（3）牢记各种机会，适时使用。

（4）不能频繁使用，否则会失效。

十、激将成交法

激将成交法，也叫 SRO（Standing-room-only Close）成交法，是指推销员面对一个优柔寡断的准顾客时，用激将成交法促成该顾客立即采取购买行动。

但在应用这种方法时特别要注意说话的方式与方法，注意把握"火候"，千万不能有损顾客的自尊。例如："陈老板，经常听到你们员工称赞您爽直、大方，您肯定不会差这几十元小钱吧！"

十一、让步成交法

让步成交法是指推销员与顾客在洽谈活动过程中，在成交阶段的关键时刻退让一步，来满足顾客达成交易条件，从而促成交易的方法。例如："杨小姐，这套衣服您穿起来非常合身、漂亮！这样吧，今天我们先交个朋友，最低给您打 8.8 折，这个折就算我们作为员工都不能享受的！记得帮忙多介绍几个朋友来光顾本店啊。"

十二、饥饿成交法

饥饿成交法是指推销员通过运用营销方法使产品处于一种供不应求的状态来促成顾客成交的方法。例如，顾客在购买某商品时，若推销员说："对不起，这种商品现在缺货，明天才能进到货，要不等进到货时，我先帮您留一件，否则又没货了！”一般情况下，顾客听到这样的话，都会对该商品产生好印象，即缺货就意味着是好货，紧俏品就是好商品，肯定物有所值。

让顾客没有掏钱的痛苦

有家公司的总经理很奇怪地发现，他的某位雇员一天竟然卖了30万美元的货物，于是便去问个究竟。

“是这样的，”这位销售员说，“一个男士进来买东西，我先卖给他一个小号的鱼钩，然后告诉他小鱼钩是钓不到大鱼的，于是他买了大号的鱼钩。我又提醒他，这样，不大不小的鱼不就跑了吗？于是，他就又买了中号鱼钩。接着，我卖给他小号的渔线、中号的鱼线、然后是大号的渔线。接下来我问他上哪儿钓鱼，他说海边，我建议他买条船，所以我带他到卖船的专柜，卖给他长20米有两个发动机的帆船。他告诉我说他的车可能拖不动这么大的船，于是我又带他去销售区，卖给他一辆丰田新款豪华型‘巡洋舰’。”

经理后退两步，几乎难以置信地问道：“一个顾客仅仅来买鱼钩，你就能卖给他这么多东西吗？”

“不是的，”这位销售员回答说，“他是来给他妻子买针的。我就问他：‘这么美好的周末您还可以去钓鱼呀！’”

（资料来源：孟昭春. 成交高于一切. 北京：机械工业出版社，2007.）

思考与讨论：

1. 这位销售员是怎样一步步诱导客户成交的？
2. 这位销售员是如何帮助客户发掘自己没有意识到的需求，来实现成交的？

●本章小结

在推销活动过程中，成交是至关重要的阶段，推销员要时刻注意顾客的一言一行，能从顾客的表情信号、语言信号、行为信号来识别成交信号。

现实中，很多顾客的购买行为受外界的因素影响比较大，推销员要以服务心态、交际心理尊重顾客，营造成交环境，把握成交时机。同时，推销员要树立正确的职业观，克服心理障碍，勇于提出成交建议。

●思考与练习

一、单项选择题

1. 下列成交方法中最简单、最基本的是（　　）。

A. 请求成交法　　B. 假定成交法　　C. 选择成交法　　D. 从众成交法

2. “江经理，既然没有什么地方不满意的，那就请在这里签个字……”请问这位推销员采用的成交方法是（　　）。

A. 请求成交法　　B. 假定成交法　　C. 选择成交法　　D. 保证成交法

3. “吴厂长，先要 5 吨、10 吨还是 20 吨？”这位推销员运用的成交方法是（　　）。

A. 请求成交法　　B. 局部成交法　　C. 选择成交法　　D. 优惠成交法

4. “既然各厂家的货色没什么差别，对您来说，向谁购买都无所谓，可是对我却有完全不同的意义。所以，还是让我为您提供这项服务吧，我担保您会满意的！”请问这位推销员采用的成交方法是（　　）。

A. 请求成交法　　B. 假定成交法　　C. 选择成交法　　D. 从众成交法

5. “我们这款商品这段时间打折，价格才会这么便宜，今天是活动最后一天了，明天就要恢复到原价。”请问这位推销员采用的成交方法是（　　）。

A. 请求成交法　　B. 最后机会成交法　C. 选择成交法　　D. 从众成交法

6. 对某些滞销商品有独到的作用的成交法是（　　）。

A. 请求成交法　　B. 最后机会成交法　C. 选择成交法　　D. 优惠成交法

7. 在成交阶段的关键时刻退让一步，来满足顾客达成交易条件的成交方法是（　　）。

A. 请求成交法　　B. 让步成交法　　C. 选择成交法　　D. 从众成交法

二、多项选择题

1. 如果你是中高级住宅的推销员，根据你自己的经验和看法，下面哪些不是推销洽谈中的购买信号？（　　）。

A. 顾客提出有关价格异议　　B. 顾客问推销员有完没完

C. 顾客抱怨住宅的外观设计缺乏品位　　D. 顾客要求推销员留下联系电话

E. 顾客详细询问价格和付款条件　　F. 顾客索取并阅读有关的宣传资料

2. 下列现象中，属于成交信号的有（　　）。

A. 顾客询问新旧产品的比价　　B. 顾客用铅笔轻轻敲击桌子

C. 顾客打哈欠　　D. 顾客皱眉

E. 顾客询问能否试用商品

三、填空题

1. 饥饿成交法是指推销员通过运用营销方法使产品处于一种（　　）的状态来促成顾客成交的方法。

2. 在一般情况下，顾客表现出来的成交信号主要有（　　）、（　　）、（　　）。

3. 在实际的推销活动过程中，推销员对产品的（　　）、（　　）是顾客购买决策的一个重要依据。

4. 从众成交法通过吸引一部分（　　）或（　　）的顾客，来带动其他顾客，有利于吸引和招揽生意，促成大量交易。

5. 针对顾客面对大型的购买决策，心理压力较大，唯恐有失误，而面对相对较小的购买决策时，心态比较轻松，容易决定的情况所使用的成交方法叫（　　）。

四、判断题

1. 在推销过程中，推销员是主动的，而顾客始终是被动的。（　　）

2. 在整个推销过程中，成交是重要的阶段，关系到推销的成败。（　　）

五、问答题

1. 推销员如何创造成交机会？

2. 常见的成交方法有哪些？它们的优缺点是什么？

六、案例分析

1. 有一家国内名牌企业要寻找一个生产汽车电器配件的合作伙伴，本地几个有生产能力的单位都想抓住这一难得的发展机会。假定你是其中一个单位的公司业务部经理，厂长派你和生产科长一起去同对方接洽。你准备如何促成这单生意？

2. 克里斯·亨利（Chris Henry）是一个生产工业用阀门、密封圈及密封剂的公司的推销员，他正在反问壳牌石油公司（Shell Oil）的购买者格雷·马斯洛，希望他能使用 Furmanite 牌子的密封制品来防渗透。克里斯刚和购买者讨论完产品的特色、优点和利益，也说明了公司的营销计划和业务开展计划，他感觉到快大功告成了。以下是他们二人的对话：

克里斯：让我来总结我们曾经谈到的。您说过您喜欢由于快速修理能节省下来钱，您也喜欢因我们快速的反应而节省的时间，还喜欢我们的服务实行 3 年担保。是这样的吧？

格雷：是的，大概是这样吧。

克里斯：格雷，我提议让人到您那里去修理这些阀门渗透，您看是让我的人星期一来呢，还是别的什么时候？

格雷：不用这么快吧！你们的密封产品到底可不可靠？

克里斯：格雷，非常可靠。去年，我们为美孚（Mobil）做了同样的服务，至今为止我们都未因质量问题而返回修理，您听起来觉得可靠吗？

格雷：我想还行吧。

克里斯：我知道您经验丰富、富有专业性，而且您也认同这是一个正确的、有益的服务，让我安排一些人来，您看是下星期还是两周内？

格雷：克里斯，我还是拿不定主意。

克里斯：一定有什么原因让您至今犹豫不决，您不介意我问吧？

格雷：我不能肯定这是否是一个正确的决策。

克里斯：就是这件事让您烦恼吗？

格雷：是的。

克里斯：只有您对自己作出的决策充满自信，您才可能接受我们的服务，对吧？

格雷：可能是吧。

克里斯：格雷，让我告诉您我们已经达成共识的地方。由于能够节省成本，您喜欢我们的在线修理服务；由于能得到及时的渗透维修，您喜欢我们快捷的服务回应；而且您也喜欢我们训练有素的服务人员及对服务所作的担保。是这些吧？

格雷：没错。

克里斯：那什么时候着手这项工作呢？

格雷：克里斯，计划看起来很不错，但我这个月没有钱，或许下个月我们才能做这项工作。

克里斯：没有问题，格雷。我尊重您在时间上的选择，下个月 5 号我再来您这里，确定维修工人动身的时间。

思考与讨论：

（1）克里斯使用了哪些成交方法？

（2）克里斯是否应该再次提出成交？为什么？

七、实训题

（一）课内模拟演练：模拟推销

训练目的：学会识别成交信号，把握成交的机会，灵活运用成交方法促成交易。

方案策划：

（1）全班学生分为若干组，每组人数5~6人，并推选组长一名。

（2）每组每人必须向2~3位陌生人推销产品（鼠标、U盘、MP3、手机等），时间设定每人在5~10分钟，总时间不超过60~70分钟。陌生人可由教师选定或组内同学扮演。

（3）小组成员在进行推销活动时其他组员认真观摩，并记录其在推销过程中的优缺点及能否恰当运用推销成交方法。

（4）小组推销训练结束后，由组长组织小组成员进行组内互评、发表看法，指出优缺点，并汇总成员评议意见。

（5）选派1~2位组长上台总结本组成员实训情况，并分析成功与不足之处，以及改进方案。最后由教师点评及总结。

（二）课外实战训练：经营大赛

训练目的：结合自身资源，撰写推销计划，确定推销目标，了解并掌握推销产品的成交方法与技巧。

训练项目：校园真实经营大赛（经营范围：食品、精品、衣物等）

训练指导：

（1）成立经营大赛组织委员会，并确立经营大赛时间、地点，做好宣传工作。

（2）做好人员分组（5~6人），推选主要负责人一人。

（3）推销产品选定及洽谈工作（联系相应商家）。

（4）每组1~2个摊位，经营选定的产品，并提交推销计划与确定推销目标。

经营大赛结束后，认真总结：

（1）我组的产品为什么能/不能得到顾客的青睐？

（2）为了达成交易主要运用了哪些推销成交方法与技巧？

（3）本次经营大赛我组的推销目标完成了吗，为什么？

训练考评：

（1）根据产品推销目标的完成情况，分析本组在经营大赛的得与失。

（2）总结在推销期间，本组产品成功推销的成交方法。

（3）分析不同顾客促成交易的技巧。

（4）每组提交一份报告，总结本次本组在大赛中的长处与不足，并分析原因。

第八章　电话销售

● 能力目标

1. 能够针对不同类型顾客设计简明有效的电话开场白
2. 能够熟练针对某一主题有效拨打一个商务销售电话

● 知识目标

1. 了解电话销售前的准备事项
2. 掌握电话销售的重要技巧和方法
3. 熟悉电话销售管理的各种方法

● 能力训练重点

1. 设计电话开场白
2. 提高各种电话沟通技巧

第一节　电话销售准备

● 情景体验

如此拨打电话

小陈是某公司的电话销售人员。他曾给一家大型公司的刘总打过无数次电话来推销自己的产品，但每次打电话刘总都不在。当他再次拨打了刘总的电话时，也想当然地认为刘总还是不在。下面是一段小陈和刘总的对话场景：

小陈："您好，麻烦您找一下刘总。"

刘总："我就是，请问你是哪位？"

小陈听到话筒的那边就是刘总，便紧张起来，他根本没有想到会是刘总接的电话。

小陈：“啊……啊……您就是刘总啊，我是光明公司的小陈，我打电话给您就是，啊，就是……”

小陈这时已经语无伦次，他不知道该讲什么，也不知道该问些什么问题，因为他不知道自己打电话的目标是什么。

刘总：“我现在正忙着，回头再联系。”

（资料来源：姚迪雷．打出阳光业绩——电话销售场景应用技巧与经典范例．北京：人民邮电出版社，2008.）

思考与讨论：

1. 小陈的不妥表现在什么地方？

2. 分小组讨论：他打电话前应该做些什么样的准备？

一、电话销售的含义

电话销售简言之就是指通过电话推销产品和宣传公司业务。现今社会电话作为一种快捷、方便、经济的通信工具，在咨询和购物方面已日益普及。目前中国城市电话普及率已为98%以上。最新调查表明，居民家庭电话除了用于和亲朋好友及同事间的一般联系外，正越来越多地运用在咨询和购物方面，有65%的居民使用过电话查询和咨询业务，有20%的居民使用过电话预订和电话购物业务。现代生活追求快节奏、高效率，电话销售因此应运而生，且作为一种新时尚走进千家万户。电话销售要求销售员具有良好的说话技巧、清晰的表达能力和一定的产品知识。

二、电话销售前的准备

在打电话前，有很多准备工作要做，如客户资料的准备、产品知识的准备、精彩开场白的准备、纸和笔的准备、愉快心情的准备等。从开篇的电话情景体验中，我们可以看到在日常工作中，一些电话销售人员只是大概知道了客户的电话号码和一些很少的资料便毫无准备地拿起电话就打。一天中他们可以打很多电话，但是获得与客户面谈的机会很少。如同做其他重要事情，我们在每次给客户打电话前要做好充分的准备。如果我们把每一次的电话拜访都看成是可以影响将来发展的一件大事，从而进行充分的准备，那么每一次的电话拜访都应该是比较成功的。

打电话前要做哪些准备工作呢？主要体现在以下几个方面：

1. 确定沟通目标

打电话前一般要考虑以下几个问题：要找的人是谁？要与找的目标对象商讨哪些事宜？如果决策者不在又该怎么办？上述开篇案例就是小陈根本没有做好这方面的准备而导致电话沟通失败。

2. 设想电话中客户的情况并做好准备

在电话中，什么事情都可能发生，所以需要做好充分的准备。当打电话给客户时，可能会发生什么事情呢？

例如，当电话销售人员打电话给客户时，如果客户正在开会则另约时间打过去；如果电话需要转接则有礼貌地请转接人转接，并告知转接人已经与客户预约好通电话；如客户不在则问清楚什么时候回来再打过去。

无论如何电话销售人员必须有所准备，否则，销售人员可能会既想说，又觉得不合适，只好在电话中语无伦次、支支吾吾，无法达到目标。

3. 设想客户可能会提到的问题并做好准备

客户可能问到的问题很多，销售人员需要对客户经常问到的问题做到心中有数。例如，本公司有哪些产品，型号规格有哪些，相应价格是多少，都能用到哪些方面，适合哪些顾客，公司有什么特别服务，质量出现问题怎么办等，这些都需要电话销售人员对本公司产品和业务非常熟悉，具有丰富的专业知识。人们更尊重和信任专家型的销售人员，具有扎实专业知识的销售人员能更好地和客户沟通并迅速捕捉客户的有效需求，尤其是面对公司的产品系列和型号较多，没有平时的学习积累是做不到的。

4. 针对客户的需求准备相关资料

在给客户打电话之前，要尽量地去了解客户。只有准确地了解了客户的需求，才能有的放矢，赢得客户的关注。有时客户在电话中提出来的问题往往与公司自身情况、产品或服务、行业、竞争等有关，如果这些信息太多，而且变化太快的话，电话销售人员是没有办法记下来的。通常情况是在通电话前把这些信息制成相应的表格，这样在通话时随手就可以调出有关资料回答客户的问题。

5. 树立积极的态度

电话沟通是电话销售人员和客户之间的一场心理博弈，而要想取胜必须积极自信，具备良好心态。电话销售人员要满腔热情地对待工作，能活跃气氛、温暖人心，融化客户的冷漠拒绝，唤起客户的信任和好感。只有我们热情时，客户才会感觉到我们的产品和服务的价值。电话销售人员应该让每一个与自己通话的人都能感受到自己服务的亲切与热情。几乎所有人对电话推销方式都有一种本能的拒绝，因为他们在购买产品和服务时担心做错决定，他们本能地对电话销售人员产生怀疑或根本不想让他们知道自己的真实想法。因此，只有当客户听到销售人员热情洋溢的声音并且非常努力地想让他明白自己需要什么时，他才会体会自己此时的真正需要。

●知识拓展

岳军是某公司的销售员，在朋友的介绍下要将自己的软件推荐给一家公司使用。

岳军："您公司现在的办公软件怎么样？"

客户："那还是 1997 年安装的，现在都过时了。"

岳军："那您对正使用的软件不满意的地方在哪里呢？"

客户："主要是速度太慢……"

岳军："这对您影响大吗？"

客户："当然，说白了公司现在不得不两个人做一个人的事。"

岳军："我个人认为您应该马上解决这些问题。"

客户："那还用说，能解决的话公司可以省很多钱，而且不用那么难受了。"

岳军：“那您理想的软件包括什么呢?”

客户：“主要包括……”

岳军：“那您不觉得现在要尽快解决这些问题吗?”

客户：“我一直想着手做，就是没时间。”

岳军：“我有一个解决办法……”

最后岳军赢得了这个客户，他将客户的思路引到了自己的方向，因为在电话沟通前他做了充分的准备。

（资料来源：姚迪雷．打出阳光业绩——电话销售场景应用技巧与经典范例．北京：人民邮电出版社，2008.）

三、设计电话开场白

开场白就像一本书的书名，或报纸的大标题一样，如果使用得当的话，可以立刻使人产生好奇心并想一探究竟。反之，则会使人觉得索然无味，不再想继续听下去。

成功的开场白能迅速抓住客户的心，让他们明白这个产品和服务对他们有益，并乐意参与进来，希望获得帮助。那些毫无意义的开场白只会招致对方的拒绝。

开场白或者问候语是电话销售人员与客户通上话后在前30秒钟内所讲的话；或者说是销售人员所讲的第一句话。这可以决定客户对销售人员的第一印象，要记住，虽说我们不要以第一印象来评判一个人，但我们的客户经常用第一印象来对电话销售人员进行评价。如果说对于大型的销售项目，第一印象相对来讲并不太重要的话，那么在电话销售中，第一印象是决定着销售人员这个电话能否进行下去的一个关键因素。

在这个阶段，如果电话销售人员是主动打电话给客户的，那他的开场白就很重要；如果是客户主动打电话给电话销售人员，那他的问候语就显得很重要了。开场白要达到的效果是使陌生的电话变得不陌生，不陌生的电话变得像朋友在聊天。

下面介绍几种常见的电话销售开场白。

1. 开门见山法

销售人员：您好，刘小姐吗？我是光明公司的营销顾问陈大力，打扰您休息了，我们公司现在做一次市场调研，能否请您帮个忙呢?

刘小姐：没关系，是什么事情?

2. 借故开场法

销售人员：刘小姐，我是光明公司营销顾问陈大力，我们没见过面，但可以和您交谈一分钟吗?

刘小姐：我现在很忙啊。

销售人员：那我一个小时后再打给您好吗?

刘小姐：好的。(销售人员马上主动挂断电话！)

(一个小时后……)

销售人员：刘小姐，您好！我是陈大力。您叫我一小时后来电话的……

3. 引荐开场法

销售人员：刘小姐，您好，我是光明公司的营销顾问陈大力，您的好友王华是我们公司的忠实用户，是他介绍我打电话给您的，他认为我们的产品也比较符合您的需求。

刘小姐：王华？我怎么没有听他讲过呢？

销售人员：是吗？真不好意思，估计王先生最近因为其他原因，还没来得及给您引荐吧。您看，我这就心急地主动打来电话了。

刘小姐：没关系的。

销售人员：那真不好意思，我向您简单地介绍一下我们的产品吧……

4. 故弄玄虚法

销售人员：刘小姐，您好，我是光明公司的营销顾问陈大力，最近可好，不知您还记得我吗？

刘小姐：还好，你是？

销售人员：是这样的，我们公司主要是销售“娇雪贝儿”美容产品，您在半年前给我们打过咨询电话来购买，我们曾提供给您一些试用产品。这次打电话给您，就是想咨询下您对我们的产品还有什么宝贵的意见和建议吗？

刘小姐：你打错了吧，我用的不是你们的产品。

销售人员：不会吧，难道是我的客户回访档案记录错了？真不好意思，能冒昧问下您当前使用的是什么品牌的美容产品吗？

刘小姐：我现在使用的是“无限美”美容产品……

5. 利益接近法

销售人员：您好，请问是刘小姐吗？

刘小姐：是的，什么事？

销售人员：您好，刘小姐，我是光明公司的营销顾问陈大力，今天给您打电话是因为贵公司对我们公司一直以来的大力支持，非常谢谢您！

刘小姐：这没什么！

销售人员：为答谢老客户对我们公司一直以来的支持，公司特准备一次优惠酬宾活动，我想，刘小姐一定很感兴趣的！

刘小姐：那说来听听！

6. 求教开场法

销售人员：您好，请问刘小姐吗？

刘小姐：是的，什么事？

销售人员：我是光明公司的营销顾问陈大力，我打电话给您的原因主要是不少客户都反映现在的美容产品多是治标不治本，一旦停止使用，马上就会反弹，想请教一下您对这种问题的看法。

刘小姐：是的，的确很多客户这样反映，我认为……

有效开场白的目的就是让客户在最短时间内对电话销售人员感兴趣、对谈话内容感兴趣，在交谈中能够很快进入关键话题，而不是很快挂断电话。它对每个电话销售人员来说都是成功的敲门砖。因此在与客户交流中要注意：首先利用开场白吸引客户注意，借此拉近客户的距离，不要一开始就介绍自己的公司和产品。

一个电话销售人员的开场白

陈志良："您好！我是天地销售培训公司的陈志良，您的一个朋友王志艾（停顿）介绍我给您通这个电话的（假如有人介绍的话）。我不知道您以前有没有接触过天地销售培训公司。天地销售培训公司是国内唯一专注于销售人员业绩成长的专业服务公司。我打电话给您，主要是考虑到您作为销售公司的负责人，肯定也很关注那些可以使销售人员业绩提高的方法。所以，我想与您通过电话简单交流一下（停顿）。您现在打电话方便吗？我想请教您几个问题（停顿或问句），您现在的销售培训是如何进行的呢？"

（资料来源：张烜搏．一线万金——电话销售培训指南．北京：人民邮电出版社，2003.）

思考与讨论：

1. 结合该案例谈谈陈志良的电话开场白使用了什么方法？
2. 该案例对你有什么启发？

第二节　电话销售技巧

●情景体验

接听电话

推销员："您好，这里是阳光传真设备有限公司，请问我能帮您什么吗？"

客户："你们还有按特价供应的传真机吗？"

推销员："××传真机正是您想要的那一种吗？"

客户："是的，是我想要的那一种。"

推销员："好极了。我可以在今天或明天和您进一步谈谈。是您到我们的展销厅来，还是我去拜访您好呢？"

（资料来源：一分钟情景销售技巧研究中心．电话销售．北京：中华工商联合出版社，2005.）

思考与讨论：推销员是用了什么技巧把客户的咨询引到面对面的销售拜访中来的？

一、电话接听技巧

接听电话是一种优雅的艺术。但很多人没有充分利用这种艺术，而成功的电话销售人员知道如何去把握来自任何一个客户的电话。

接听电话远远比打陌生电话去寻找客户要重要得多，既然客户愿意主动打电话过来，在一定程度上表明客户是极可能有这个需求的，而且对你所在的公司有一定的信任，电话销售人员还省去了寻找客户、绕过前台或总机、寻找客户兴趣点等电话销售步骤。

提到接听电话，也许很多人认为这是非常简单的事情，其实不然。一般来说，接听电话有以下流程：

1. 了解并问候客户

如果电话的第一阵铃声还没有响完就抓起电话，你可能会吓着对方或让人觉得你太迫不及待，要是你让电话响上六七声或十几声才去接，人家会认为你没有接电话的诚意。正确的时间是铃响第三声拿起电话。

拿起电话后，电话销售人员一般要在客户讲话之前用标准的语言说："您好！我是××公司的营销顾问××，请问有什么可以帮到您？"之所以要先说，是因为电话销售过程中需要你去引导客户，不是让客户引导你，如果客户先说话并先提出一个问题，电话销售人员可能就失去掌控销售的主导权，被客户牵着鼻子走。在接听电话的时候不要急于介绍产品，先了解客户的具体称呼才是关键。

2. 了解客户知晓公司的渠道

例如，"刘先生，顺便问一下您是从哪里知晓我们公司电话的？"由于这个问题给客户的压力很小，并且是主动打来的，一般客户愿意正面回答，而电话销售人员可以从中探寻到很多重要的信息资料。如果客户表示是通过网络搜索方式知道该公司的，则可以肯定客户一定会按照搜索引擎的顺序，一个个打下去，而电话销售人员可从搜索引擎靠前的几个公司中推测出竞争对手的大致范围，这样在接听电话时就可以指出竞争对手产品的局限性，从而更加有针对性地宣传自己的优势。

如果客户说是通过朋友介绍的，那就暗示公司曾经为他的朋友服务过，并且对公司的产品和服务还满意。电话销售人员就找到了一条建立信任关系的桥梁，通过客户的朋友增进彼此的关系。如果最后谈到报价，就直接以他朋友从前的报价标准为基础。

3. 搜索客户的信息资料

知道客户的信息越多对销售越有利，因此，电话销售人员在接到客户电话后，利用网页搜索引擎去搜索相关的资料，对双方今后的沟通是大有裨益的。例如，我们可以搜索客户的电话号码、客户的公司名称、客户的姓名。

4. 发掘客户需求并推荐产品

了解客户的现状和期望，进而发掘客户的问题点和需求，再推荐和顾客需求相符合的产品，给客户提出解决问题的一揽子方案。

当然电话销售只有很少一部分会有随后的成交，但不能因此就不重视接听电话，你的客户不会刚和你接触就确定买你的产品，同时你也无法判断哪个电话是最重要的，所以，我们要认真接听每一个电话，认真对待每一个潜在客户。

在接听电话过程中，电话销售人员还要注意以下很多细节方面的东西。

(1) 不要拿起话筒就讲"喂"，而应该用自然、友好的语调讲："早上好，这里是光明公司，我是××，请问怎样才能帮到您？"

（2）对接触不是很久、不是很熟悉的客户，不要在电话中表现得太过热情。

（3）不要给客户一种印象，那就是我们好像检察官一样在盘问客户，而应礼貌、友好。

（4）不要与被激怒的客户对抗，在这种情况下，无论客户有理还是无理，首先要向对方道歉。

（5）调整自己的语速去配合客户，随时保持微笑。

（6）当客户给你打电话时，你如果不在，应该当天回电给对方。如果你没办法回电，则应该在两天之内请别人替你回电。

（7）有时客户让你传话找人，你应当非常有礼貌地告诉客户："请您稍等。"如果客户要找的人不在，我们也应当有礼貌地讲："很对不起，让您在电话中久等了，他暂时占线，请问您是否方便留下您的电话，我让他马上回电话给您。"一般来讲，让客户在线上等候的时间不应超过30秒。如果客户坚持要等下去的话，也应当告诉他可能会等很久，让客户有个心理准备。

一个潜在购车人的电话咨询

客户："你好，我想问一下你们的奥迪车有哪几款？"

销售顾问："您好，您喜欢哪个款式的？"

客户："比较喜欢A6，能介绍一下吗？"

销售顾问："当然，A6是第一部国产型豪华轿车，不仅质量好、动力性好，而且安全性也一流。请问您是什么公司的？"

客户："不用问我哪里的，你介绍车就行了。"

销售顾问："重点介绍什么方面还要尊重您的意见，我感觉您是律师。"

客户："我不是律师，不用问我做什么，你就从安全性介绍起。"

销售顾问："您别介意，上周有一个客户来买了一辆A6，他说他们公司的一位律师也要买一辆，说的也就是今天这个时候，我听着您精练的话语还以为您就是那位律师呢。"

思考与讨论：当客户打来电话询问业务，你想多了解一些客户的信息以便制订跟踪计划，但客户不愿主动说出自己的详细资料，你将采用何种方法让那个客户说出自己的相关信息？

二、绕过总机/秘书的技巧

在某些大公司，电话总机或经理秘书对推销电话总是防范性很高，因为经理的时间有限，不能每件事都事必躬亲，所以打电话绕过总机是个问题。在这种时候，电话销售人员应该转变策略，运用一些技巧。

1. 细心礼貌待人

打电话的语气要像是打给朋友一样，比如："早上好，请问老张在吗？"还可以记住秘书的名字，并不断重复提及，让对方感到自己很特别、很重要。

2. 摆明高姿态

遇到总机阻挠的情况，不要和对方浪费时间，直接表明自己的高姿态。“你跟陌生人通电话就是这语气吗？是你经理教你这样的吗？”“既然你不愿转接，能不能告诉我你的名字，如果贵公司有人打电话来询问，我也好告诉他我跟谁已经谈过了。”

3. 重要性暗示

进行重要性暗示时，接线员一般会提高注意力，不然责任可负担不起。例如，接线员问你什么事时，你可以说“是私事，是我和经理之间的私事，你可以代替他处理他的私事吗？”或者“你经常在领导身边，这些事比别人更清楚。”“这不用我说你也明白，现在价格战打得厉害，我就是跟经理谈谈价格问题。”“你不转接这电话，你的公司会因此失去赚钱的机会，你愿意承担责任吗？”

4. 适当保持沉默

有时销售人员把电话打过去发现秘书心不在焉、爱理不理，这时可以给对方适当压力，在接通电话后，电话销售人员可以有意保持沉默，根据经验这时秘书会产生一定的心理负担，一般会主动询问，但气势上已经矮了一截，此时销售人员可趁势直接询问，达到你所要的目标。

5. 以“回电”为理由

接通电话后，如果接线员或秘书问：“找王总什么事？”这时候我们可以以其人之道，还治其人之身，说：“是王总让我回电话的，我也不知道什么事！”回答时语气要坚定、自然。对方因为不知底细，又怕承担误事的风险，于是帮销售人员接通王总的电话往往是大概率事件。

绕过总机/秘书实例二则

销售人员：“您好，麻烦您帮我转下李经理。”

秘书：“现在忙音，待会儿再打过来吧。”

销售人员：“您都没帮我转怎么说是忙音呢？”

秘书：“你这人真啰唆，让你等会儿没听见？我是说我现在很忙！”

销售人员：“请问您贵姓？”

秘书：“这不关你的事。”

销售人员：“您接电话都是这态度吗？好吧，既然您不愿转，我也不勉强，不过到时你们老总打电话过来，我将您的情况如实反映一下。”

秘书：“实在对不起，刚才我太忙了，我现在就帮您转。”

销售人员：“您好，是光明公司吗？”

秘书：“请问有什么事情？”

销售人员：“我找王总有点急事。”

秘书：“他现在很忙，没时间接电话。”

销售人员：“我昨天已经和他约好今天这时通电话的，麻烦您通知下他好吗？”

秘书：“要不你先跟我说，我等会儿传达给他。”

销售人员："跟您说当然可以，但您能做主吗？到时候贵公司损失了利益可别怪我哟。请告诉我您的姓名吧，如果你们老总再打电话过来，我就说跟您汇报过了。"

秘书："稍等，我帮你转。"

思考与讨论：上面两个案例用到了什么方法巧妙化解了秘书的阻拦？

三、电话沟通技巧

一名优秀的电话销售人员在面对一个非专业的客户时，一定要将自己的专业知识用通俗的语言表达出来，这就是电话沟通的技巧。

电话通话过程中，一般电话那边的客户会有所保留，不会轻易把他的情况和真实想法告诉你。因此，电话销售人员应该掌握一些基本的沟通技巧，让客户不知不觉地把很多本不想告诉你的事情，一五一十地告诉你，让你更全面地了解对方的真实状况。

1. 懂得赞美

人人内心都渴望被赞美，赞美的语言有时的确能起到神奇的效果。请看下例：

中国电信的电话销售人员小王要向客户推广宽带上网，向客户介绍后，客户认为没有什么用处，便拒绝了他。下面是小王遭到拒绝的对话：

客户："我平时很少在家，还是算了吧。"

小王："没关系，小姐，您是不是播音员啊，声音听起来特别舒服。"

客户："你怎么知道？我的确在电视台工作。"

小王："没有啊，只是感觉，和您通电话真的感觉特别好。小姐，您看其他还有什么方面需要我帮助您的吗？"

客户："我前一段时间看到电信宣传小灵通，你可不可以给我介绍一下？"

小王："当然没问题……"

如果电话销售人员平时不吝啬自己的赞美，他会发现和客户的交流会变得越来越容易。

2. 表达同理心

"人同此心，心同此理"。你的一个朋友来你家串门，向你哭诉，说他的小孩子不听话，天天爬上爬下的，这不，又从楼上摔下来了，摔得脸都青了。这时如果你说"现在的小孩子都是这样的"，这就是同理心。在电话推销中表达同理心就是站在客户的角度理解他、关心他，让客户确实感到你是真心在为他们解决问题，从而解除戒备心理。同理心和赞美一样，是电话沟通中的"润滑剂"。表达同理心可以采用下面几种方法：

（1）向客户表示同意他的看法。

（2）向客户表示理解和体会他此时的感受。

（3）向客户表示自己也遇到类似的难题。

（4）向客户表示他们的问题没有被解决的确会产生严重后果。

请看下面一个真实的电话推销情景对话：

销售人员：李经理您好，我是广州一点就通咨询公司的陈美婉，今天打电话给您是有件重要的事情想麻烦您一下。

客户：什么事情？你说！（客户在电话里声音很大）

销售人员：我……（沉默）。

客户：干什么？我不是叫你说吗？（客户再次大声吼叫）

销售人员：我是很想说，但我说不出来，因为听您说话，我很害怕，心里紧张。本来我是想好了怎么跟您说的，但被您这么一吓，我全忘了。

客户：哦！不好意思，真的把你吓着了吗？我现在有点事，你有什么事说吧！（客户的语气立即有了很大的转变，还带着一点歉意）

销售人员：没关系的，如果您现在很忙的话，我下午再打电话给您吧！

客户：好的。

销售人员：那您看我是下午几点给您打电话比较方便呢？

客户：两点以后吧！

销售人员：好的，我会在两点半给您一个电话的，谢谢！

（下午 2 点 30 分）

客户：你好，请问哪一位？

销售人员：李经理您好，我是今天上午被您吓着的那个小女孩，陈美婉。

客户：呵呵（客户大笑），行，有什么事情，现在你可以说了。

销售人员：好的，是这样的，考虑到整个 IT 行业目前都在关注电话营销这种销售模式，不知道贵公司目前销售产品的时候有没有使用这种销售模式呢？

（以后的对话均很顺利。两个星期后，这位李经理引进了电话营销培训课程）

（资料来源：李向阳，舒冰冰．打遍天下．北京：人民邮电出版社，2006.）

第三节　电话销售管理

●情景体验

情绪影响状态，状态影响结果

2006 年 7 月 1 日，中国飞人刘翔在瑞士洛桑举办的田径黄金大奖赛上，以 12 秒 88 的成绩打破了尘封 13 年之久的男子 110 米栏世界纪录，书写了一名黄种人在世界短距离田径比赛中的传奇。在赛后的专访中，教练表示这与刘翔一直以来的努力和天赋是分不开的，同时更提到一句几乎所有创造辉煌纪录的运动员和教练常讲的一句话——“他今天的状态很好！”

2007 年 9 月 28 日，同样是男子 110 米栏决赛，同样是黄金大奖赛，同样是刘翔，只不过地点换成了他的家乡——中国上海，在这场家门口的比赛中，中国飞人只遗憾地跑出了 13 秒 21 的成绩，与胜利失之交臂。在赛后的专访中，教练仍然用了几乎同样的话语来总结今天失利的原因——“他今天的状态不是很好！”

（资料来源：李智贤．电话销售实战训练．北京：机械工业出版社，2008.）

思考与讨论：你们认为情绪状态很重要吗？怎样来克服不佳的情绪状态？

一、电话销售情绪管理

很少有人会真正意识到，很多时候成功并不取决于我们所拥有的专业技能，而是更多取决于当时的状态。在电话销售中，即使是一位平时表现得非常优秀的电话销售人员，在他状态不佳的时候，辛苦一天也一无所获；而一位平时表现普通的电话销售人员，如果今天遇到喜事，精神很好，处于巅峰的状态，则完全有可能创造出不同凡响的业绩。这说明了情绪对于电话销售人员的重要性。

如果把一个电话销售人员的能力比喻为水流，则他的情绪掌控能力就好比控制水流量大小的龙头，如果水龙头没有打开，再强的能力也无法发挥，水流量的大小取决于水龙头开启的程度。那么如何来调整不佳的情绪状态呢，我们可以用转换思考方向和调整身体语言两种方法来进行调节。

1. 转换思考方向

电话销售人员会比较容易遭受客户的种种拒绝，甚至偶尔遭受客户的粗暴对待，所以，很多电话销售人员十分容易陷入烦恼、泄气、伤心、痛苦的负面情绪中。在电话中遭受到客户莫名其妙的一通痛骂，通常我们与之对应的正常思维模式会是伤心和失望，而这种正常的思维模式会将你引导到负面情绪中，进而影响到与下一个客户的沟通效果。那么，电话销售人员如何才能迅速扭转自己的思考方向呢？答案非常简单，就是给自己提出一个新的问题，改变自己的思维途径。

任何问题都有两面性，称为积极面和消极面。很多电话销售人员已经养成了遇到困难首先看到消极面的习惯，而忽视了问题的另一个方面。一个人无论在什么样的环境下，都有调整自己心情的必要，关键在于作出何种选择，是问自己“为什么这么倒霉”还是问自己“我现在要怎样做，才能让自己重新开心快乐”，决定权完全掌握在自己的手上。

2. 调整身体语言

我们每一种情绪反应的背后，除了有相对应的思考方向之外，还需要有相对应的身体语言相配合，即身心合一。如果电话销售人员能够主动调整自己的身体语言，包括呼吸、面部表情、肢体动作等，也可以改变自己的情绪，这种调整情绪的方法被称为调整身体语言法，比如，难过这种情绪，相对应的身体语言就应当是呼吸较弱、面部呆滞、双目无神、肢体僵硬等；而快乐这种情绪，相对应的身体语言就应当是面带微笑、手舞足蹈、充满活力等。

想要让自己随时处在积极的情绪反应下，电话销售人员就要“动”起来。比如，情绪低落的时候，可以去爬楼梯或者跑几圈步，等到身体活动开的时候，自然会感觉精力充沛，同时在脸上挂满灿烂的笑容，展现一副春风得意的状态。这样的身体状态，心情想要不好都难。

二、电话销售声音管理

电话销售原本就是一门通过声音与客户交流的艺术，电话销售人员与客户可能相隔万水千山，但会凭借无穷的声音魔力使客户倍感亲切，从而将自己的内心想法和盘托出，打开自己的心扉和销售人员继续交流下去。一般来说，每说两句话要有意识停顿一下，说话节奏要抑扬顿挫且富有变化，声音大小以对方能听清为宜，用标准普通话说话，不要引起歧义。这些看似简单，但如果不注意训练，销售人员一讲话，客户听着就乏味，觉得你在例行公事，只想挂电话，那么这样的销售结果可想而知。电话销售人员要想在打电话时表现出声音的魅力，应该时刻注意如下原则：随时保持微笑；保持正确的姿态；吐字清晰；充满热情；注意语速缓急；语气、语调的轻重抑扬；语言连贯。

三、电话销售时间管理

电话销售时间管理是电话销售人员对自己的时间进行科学安排、执行和监督的过程，时间管理的目的就是要提高工作效率，用最短的时间处理最多的事情，用最短的时间取得最大的销售业绩。要做好时间管理，就要管理好使用时间的行为。要清楚时间管理的问题所在，找到这些行为背后的原因并积极改正，最大限度地提升自己的时间管理技能。

一般来说，电话销售时间管理可以从以下几方面来进行：

1. 列出工作目标

首先，目标必须清晰，工作目标就像打靶一样，只有知道靶心在哪里，才能命中它；其次，目标的设定要有明确的时间期限，今日事今日毕，不要为拖延任务找借口；最后，目标的设定要有挑战性，既不脱离实际，又能激发自己的斗志。

2. 分解工作目标

分解工作目标就是根据总任务进行目标分解，根据每年的总体工作任务分解到每月要完成多少业务量，根据约见客户见面的概率和平均每个客户订单的交易额，可以知道每天要打多少个电话，这样有了工作的方向，做起事情来就不会手忙脚乱。

3. 分出轻重缓急

所有的工作按照重要性和紧急程度可以分为以下四种：

（1）很重要、很紧急的事情，是你必须以最快速度解决的，列为最优先处理级别。

（2）很重要、不紧急的事情，在处理完成上面的事情后，再完成此类事情。

（3）很紧急、不重要的事情，如发传真和邮件等，在以上两类事情处理后再处理。

（4）不重要、不紧急的事情，如书写工作日志等，放在空闲时间去处理。

工作任务按照轻重缓急进行划分，做起事情来就不会失去主次，当然会有条有理、得心应手。

4. 清理办公环境

办公环境整洁而有条理自然会帮你保持愉快的心情去工作，但是很多人并没有认识到这一点。例如，很多人办公桌面一团糟，桌面东西杂乱，又没有具体的分类方法，每天找资料都会花费很多时间，这样怎么会有工作效率？桌面上最好只放置和电话销售有关的资料。如果是需要随手拿到的重要资料，可以使用垂直的多层公文架等，这样可以在最小的空间放置更多的物品。

5. 学会使用授权

通过授权让其他人帮助你完成一些事情，这也是节约时间的好方法。通常比较规范的电话销售团队都会有专门的销售助理，负责发传真或邮件等工作，自己则可以集中精力做重要的客户开发工作。

6. 进行客户分类

客户并没有高低贵贱之分，但是客户有等级之分，不是每位客户都能带来同样的价值。所以说，我们应该凭借对客户过去的交往记录和订单状况，以及对客户单位或个人的资格审查来对客户进行等级分类。这是提高工作效率的前提和基础。

●工作任务

公司规定你今年要完成240万元的化妆品销售额，根据以往经验电话约见率是20%，见面成交率是10%，平均每位客户订单为1万元，每月你工作25天。试对工作目标进行分解，分解到每天要打多少个电话才能完成你的年销售额。

●案例与思考

电话销售人员与客户沟通一阵子后，原则上同意购买。

“可以考虑再次合作，不过，订两年的话，时间太长，目前不需要。不是‘买一送一’吗？干脆送也不要你们送了，直接按半价订一年的服务好了。同意的话，我马上就可以签约。”

“刘经理，谢谢您的直爽，您这样也是想为贵公司争取更多的利益，我完全能够理解。但这可是让我这个没多少工作经验的小姑娘特别为难。答应您吧，我又怕回头挨经理的骂，毕竟公司没有开过这样的先例。不答应吧，您又不肯给我机会。我心里真的好难受！好难受!! 刘经理，您看，要不这样好不好？您也别说什么‘半价’，我呢，也硬着头皮向经理去申请，争取最大限度的优惠。但能不能成功，我心里也没底，如果没争取到，请不要怪我。您能不能告诉我，最多在什么价位可以考虑呢？”

“最多不超过2 000元。”

“刘经理，这个条件，个人感觉还是稍微太高了点啊，差不多优惠30%了！不过，我还是向经理请示后再说吧。如果能尽力争取到一些优惠，您今天就可以签合同吧？”（其实，销售人员自己可以决定，是在运用“请示首长”的策略。）

“那看你能争取多大优惠。”

（半小时后）

“刘经理，恭喜您！没想到您的运气真是太好了！我们经理同意再给您优惠，要知道，这种情况是很少发生的，我也不知道今天是不是经理心情特别好，反正挺意外的，真的。经理答应再优惠20%，也就是，2 500元。同时强调，多送的一年服务，本身就是在优惠价之外给老客户的特别回馈，其他客户是没有这一项优惠的，所以，没办法抵扣现金，请您一定要理解。再说，多送一年的服务，也不用您公司多掏钱，反正用得上嘛，对不对？”

“既然话说到这份上了，我也不再与你们计较了。老实说，500元钱，对公司来说也不是一笔什么大数目。行，我也不想让你一个小姑娘为难了。”

“理解万岁！刘经理。那小丽等下就把合同发过来，麻烦您确认一下地址和收件人联系方式。”

“好的，我发个信息给你。”

“刘经理，请问您是付现金，还是转账呢？”

“当然是转账方便嘛，难道这么远你专门上门来收钱？”

“也是。好的，刘经理，恭喜您！争取到这么大的优惠。我马上就发合同，收到麻烦您回复一下。”

“好的。”

“谢谢！再见！”

（资料来源：赵柳村. 电话销售十步到位. 北京：中国财富出版社，2015.）

思考与讨论：

1. 电话销售人员在处理顾客异议与讨价还价时的表现有什么亮点？

2. 电话销售人员在成交阶段是如何促成交易的，对你有什么启发？

●本章小结

电话由于具有成本低、时效快、接触面广等特点，如今越来越被许多公司用来当作寻找客户、与客户进行沟通，进而达到销售目的的一种有效工具。本章结合当今最流行的电话营销理论和翔实的生活实例对电话销售进行了归纳总结。

●思考与练习

一、电话销售知识综合测试

以下所有测试应凭借自己的直觉以最快速度来答，以准确测试你的电话销售的综合能力。

1. 我清晰地知道我的目标客户定位，并且能够拿到他们具体姓名、公司名或者手机号码的客户资料比例是（　　）。

A. 30%以上　　B. 10%以上　　C. 5%以上　　D. 5%以下

2. 声音、词汇与说话艺术是电话沟通的关键因素，我的层次是（　　）。

A. 知道做不到　　B. 做得不够好　　C. 做得很好

3. 销售的关键是了解并想办法满足客户的需求，你认为（　　）。

A. 正确　　B. 错误　　C. 不清楚

4. 面对前台或者总机，你通常采用以下哪种方法处理？（　　）

A. 坚持不懈　　B. 介绍产品利益　　C. 用真诚打动他们　　D. 找个理由绕开

5. 我们要在销售中间带给客户快乐，而不是痛苦，你认为（　　）。

A. 同意　　B. 反对

6. 我们要热爱拒绝，要将拒绝看成是成交的开始，你的看法是（　　）。
A. 同意　　B. 同意部分　　C. 不同意
7. 客户最终选择的产品应该是性价比最好的产品，你的看法是（　　）。
A. 正确　　B. 不正确
8. 在产品推荐的过程中，你需要首先介绍的是（　　）。
A. 问题　　B. 好处　　C. 产品特性　　D. 良好状态
9. 客户喜欢还是不喜欢一个人，主要是依据（　　）。
A. 态度　　B. 喜好　　C. 道德与价值观　　D. 声音
10. 与陌生客户第一次通电话时的开场白，通常你的沟通重点是（　　）。
A. 自我介绍及陈述电话目的　　B. 介绍产品好处
C. 尽量让客户感到好奇　　D. 打听客户情况

二、电话销售管理综合测试

1. 电话销售情绪控制测试（完成以下测试，根据你的实际情况在对应项上打“✓”）

测试类型	是	否
（1）客户很粗鲁地拒绝我时，我心里难过了好半天。		
（2）我喜欢和别人谈论“电话销售真难做”之类的话题。		
（3）一到公司，我就觉得很紧张，拿起电话更加紧张。		
（4）我很害怕和陌生的客户交流。		
（5）遇到不开心的事情，我总是将它闷在心里。		
（6）遇到无理取闹的客户时，我很烦恼。		
（7）我总觉得自信心不够。		
（8）身体总是很僵硬，总觉得无精打采。		
（9）早会或者午会时，激励的活动我不想参与。		
（10）从来没有问过自己“这件事有什么好的一面”、“我现在应该如何做，才能让自己快乐起来”这样类似的问题。		

2. 电话销售声音控制测试（完成以下测试，根据你的实际情况在对应项上打“✓”）

测试类型	是	否
（1）我能够根据客户的说话速度，调整自己的说话速度。		
（2）说话的时候，我总是面带微笑。		
（3）打电话时，我总是保持正确的坐姿或者站姿。		
（4）语调富于变化，时而奔放，时而低沉。		
（5）吐字清晰，对方能够清晰入耳。		
（6）声音之中饱含自信与热情，可以感染对方。		
（7）节奏感很强，能够适当停顿。		

（续上表）

测试类型	是	否
(8) 听筒总是贴近耳朵，而话筒与我嘴唇保持一个拳头的距离。		
(9) 音量合适，不会很高或者很低。		
(10) 经常有人赞美我的声音很好听。		

3. 电话销售时间管理测试（完成以下测试，根据你的实际情况在对应项上打“√”）

测试类型	是	否
(1) 很清楚自己的工作目标，知道今天该做什么。		
(2) 在前天晚上就做好了今天的详细工作计划。		
(3) 做事情能够分出轻重缓急，知道什么事情最重要。		
(4) 做事情不喜欢拖延，总是马上行动。		
(5) 别人在不适当的时候打扰我，我能有礼貌地拒绝。		
(6) 我总是归档整理客户资料，并分出客户层次。		
(7) 办公桌管理是非常有条理的，能够随手就找到自己想找的资料。		
(8) 我尽量运用工具和授权的力量来节约时间。		
(9) 清楚每天不同时间段的价值，从不在上班时间找客户资料。		
(10) 闭上眼睛也很快就知道我每天的时间是怎么分配的。		

三、案例分析

一次失败的电话推销

一位名叫王德强的电话销售员，匆匆拿起电话就向一家公司的客户服务部拨打了过去。

徐经理：您好，哪位？

王德强：我是美佳公司的复印机推销员，我找你们客户服务部经理。

徐经理：我就是。

王德强：哦，许经理，太好了。

徐经理：我姓徐，不姓许。

王德强：真对不起，我想可能刚才没听清您秘书说的话，我想向您介绍一下我公司的彩色复印机……

徐经理：我们现在不需要彩色复印机，即使买了，一年也用不上几次。

王德强：是这样啊，不过我们还有别的型号的复印机，我这里有详细的产品资料介绍。

徐经理：其他复印机我们这里已经有3台了，请问你还有什么事？我现在正忙呢。

王德强：……

思考与讨论：

1. 王德强电话销售的失败原因是什么？

2. 如果换作你，该如何做？

顾客不需要产品怎么办

销售人员：刘先生，那件事您考虑得如何了？

客户：对不起，王小姐，你们这款厨具也太贵了。

销售人员：刘先生，您可以仔细考虑一下，这是最新款式的，而且质量很好，我们已经卖出几百套了。再说，它比市场同类产品便宜多了。

客户：我现在还不需要，这样，我再看看其他厨具。

销售员：刘先生，马上就要过春节了，我们这款产品正好有优惠活动。您可不要错过这个机会啊！

客户：给我时间考虑考虑吧！

王小姐看到自己的产品这么多卖点都不能吸引客户，失望地放下了电话。

思考与讨论：顾客不需要产品时是不是就真的要舍弃努力？

四、实训题

（一）课内模拟演练

训练目的：提升电话销售前的准备意识，熟悉各行业电话销售准备工作的内容与程序。

1. 假设你是某消防器材电话销售员，你试图与某公司电话联系推销你的产品，请从下面几个方面做电话销售准备，并按要求写出你的准备方案。

（1）为达到目标所必须问的问题。

（2）设想电话中可能发生的事情并做好准备。

（3）设想客户可能会提到的问题并做好准备。

（4）所需资料的准备。

2. 假设你是移动公司的客服人员，你现在在帮移动公司推介彩信业务，试图用五种以上的开场白方式和客户进行电话交谈。请根据你采用的五种电话开场白，写出你的开场白电话陈词。

3. 一天，小陈接到一个灯饰产品的咨询电话，由于这个电话对他来讲很突然，而客户问了一些他没有准备好的问题，他在电话中表现得有些语无伦次。请你为小陈列出至少三种应对技巧。

（二）课外实战训练：电话营销实践

训练目的：学习如何有效地接听客户的电话。

方案策划：从已经毕业且从事电话销售的师兄师姐那里借来与客户沟通的电话录音，认真倾听，并进行工作记录，或者利用暑期专业实习机会，在工作中接听客户电话并按照下面要求进行记录。

训练要求：

电话接听训练表

接听内容	记录内容
(1) 客户的性格特征和态度是什么？	
(2) 客户的姓名、住址和联系方式是什么？	
(3) 客户以什么方式知晓公司的？	
(4) 客户言语中的关键词有哪些？	
(5) 客户主要需求是什么？	
(6) 哪些词语需要再次确认？	
(7) 你需要提哪些问题？	

下编　销售管理

第九章　客户管理

●能力目标

1. 能够根据公司的要求开展客户服务工作，建立良好的人际关系
2. 能够熟练地采用一些技巧为企业追回债务
3. 能调查与分析窜货产生的原因，并制定相应的对策

●知识目标

1. 了解提高服务质量的措施
2. 掌握追账的策略
3. 理解选择和激励中间商的策略
4. 掌握治理窜货的策略

●能力训练重点

1. 拜访客户
2. 运用策略追回账务

第一节　客户服务管理

●情景体验

可怕的零投诉

许多经销商认为没有用户投诉是一件非常好的事情，这样可以使经销商腾出更多的精力来销售产品，甚至许多厂家都在拼命地降低客户的投诉率，将客户零投诉作为追求的目标。但是，事实上，客户零投诉并不见得是一件好事，反而预示着客户的不断流失。因为，很多客户并不会主动地与商家建立反馈的渠道，除非对客户的产品或者服务非

常不满，才会主动打电话、写投诉信来反馈信息。零投诉，实际上是隔断了客户和经销商之间的联系，经营者越来越不清楚客户的消费需求，客户也越来越不信任经销商的产品和服务，最终对经销商造成严重损失。

在Acer经销商的眼中，Acer的产品性能稳定，很少出问题，这是一件好事，对经销商来说，可以减轻服务的压力。但是，问题也随之出现，经销商和客户的沟通不再紧密，许多经销商在销售过程完成之后，后续的主动服务跟不上，如果产品没有什么问题，经销商和客户之间的联系就会很少，一旦有另外的经销商介入，客户很可能就会丢失。西安中柏数码就是意识到这一点的Acer经销商。

在经营Acer产品之前，他们曾经是国内某品牌电脑的授权经销商，在经营这一品牌的过程中，由于该品牌产品性能不稳定，因此客户服务的压力很大，但正是因为这样频繁的客户服务，让中柏数码与客户建立了良好的关系。在代理Acer产品之后，由于Acer品牌性能较好，销售出去的产品很少有客户要求服务，客户服务部门的压力迅速降低，客户服务人员也随之缩减。经营了一段时间之后，中柏数码在偶然的一个机会，发现过去的一个行业客户已经选择了另外一家经销商作为供货商，究其原因，发现在很长的一段时间内，中柏数码没有和这个客户联络过，更没有主动上门了解情况，虽然这个客户对中柏数码提供的Acer产品并没有什么不满，但是也没有感受到很多超过预想的东西，而后来选择的这家经销商，时常到这个客户处了解情况，因为客户认为这个经销商比中柏数码更了解自己的应用，所以作出了这样的选择。

这个事件也促使中柏数码重新完善起了客户服务部门，对重点客户进行阶段性的上门调查，对中等客户定期电话询问应用情况，在这些措施建立以后，中柏数码的客户流失率明显地下降了。

（资料来源：现代营销网站. http://www.xdyx.com.cn.）

思考与讨论：

1. 分小组讨论：为什么说零投诉是“可怕”的？
2. Acer品牌性能好给它的经销商带来了什么困惑？中柏数码是怎么解决这一问题的？

一、服务质量的评价方法

1. 服务质量的含义

服务是服务营销学的基础，而服务质量则是服务营销的核心。无论是有形产品的生产企业还是服务业，服务质量都是企业在竞争中制胜的法宝。服务质量并不完全由企业所决定，同顾客的感受有很大关系。即服务质量在于顾客对质量如何理解，而不在于企业对质量如何理解。

服务质量是指顾客对实际所得到的服务的感知与顾客对服务的期望之间的差距。在顾客体验质量达到或超过预期质量时，顾客就会满意，从而认为服务质量较高；反之，则会认为服务质量较低。

顾客通常从技术和职能两个层面来感知服务质量，因此，服务质量也就包括技术质量和职能质量两项内容。技术质量是指服务过程的产出，即顾客从服务过程中所得到的东西。对于这一层面的服务质量，顾客容易感知，也便于评价。

顾客对服务质量的感知不仅包括他们在服务过程中所得到的东西，还要考虑他们是如何得到这些东西的，这就是服务质量的职能层面，即职能质量。

2. 服务质量的评价标准

图 9－1 给出了服务质量的要素。这些要素是用来判断服务质量的，包括五个方面：可靠性、响应性、保证性、移情性、有形性。服务质量的评估是在服务传递过程中进行的。顾客对服务质量的满意可以定义为：将对接受的服务的感知与对服务的期望相比较。当感知超出期望时，服务被认为具有特别质量，顾客会表示满意；当服务没有达到期望时，服务质量注定是不可接受的；当期望与感知一致时，质量是满意的。

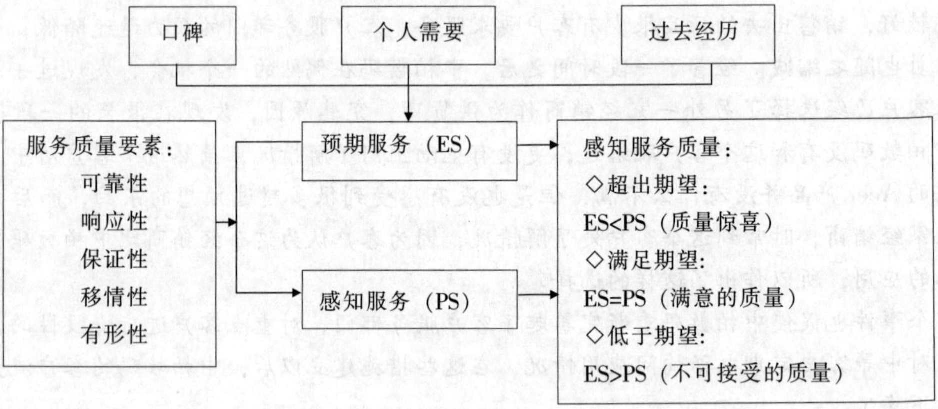

图 9－1　感知服务质量

（1）可靠性。

可靠性是可靠地、准确地履行服务承诺的能力。可靠的服务行为是顾客所期望的，它意味着服务以相同的方式、无差错地准时完成。可靠性实际上是要求企业避免在服务过程中出现差错，因为差错给企业带来的不仅是直接意义上的经济损失，而且可能意味着失去很多的潜在顾客。

（2）响应性。

响应性是指帮助顾客并迅速有效地提供服务的愿望。让顾客等待，特别是无原因的等待，会对质量感知造成不必要的消极影响。出现服务失败时，迅速解决问题会给质量感知带来积极的影响。对于顾客的各种要求，企业能否给予及时的满足将表明企业的服务导向，即是否把顾客的利益放在第一位。同时，服务传递的效率还从一个侧面反映了企业的服务质量。研究表明，在服务传递过程中，顾客等候服务的时间是关系到顾客感觉、顾客印象、服务企业形象以及顾客满意度的重要因素。所以，尽量缩短顾客等候时间、提高服务传递效率将大大提高企业的服务质量。

（3）保证性。

保证性是指员工所具有的知识、礼节以及表达出自信和可信的能力。它能增强顾客对企业服务质量的信心和安全感。当顾客同一位友好、和善并且学识渊博的服务人员打交道时，他会认为自己找对了企业，从而获得信心和安全感。友好的态度和胜任工作的能力两者是缺一不可的。服务人员缺乏友善的态度会使顾客感到不快，而如果他们的专业知识懂得太少也会令顾客失望。保证性包括如下特征：完成服务的能力、对顾客的礼貌和尊敬、与顾客有效的沟通、将顾客最关心的事放在心上。

（4）移情性。

移情性是设身处地地为顾客着想和对顾客给予特别的关注。移情性有以下特点：接近顾客的能力、敏感性和有效地理解顾客的需求。

（5）有形性。

有形性是指有形的设施、设备、人员和沟通材料的外表。有形的环境是服务人员对顾客更细致地照顾和关心的有形表现。对这方面的评价可延伸到包括其他正在接受服务的顾客的行动。

顾客从这五个方面将预期的服务和接受到的服务相比较，最终形成自己对服务质量的判断，期望与感知之间的差距是服务质量的量度。从满意度来看，既可能是正面的也可能是负面的。

3. 服务质量测定

美国市场营销学者白瑞（Barrick）等在 1988 年建立了 Servqual 模型来测量企业的服务质量。具体的测量主要通过问卷调查、顾客打分的方式进行。该问卷包括两个相互对应的部分，一部分用来测量顾客对企业服务的期望，另一部分则测量顾客对服务质量的感受。而每一部分都包含着上述五个服务质量的评价标准。在问卷中，每一个标准都具体化为 4 ~ 5 个问题由受访者作答。显然，对于某个问题，顾客从期望的角度和从实际感受的角度所给的分数往往不同，二者之间的差异就是在此方面企业服务质量的分数，即

Servqual 分数 = 实际感受分数 − 期望分数

推而广之，评估整个企业的服务质量水平，实际上就是计算 Servqual 分数的平均数。假定有 N 个顾客参与问卷调查，根据上面公式，单个顾客 Servqual 分数就是其对所有问题的 Servqual 分数之和再除以问题数目；然后，N 个顾客的 Servqual 分数加在一起除以 N，就是企业的平均 Servqual 分数。

二、提高服务质量的措施

提高服务质量的方法与技巧很多，这里介绍两种常用的方法：

1. 标准跟进（benchmarking）

标准跟进指将产品、服务和市场营销过程同竞争对手尤其是最具优势的竞争对手进行对比，在比较、检验和学习的过程中逐步提高自身的服务标准和服务质量。

标准跟进法最初主要应用于生产企业，服务企业在运用这一方法时可以从策略、经营和业务管理方面着手。

在策略方面，企业应该将自身的市场策略同竞争者成功的策略进行比较，寻找它们的相关关系。比如，竞争者主要集中在哪些细分市场，竞争者实施的是低成本策略还是价值附加策略，竞争者的投资水平以及资源如何分配于产品、设备和市场开发等方面。通过一系列的比较和分析，企业将会发现以往被忽视的成功的策略因素，从而制定出新的、符合市场和自身资源条件的策略。

在经营方面，企业主要应从降低竞争成本和提高竞争差异化的角度去了解竞争对手的做法，并制定自己的经营策略。

在业务管理方面，企业应该根据竞争对手的做法，重新评估那些支持性职能部门对整个企业的作用。比如，在一些服务企业中，与顾客相脱离的后勤部门，因缺乏适度的灵活性而无法同前台的质量管理相适应。学习竞争对手的经验后，使二者步调一致、协同动作，无疑会有利于提高服务质量。

2. 蓝图技巧（blueprinting technique）

蓝图技巧又称服务过程分析，指通过分解组织系统和架构，鉴别顾客同服务人员的接触点，从这些接触点出发来提高服务质量。

蓝图技巧借助流程图分析服务传递过程的各个方面，包括从前台到后勤服务的全过程。主要步骤是：

（1）将服务的各项内容绘入服务作业流程图，使服务过程一目了然地客观展示出来。

（2）找出容易导致服务失误的接触点。

（3）建立体现企业服务质量水平的执行标准与规范。

（4）找出顾客能看得见的、作为企业与顾客的服务接触点的服务展示。在每一个接触点，服务人员都要向顾客提供不同的职能质量和技术质量，而顾客对服务质量感知的好坏将影响企业形象。

第二节 客户投诉处理

●情景体验

S 牌酸奶有苍蝇

2001 年某日，在某购物广场，顾客服务中心接到一起顾客投诉，顾客说从该商场购买的 S 品牌酸奶中喝出了苍蝇。投诉的内容大致是：顾客李小姐从该商场购买了 S 品牌酸奶后，马上去一家餐馆吃饭，吃完饭李小姐随手拿出酸奶让自己的孩子喝，自己则在一边跟朋友聊天，突然听见孩子大叫："妈妈，这里有苍蝇。"李小姐循声望去，果然看见小孩喝的酸奶盒里（当时酸奶盒已被孩子用手撕开）有只苍蝇。李小姐当时火冒三丈，带着小孩来商场投诉。正在这时，有位值班经理看见便走过来说："你既然说有问题，那就带小孩去医院，有问题我们负责！"顾客听到后，更是火上加油，大声喊："你负责？好，现在我让你去吃10只苍蝇，我带你去医院检查，我来负责好不好？"边说边在商场里大喊大叫，并口口声声说要去"消协"投诉，引起了许多顾客围观。

该购物广场顾客服务中心负责人听到后马上前来处理，赶快让那位值班经理离开，又把顾客请到办公室交谈，一边道歉，一边耐心地询问了事情的经过。

询问重点：①发现苍蝇的地点（确定餐厅卫生情况）。②确认当时酸奶的盒子是撕开状态而不是只插了吸管的封闭状态。③确认当时苍蝇是小孩先发现的，大人不在场。④询问顾客以前购买S品牌酸奶有无类似情况？在了解了情况后，商场方提出了处理建议，但由于顾客对值班经理"带小孩去医院，有问题我们负责"的话一直耿耿于怀，不愿接受道歉与建议，使交谈僵持了两个多小时，依然没有结果。最后，商场负责人只好让顾客留下联系电话，提出换个时间再与其进行协商。

之后商场负责人给顾客打了电话，告诉顾客：我商场已与S品牌酸奶公司取得联系，希望能邀请顾客去S品牌酸奶厂家参观了解（S品牌酸奶的流水生产线：生产—包装—检验全过程都是在无菌封闭的操作间进行的），并提出，本着商场对顾客负责的态度，如果顾客要求，可以联系相关检验部门对苍蝇的死亡时间进行鉴定与确认。由于顾客接到电话时已经冷静下来了，而且也感觉商场负责人对此事的处理方法很认真严谨，态度一下缓和了许多。这时商场又为值班经理讲的话作了道歉，并对当时顾客发现苍蝇的地点——（并非环境很干净的小饭店），时间——大人不在现场、酸奶盒没封闭，已被孩子撕开等情况做了分析，让顾客知道这一系列情况都不排除是苍蝇落入（而非酸奶本身带有）酸奶的因素。

通过商场负责人的不断沟通，顾客终于不再生气了，最后告诉商场负责人：她们其实最生气的是那位值班经理说的话，既然商场对这件事这么重视并认真负责处理，所以她们也不会再追究了，相信苍蝇有可能是小孩喝酸奶时掉进去的。顾客说："既然你们这么认真地处理这件事，我们也不会再计较，现在就可以把购物小票撕掉，你们放心，我们会说到做到的，不会对这件小事再纠缠了。"

（资料来源：http：//blog. sina. com. cn/s/blog_7a8f5c0b0100v7kn. html. ）

思考与讨论：

1. 该商场值班经理接待客户投诉时犯了什么错误？

2. 对比商场值班经理与商场负责人在处理这起客户投诉时做法上的差别，谈谈自己的感想。

所谓客户投诉，是指客户因对企业提供的产品或服务不满而向企业表达的抱怨与诉求。

有的人一提到客户投诉就会出现心理阴影感到害怕，担心处理不好会影响到公司的声誉。实际上客户投诉是一种正常的现象，每家公司都存在客户投诉的问题，世界顶级品牌的企业也不例外。例如大家都熟悉的宝马、奔驰汽车也同样存在客户投诉的问题，关键是我们如何正确看待客户投诉。

一、正确处理客户投诉意义重大

1. 有利于恢复客户对企业的信任

客户之所以投诉，通常情况下，是客户买到了有问题的商品或者是对企业提供的服务不满意，也说明在一定程度上对企业感到失望。美国营销专家珍尼尔·巴诺在他的著作《抱怨是福》中写道："当客户对服务不满时，他们有两种选择：一是他们可以说点儿什么，二是一走了之。如果他们一走了之，就等于根本不给企业消除他们不满的机会。提起投诉的客户仍在和我们沟通，在给我们机会让我们的服务回到令人满意的状态，客户也更有可能再次光顾本企业。"这正好也被美国营销学界的一项研究所证实，如果客户对服务非常不满，那么，91% 不会再光顾。但如果客户的投诉得到了迅速解决，其中 82% 还会再回来。对于一些不严重的投诉，如能妥善处理，则会将客户流失率降低到 5% 以下。可见，抱怨是福。企业更应该以积极的心态去面对，正确地处理好投诉，及时解决客户的问题，消除误会，帮助客户恢复对企业的信任。

2. 有利于避免事态恶性升级

客户投诉大多是遇到问题来"讨说法"的，如果处理及时，就会把危机扼杀在萌芽状态。相反，如果处理不好，或者推卸责任，则往往容易激化矛盾，从而使事件恶化。比如说媒体曝光、冲突、恶意扰乱经营场所等。

有关统计显示：客户感到不满时，有 90% 不会选择投诉；但他们会将自己的不满告诉不下 20 人，而这 20 人会把此事传播给 400 人，并且使不满事件完全走样。因此，如果不正确处理客户投诉，给企业带来的将是灾难性的影响。

3. 有利于收集相关信息

首先是可以得到企业自身需要改善的信息，比如说服务方面的问题、卖场环境的问题等。得到投诉后，企业可以及时进行改进。其次可以间接得到竞争对手的信息，比如说竞争对手开展的活动、商品的价格信息、商品信息等。最后，可以得到商品及相关服务的信息，如商品本身的缺陷、药品的不良反应、商品配件不齐等，及时反馈后，企业可以做出相应的补救处理，以改善经营管理。

二、客户投诉处理的原则

（一）客户投诉心理

了解投诉者的心理是正确处理客户投诉的前提，只有弄清投诉者需要什么，处理投诉的对策才能有的放矢。

一般来说，客户投诉主要表现为四种心理：求发泄心理、求尊重心理、求解决心理、求补偿心理。

1. 求发泄心理

如前所述，客户之所以投诉，通常是他购买的商品或服务存在某种缺陷，给他的工作或生活造成了困扰甚至损失。所以，他需要表达自己的不满情绪，这非常正常。

2. 求尊重心理

投诉者在表达自己情绪的过程中，希望对方能够给予必要的尊重和信任，能够得到热情的接待和认真的回应，而不是冷漠与怀疑，或者一味推卸责任。

3. 求解决心理

商品出现问题，客户要求解决。比如，有客户反映新买的手机其系统更新后多次出现“闪退”问题，要求及时处理，恢复正常。

换大米

有一次，我到集市买大米，让老板推荐一种好吃的米，买回一袋10公斤的。吃了一餐后，米饭偏硬，口感不是自己要的那种。于是，第二天，我把剩下的米提去找老板。老板解释说，各人的口感不同，他自己也吃这种米，确实觉得这米不错。不过，既然不满意，没关系，可以换，并让我自己挑选。于是，补了差价换了价格更贵的一种。回家再试，满意。于是，我成了他家的常客。

思考与讨论：

1. 卖米的老板是怎样把不满意的顾客留住的？
2. 观看视频“如何接待退货客户”。

4. 求补偿心理

由于商品或服务的缺陷给客户带来麻烦或造成损失，客户要求得到补偿于法有据、于情合理。

（二）客户投诉处理的原则

正确处理客户投诉应该遵循“萨尔塔”（SALTA）五字原则，即诚（Sincerity）、歉（Apologize）、听（Listen）、换（Transposition thinking）、友（Amity），也就是诚意原则、道歉原则、倾听原则、换位思考原则、友好原则。

1. 诚意原则

就是在接待客户投诉时，不管什么情况，首先应当给客户以必要的尊重，对客户反馈意见表示欢迎，并以负责任的态度及时协商解决问题，让客户感觉到我们的诚意，而不是故意拖延或寻找借口推脱责任。

海尔的投诉处理

海尔集团前些年推出一款叫“小小神童”的洗衣机。该款洗衣机刚推向市场时，由于设计存在问题，使得这款洗衣机返修率相当高。海尔是怎么处理的呢？公司调集了大量员工，然后向客户承诺"接到投诉电话后24小时之内提供上门维修"。很多客户的洗衣机都是经过海尔连续三四次甚至五六次上门维修才解决问题的。

最终这件事的结果是：有很多客户反映说："任何新的产品都会存在这样那样的问题，但对海尔的服务我们是满意的。"因为，他们看到了一个企业对客户的尊重和重视。

思考与讨论：海尔返修率高的"小小神童"洗衣机，为什么能够得到客户的谅解？对你有什么启发？

2. 道歉原则

客户找上门来投诉，立刻向客户表示道歉是十分必要的。因为，发生投诉，通常情况下，是由于企业的产品或服务存在不足，导致客户遇到麻烦或遭受了损失，马上道歉可以安抚客户激动的情绪。

3. 倾听原则

对客户的诉说要认真倾听，保持足够耐心，不要随便打断对方。对其中的重点及时做记录，如有不明白的地方，则要及时提问加以确认。如果是现场接待，还要注意与客户的目光交流，让对方感到"我是认真的"。

4. 换位思考原则

作为商家，必须懂得换位思考，站在客户的立场上考虑问题。这一原则是有效处理投诉的条件。有句话说得很经典，"先解决客户的情绪，再解决客户的问题"。因此，面对投诉，要学会以心换心，学会表达同理心，以防止客户情绪激动，矛盾扩大化。

5. 友好原则

处理客户投诉，要坚持"友好、友善"的原则。接待客户投诉什么情况都有可能发生，不管客户如何激动，哪怕是"无理取闹"，接待人员也要控制好自己的情绪，进行"冷处理"，千万不能与客户争辩。

三、客户投诉处理的流程

客户投诉处理流程可分以下几个步骤，如图9-2所示：

1. 记录投诉内容

认真倾听，根据客户投诉登记表详细记录客户投诉的全部内容，如投诉人、投诉时间、投诉对象、投诉要求、联系方式等。

2. 判断投诉是否成立

先表示歉意，在了解客户投诉的内容后，要确定客户投诉的理由是否充分、投诉要求是否合理。如果投诉并不成立，就以委婉的方式答复客户，以取得客户的谅解，消除误会。

3. 确定处理部门

依据客户投诉的内容，确定相关的具体受理单位和受理负责人。例如，如果是化妆品质量问题，交日化部处理；如果属服务态度问题，则由责任人所在的团队或人力资源部处理。

4. 分析投诉原因

要查明客户投诉的具体原因及造成客户投诉的具体责任人。

5. 提出处理方案

依据实际情况，对照企业投诉处理制度，参照客户的投诉要求，提出公平解决投诉的具体方案。如退货、换货、维修、折价、赔偿等。与客户沟通时，要注意语气委婉，尽量多用商量句式。

6. 实施处理方案

处理方案一旦形成要及时报请主管领导批准实施，并迅速通知客户，做好沟通和安抚工作。如果客户对投诉解决方案还不满意，企业仍然需要继续改进，争取达成谅解，并做好客户挽留工作。接下来才考虑内部的责任追究，对直接责任者和部门主管要根据有关规定做出处罚，依照投诉所造成的损失大小，扣罚责任人一定比例的绩效工资或资金。对不及时处理问题而造成延误的责任人也要追究相关责任。

处理客户投诉一定要遵循“解决问题第一，追求责任第二”的原则，千万不可主次颠倒，导致内部扯皮、相互推卸责任，耽误及时处理客户投诉，以致自酿苦果。

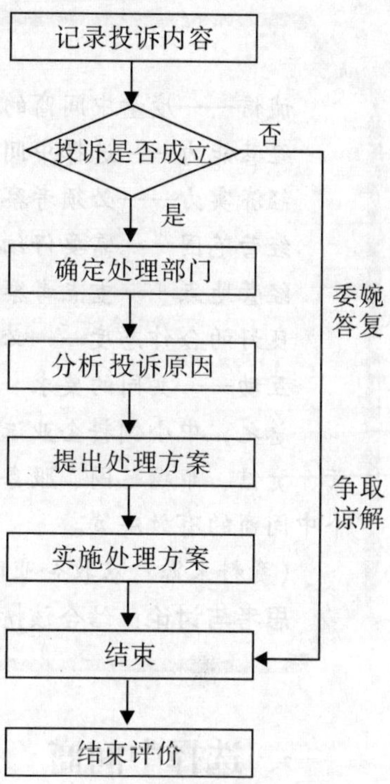

图9－2　客户投诉处理流程图

7. 总结评价

对投诉处理过程进行总结与综合评价，吸取经验教训，并提出改善对策，从而不断完善企业的经营管理和业务运作，提高客户服务质量和服务水平，降低投诉率。

投诉处理结束，重要的原始凭据要及时整理存档。

第三节　客户关系管理

●情景体验

中小饲料企业——您学会怎样选择中间商了吗

近几年来由于选择中间商不当，为数不少的企业被中间商拖垮，或蒙受巨大的经济损失。中小饲料企业应当如何来选择连接自己与其他生产者、养殖户之间的中间商，发挥中间商的饲料商品流通中介及开拓市场的巨大作用呢？以下是选择中间商的基本要求。

诚信——度量中间商的第一把尺子。

经营能力——选择中间商的关键指标。

经济实力——必须考察的因素之一。

经营范围——需要仔细考究。

经营地点——重点考察对象。

良好的合作态度——必不可少。

互动——共同的要求。

总之，中小饲料企业选择中间商应从以上多方面去广泛地收集有关中间商的业务经营、资信、市场范围、服务水平等方面的信息，确定审核、比较分析后再做出具体选择哪个中间商的有效决策。

（资料来源：农牧企业网站. http：//www. boyar. cn.）

思考与讨论：结合该情景资料，你认为企业应如何选择中间商？

一、选择中间商

企业在具体选择中间商的过程中，一般应当认真考察，慎重甄选。这是选择中间商时必须要做的基础工作，在选择时应着重了解中间商的以下情况：

1. 中间商的营销理念和合作意愿

首先应考察中间商对于厂家的营销思路能否理解、接受、配合。对厂家制定的市场推广策略能否积极地配合，中间商对自己在厂家的渠道模式中的角色定位是否清晰，对自己在渠道中应该负起的责任是否明确。是“坐商”还是积极地进行渠道建设，不断地通路精耕，扩大其覆盖范围和深化渠道渗透力的“行商”。倘若中间商不愿销售你的产品，即便他再有实力、声誉再好，对你而言都没有任何意义。例如，当初三星公司在全国选择显示器代理商的时候，最重要的考核指标是看对方态度是否认真，是不是十分重视做三星代理商。三星在华北总代理三捷恒安公司，当初只有几个人和一个小办公室，但是，三星总部对它的各个方面做了一系列调查之后，发现该中间商对于自己的定位十分清晰，而且对于成为三星的中间商一事十分认真，因此，三捷恒安公司从比其实力强大的十几个竞争者中被三星公司选中了。而另一家代理商——华盛公司则是靠着及时认真地回复三星每一次质询的传真而受到青睐的。

2. 市场覆盖范围

市场是选择中间商最关键的因素。第一，要考虑所选中间商的经营范围所包括的地区与企业产品的预期销售地区是否一致。例如产品在华北地区，中间商的经营范围就必须包括这个地区。第二，中间商的销售对象是否是企业所希望的潜在顾客。这是最基本的条件，因为生产企业都希望所选的中间商能打入自己选定的目标市场，并最终说服消费者购买自己的产品。

3. 声誉

在目前市场游戏规则不甚完善的情况下，中间商的信誉显得尤其重要。它不仅直接影响回款情况，还直接关系到市场的网络支持。一旦中间商中途有变，企业就会欲进无力、欲退不能，不得不放弃已经开发起来的市场；而重新开发，往往需要付出双倍的代价。

4. 中间商的历史经验

许多企业在判断某中间商是否可以承担重任时，往往会考察中间商的一贯表现和赢利记录。若中间商以往经营状况不佳，则将其纳入营销渠道的风险较大。而且，经销某种产品的成功经验，是中间商自身优势的另一个来源。首先，长期从事某种产品的经销，通常会积累比较丰富的专业知识和经验，因而在行情变动中，能够掌握经营主动权，保持销售稳定或乘机扩大销售量。此外，经营历史较长的中间商早已为周围的顾客所熟悉，拥有一定的市场影响力和一批忠实的顾客，大多成为周围顾客购物的首选对象。

5. 产品组合情况

许多企业希望中间商销售自己的产品，集中精力以重拳出击。但在市场运作中，产品线的多少，往往决定着顾客的多少，也决定着产品销售机会的多少，所以，产品线较多并不一定是坏事。在经销产品的组合关系中，一般认为如果中间商经销的产品与自己的产品是竞争产品，应避免选用；而实际情况是：如果其产品组合有空档（如缺中档），或者自己产品的竞争优势非常明显，也应选取。这需要区域市场经理及部下进行细致、翔实的市场考察。

6. 中间商的财务状况

生产企业倾向于选择资金雄厚、财务状况良好的中间商，因为这样的中间商能保证及时付款，还可能在财务上向生产企业提供一些帮助，如分担一些销售费用，提供部分预付款或者直接向顾客提供某些资金融通，如允许顾客分期付款等，从而有助于扩大产品销路和生产发展。反之，若中间商财务状况不佳，则往往会拖欠货款。

7. 中间商的促销能力

中间商推销商品的方式及运用促销手段的能力，直接影响其销售规模。有些产品广告促销比较合适，有些产品则适合通过销售人员推销；有些产品需要有效地储存，而有的则应快速地运输。要考虑到中间商是否愿意承担一定的促销费用，有没有必要的物质、技术及相应的人才基础。选择中间商之前，必须对其所能完成某种产品销售的市场营销政策和技术的现实可能程度作全面的评价。

8. 对其业务员的管理能力

中间商对其业务人员的日常管理是否到位、规范；对业务人员的培训是否纳入了公司的整体运作当中，可以说中间商业务人员的素质直接关系到厂家在当地市场的销售情况。我们以前看到的许多中间商的业务人员大部分是中间商的亲戚朋友，对业务人员只考核销量指标，不监控其销售过程，导致很多的应收账款收不上来和业务人员经常性的跳槽。

二、激励中间商

从博弈论的观点看，由于制造商和中间商是两个相互独立的法人，它们都有追求自身利益的权利，中间商并没有责任和义务牺牲自己的利益来配合制造商达到自身的利益目标，所以渠道的冲突是必然的。问题的关键在于制造商应如何设计一个激励机制使得中间商有积极性来配合自己的营销意图和目标。激励渠道成员是渠道管理中不可缺少的一环。但是，使用哪些方法进行激励也要根据具体情况来定。

（一）直接激励

直接激励主要有以下几种形式：

1. 返利政策

由于返利直接影响到厂商和中间商的既得利益，对返利额度标准的不同理解几乎是伴随着返利的产生而同时出现的，这导致了厂商与中间商之间的冲突。也因为返利是一个将延续一段时期的相对稳定的管理政策，决策失误对厂商和中间商发展的负面影响比较大，所以，返利制定得合理与否至关重要。在制定返利政策时一定要考虑到如下因素：

（1）返利的标准。一定要分清品种、数量、次级、返利额度，一要参考竞争对手的情况；二要考虑现实性；三要防止抛售、倒货等。

（2）返利的形式。是现价返，还是以货物返，还是二者结合，一定要注明；货物返利能否作为下月任务数，也要注明。

（3）返利的时间。是月返、季返还是年返，应根据产品特性、货物流转周期而定。要在返利兑现的时间内完成返利的结算，否则时间一长，搞成一团糊涂账，对双方都不利。

（4）返利的附属条件。为了能使返利这种形式促进销售，而不是相反（如倒货），一定要加上一些附属条件，比如严禁跨区域销售、严禁擅自降价、严禁拖欠货款等，一经发现，取消返利。

根据公司和产品特点的不同，不同厂商的返利政策的制定也不尽相同。例如，Acer 笔记本电脑产品的返利政策没有对渠道公开的标准，只有实施原则。Acer 承诺对总代理一定有奖励，但奖励多少视不同市场时期的变化情况和总代理的努力程度而定。当 Acer 认为到达某一时机时，中间商可能会获得比预想还要好的奖励基金，但如果中间商违背了 Acer 的市场管理和发展原则，则可能取消奖励甚至进行惩罚。Acer 认为这样做更符合东方人的感情因素，对市场变化的应对政策也更加灵活一些，但这种做法显然要求 Acer 具有较强的市场把握能力和对信息的综合处理能力，市场操作人员将面临更大的压力。

2. 价格折扣

价格折扣包括以下几种形式：

（1）数量折扣：经销数量越多、金额越大，折扣越丰厚。

（2）等级折扣：中间商依据自己在渠道中的等级，享受相应待遇。

（3）现金折扣：回款时间越早，折扣力度越大。

（4）季节折扣：在旺季转入淡季之际，可鼓励中间商多进货，减少厂家仓储压力；进入旺季之前，加快折扣的递增速度，促使渠道进货，达到一定的市场铺货率，以抢占热销先机。

（5）根据提货量，给予一定的返点，返点频率可根据产品特征、市场销货等情况而定。

3. 开展促销活动

生产商推出任何一项促销活动或政策，首先应该考虑的便是设计一套层次分明、分配合理的价差体系。价差指的是产品从厂家到顾客手中经过的所有批零渠道的利益分配。高价的产品如果没有诱人的价差分配，无法引起中间商的积极性；而低价产品如果价差控制得当，仍然可以因量大而为中间商带来利润。有序地分配各经销层次的利益空间，不但是生产商的责任，更是其控制市场的关键所在。

当今很多企业在营销中，喜欢动辄“超低空”，以低价轰炸市场，以为只要我的价格比别家的低，肯定卖得就比别人的火，其实未必。因为没有考虑价差的低价，无疑让中间商无利可图，他不给你用力吆喝，不把你的产品摆在柜台上，企业目标仍然无法达到。

与别的企业其促销措施往往直接针对终端消费者不同，娃哈哈的促销重点是中间商，公司会根据一定阶段内的市场变动、竞争对手的异动以及自身产品的配备，而推出各种各样的促销政策，常年循环。针对中间商的促销政策，既可以激发其积极性，又保证了各层销售商的利润，因而可以做到促进销售而不扰乱整个市场的价格体系。相反，依赖于直接让利于消费者的促销，则因造成中间商无利可图而缺乏动力，最终竞相降价而可能把零售价格打乱。

（二）间接激励

间接激励就是通过帮助区域代理商和其他中间商获得更好的管理销售的方法，培养追求更高的挑战的技能，从而提高销售绩效，而这一过程也加深了合作双方的感情联系。通常的做法有以下几种形式：

1. 培训中间商

1998 年，联想成立“大联想学院”，是一个专门为代理商提供各类培训服务的机构。“大联想学院”的宗旨是落实“大联想”的渠道策略，面向合作伙伴，通过培养大联想销售体系需要的专业人才，提高合作伙伴的管理水平、增值能力、销售推广能力和商务、宣传、服务的能力，提升“大联想”体系的竞争力，使合作伙伴与联想共同成长。学院职责就是规划并建立渠道培训体系，策划并组织实施渠道培训。

2. 向中间商提供营销支持

帮助中间商建立进销存报表，做安全库存数和先进先出库存管理。进销存报表的建立，可以帮助中间商了解某一周期的实际销售的数量和利润；安全库存数的建立，可以帮助中间商合理安排进货；先进先出的库存管理，可以减少即期品（即将过期的商品）的出现。

帮助零售商进行零售终端管理。终端管理的内容包括铺货和商品陈列等。通过定期拜访，帮助零售商整理货架，设计商品陈列形式，在举办促销活动时，做一个漂亮的堆头和割箱陈列。帮助中间商管理其客户网来加强中间商的销售管理工作。帮助中间商建立客户档案，包括客户的店名、地址、电话，并根据客户的销售量将它们分成等级，并据此告诉中间商对待不同等级的客户应采用不同的支持方式，从而更好地服务于不同性质的客户，提高客户的忠诚度。

（三）约束和监管中间商

根据激励的定义，约束和监管也属于一种激励。从强化激励理论角度看，约束和监管是消极激励，而直接激励和间接激励属于积极激励。约束和监管分销商的主要方法有：

1. 做好进销存管理

这里主要讲的是：

（1）必须收集、掌握及分析好中间商进货的频率与数量、出货的流向、库存的多少等基本情况。如在同样的市场时机和营销推广策略下，中间商的要货量与销售量突然出现大幅度增加，可能意味着中间商在低价冲货。要做到这些，就要对销售部门、财务部门及审计部门的工作职责及工作量提出相应的更高要求。

（2）建立健全中间商若干时间以来的进销存档案，以便分析和预知市场险情。

（3）控制出货量，解决好库存。在这方面，可口可乐的做法就很值得广大中小企业借鉴。

如可口可乐每次的出货量仅能保持商家5天的销售。这种使市场始终处于半饥饿状态的出货政策，不但缓解了商家的库存压力，更保障了自己市场的安全和有序。

2. 管理到二批

在保证二批由总中间商直接供货、结算、管理的前提下，使二批有直接向自己通报市场情况、竞争状况及提出产品、营销推广建议的权利。除此之外，生产商也应该多亲临二批环节，以更真实地了解二批的进销存、总中间商的作为及来自市场前沿地带更真实的建议。要为二批商的分布区域、销售品牌（尤其是所销售的竞争品牌）、下游渠道资源、人员构成、资信等基本情况建立健全档案。因为二批环节可能就是对手大做文章的地方；二批的变化较为直接地反映了市场竞争及自己产品销售情况的走势；二批中的某一成员可能就是优胜劣汰出来的下一个总经销商；管理二批比管数量呈几何级增长的零售终端商要方便和容易得多。对窜货、低价倾销则严厉并及时地处理，一旦发现，绝不能姑息。

三、窜货管理

窜货又称倒货或冲货，指销售网络公司、分支机构或中间商受利益驱动，使所经销的产品跨区域销售，它是渠道冲突的一种典型的表现形式。

（一）窜货的种类

销售管理专家姚厚亮把窜货分为以下几类：

1. 恶性窜货

经销商为了获取非正常的利润，蓄意向自己辖区之外的市场倾销产品的行为即是恶性窜货。经销商经常采用的方式是以低于厂家规定的出手价向非辖区销货。恶性窜货给企业造成的危害是巨大的：扰乱了通路价格体系，使得通路利润大大下降，经销商没有积极性，企业辛辛苦苦建立起来的销售网络毁于一旦。

2. 自然性窜货

经销商在获取正常利润的同时，无意中向自己辖区之外倾销产品的行为被称为自然性窜货。通常的表现方式有两种：其一，相邻辖区的边界附近互相窜货；其二，在流通型市场上产品随物流走向而倾销到其他地区。其后果是：其一，辖区边界区域二批商通路利润呈下降趋势，影响其积极性，严重时可发展为二批商之间的恶性窜货；其二，产品随物流走向流到其他区域，货量大时会影响该区域的通路价格体系，造成通路利润下降。

3. 良性窜货

企业在市场开发初期，有意或无意地选中了流通性较强的市场中的经销商，使其产品流向非重要经营区域或空白市场的现象即是良性窜货。例如，某企业通路规划中以中原区域为精耕细作区，在河北廊坊（流通型市场）选一家经销商，结果该区域产品销售量的60%流向东北及辽西、内蒙古等区域。其结果是：其一，企业在可以增加销售量的绝对值的同时，还可以节省运输成本；其二，在空白市场没投入一分钱就提高了产品品牌的知名度，但通路价格体系处于自然形态，要等重点经营时再进行整合。

●情景体验

某啤酒厂的窜货

A市某啤酒厂生产的瓶装啤酒，在本地市场售价为2.6元/瓶，经销商从啤酒厂得到的批发价为2.3元/瓶，该啤酒厂为了扩大销售量，决定开拓距A市100千米的B市市场。但B市也有啤酒厂，且B市啤酒市场竞争比较激烈，所以，A市啤酒厂将在B市销售的啤酒批发价格定为2.0元/瓶，市场零售价为2.4元/瓶。该计划实施不久，A市啤酒厂发现了一个重大问题，即市场出现了窜货行为。这种窜货行为严重干扰了啤酒厂的日常运营。

思考与讨论：小组讨论分析该公司窜货出现的原因是什么？应该如何治理？

（二）窜货的原因

窜货现象产生的原因是多种多样的：或是因为某些地区市场供应饱和；或是广告拉力过大而通路建设没有跟上；或是企业在资金、人力等方面的不足，造成不同区域之间通路发展的不平衡；或是企业给予通路的优惠政策各不相同，分销商利用地区之间的差价进行窜货；或是由于运输成本不同而引起窜货，一些经销商自己到厂家去提货，其费用低于厂家送货的费用，从而使得经销商可以窜货。具体而言，有以下几个方面的原因：

1. 价格体系混乱

大多数厂家价格体系的不完善是造成经销商“越区销售”的原因之一。利润永远是通路成员所追求的目标，只要有利可图，就会见利而趋。厂家在产品定价上分多个级别，如总经销价、总代理价、一级和二级批发零售价等。如果上级跨下级直接做终端的话，其中的阶梯的价格折扣便成为相当丰厚的利润，这个价格体系所产生的空间差异就非常大，形成了让其他经销商越区销售的基础。所以，采用年终返利、价格折扣等激励措施应有前提条件。另外一些厂家在规模较小或开发新市场时，往往有一些特惠的价格出现，对于享受这些特惠政策的市场区域，一旦管理不善，那些趋利而动的经销商，就有可能到处窜货。

2. 激励措施有失偏颇

厂家对经销商往往采用年终返利、高额回扣、经销权、特殊奖励等激励措施，但所采用的种种激励措施一般都会以经销商完成一定额度为基准，经销商超过应完成的百分比越高，则获得的奖励越多、带来的利润也就越多。为完成既定的销售量，以获得高额奖励，许多经销商往往不顾一切地来提高销售量，包括向其他区域市场“攻城抢份额”，甚至倒贴差价、赔本销售，于是形成了经销商之间的窜货。

3. 代理商选择不当

许多厂家因利益驱使而不顾市场规范，只要有愿意拿钱来买他的货的，就可以成为在当地的经销商，致使“一女嫁二夫甚至多夫”的现象比比皆是。这样，厂家根本无法控制经销商，也就无法控制市场，企业的短期行为必然导致产品的越区销售。还有就是对经销商资格审查不严，使一些不合格的经销商参与进来，只要能赚钱，他们什么事都敢做，跨区销售也就不在话下。

4. 渠道管理混乱

有些厂家为了片面追求销量，采取短期行为，对于窜货现象重视不够，信息反馈不及时，不能及时发现，待知道时已无法收拾；或是处理不严，更有甚者姑息纵容。

5. 任务下达不合理

许多厂家为了抢占市场，盲目给各地经销商增加销量，经销商一旦在限定的区域内无法达到一定目标，就很自然地选择跨区销售。还有一些厂家由于售后服务跟不上，造成货物积压又不能退货，经销商为了减少损失，就将产品拿到畅销的市场上出售，从而形成窜货。

6. 营销人员受到利益驱使鼓动经销商违规

营销人员的收入始终与销售业绩挂钩，有的营销人员为了自己多拿工资，不顾企业销售政策，鼓动经销商违规操作，向其他区域发货；更有甚者，有的已经跳槽了，临走时跟经销商达成某种默契，以种种理由求得厂家支持，然后向其他地区冲货引起区域冲突。

（三）治理窜货问题的对策

窜货的危害是很大的。窜货状况恶化后，经销商、代理商甚至本企业的营销人员便会失去对企业品牌的信心。如果一个营销体系中的营销队伍没有斗志，市场丢失，经销商与厂家的分道扬镳就是迟早的事。窜货的危害还表现在损害品牌形象上。当商家因窜货困扰不再销售你的产品时，他的营销人员不会对顾客讲你的产品无利可图，渠道与政策有问题，只能讲你的产品质量不如他现在经销的产品。商家的直接口碑就会把这个产品的形象毁掉。价格的混乱也会使顾客动摇对产品品牌的认可信心。多渠道多价格也会给假冒伪劣产品的介入提供土壤，特别是在一个产品卖得正火、窜货已经发生的情况下。为了解决存在于企业营销中的窜货，可以从原因着手，采取以下策略，以有效地遏制窜货现象：

1. 签订不窜货乱价协议

制造商与各经销商、代理商之间是平等的企业法人之间的关系，需要通过签订不窜货或代理合同来约束经销商的市场行为。在合同中要明确加入“禁止跨区销售”的条款及违反此条款的惩处措施，还可以要求经销商或代理商缴纳市场保证金，将其销售活动严格限制在自己的市场区域之内。另外，由于相当多的企业对业务人员的奖励政策是按量提成，从而导致本公司业务员纵容经销商窜货，谋取私利。因此，在企业内部业务员之间也要签订不窜货乱价协议，加大处罚力度，并且应当鼓励经销商、代理商、业务员之间相互监督。

2. 加强销售通路管理

销售管理人员具有销售通路管理的职责。规范通路管理应做到：一是积极主动，加强监控。特别要关注销售终端和零售市场。如果某区的销售情况或价格情况有明显变化，应该及时找原因，重点是向上搜索一、二级代理商渠道，检查有无窜货现象发生。二是信息沟通渠道要畅通。最担心窜货的除了厂家外，就数被窜货地区的经销商或代理商了，他们往往第一个发现问题，所以，应有一个畅通的渠道能让他们及时地反馈及沟通信息，以便快速掌控市场窜货状况。三是出了问题，严肃处理。如对发生跨区经销行为的总经销商实行四级处罚，即警告、停止广告支持、取消当年返利和取消经销权，按跨区销售行为的严重程度分别施行。只有实行严格有效的市场区域管制，制止各种跨区销售活动，才能建立起健康有效的销售网络，并实现它的真正价值。

3. 完善营销政策

企业应当制定完善的销售政策，包括价格政策、促销政策和返利政策、专营权政策、实行产品代码制等。

(1) 完善的价格政策。

许多厂家在制定价格政策时由于考虑不周，造成了许多窜货隐患。企业的价格政策不仅要考虑出厂价，而且要考虑一批出手价、二批出手价、终端出手价。每一级别的价格利润设置要适当。价格政策还要考虑今后的价格调整，如果一次就将价格定死了，没有调整的空间，对于今后的市场运作极其不利。在制定了价格政策之后，企业还要控制价格体系的执行情况，并制定对违反价格政策的现象的处理办法。企业有一个完善的价格政策体系，经销商就无空可钻。

(2) 完善的促销政策和返利政策。

在制定促销政策时，大多数厂家过多地看重结果，而忽视了过程，从而造成了一促销就窜货，停止促销就卖不动的局面，常常是促销一次，价格下降一次。这就表明企业制定的促销政策应当考虑合理的促销目标、适度的奖励措施、促销时间的控制、严格的兑奖措施和市场监控，确保整个促销活动是在受控之中进行的，不会出现失控现象。

(3) 完善的专营权政策。

在区域专营权的制定上，关键是法律手续完备与否。企业在制定专营权政策时，要对跨区域销售问题作出明确的规定。什么样的行为受什么样的政策约束，要有明确的规定，并使其具有法律效力，从而产生法律约束力。

(4) 实行产品代码制。

所谓产品代码制是指给每一个销售区域的产品编上一个唯一的号码，印在产品内外包装上。采用产品代码制就是要使厂家在处理窜货问题上掌握主动权：首先，由于产品实行代码制，能对产品的去向进行准确无误的监控，避免经销商有恃无恐，使其不敢贸然采取行动；其次，即使发生了窜货现象，也可以明辨产品的来龙去脉，有真凭实据，处理起来相对容易。

4. 归口管理，权责分明

企业分销渠道管理应该由一个部门负责。多头负责、令出多门最容易导致市场混乱。这个部门首先要制定一整套的规章制度，如代理商资格审查、设立市场总监、建立巡视员工作制度、建立严格的奖惩制度等。制度一经制定，就要有法必依，违法必究。

5. 加强营销队伍的管理

营销人员的自身素质对防止窜货至关重要。完善人员招聘、甄选和培训制度；制定人才成长的各项政策，使业务员能人尽其才；严格进行营销人员的考核，建立合理的报酬制度。绩效标准与销售额、利润额和企业目标一致。常用的营销人员绩效指标主要有：销售额、毛利、访问率、平均订单数目、销售费用、销售费用率、新客户数目等。合理的绩效评估和酬赏制度，能真正做到奖勤罚懒、奖优罚劣。评估考核时应注意销售区域的潜量以及区域形状的差异、地理分布状况、交通条件，以及一些非数量化的标准如合作性、工作热情、责任感、判断力等对销售效果的影响，力争从多方面杜绝窜货现象的发生。

宝都酒的窜货问题

小王在2002年3月被宝都集团派往A地负责市场开发工作。小王去A地的一个重要任务就是理顺营销渠道，建立营销网络，为宝都集团顺利进入A地奠定基础。小王驻扎A地以后，经过市场调查，发现宝都酒在A地具有一定的知名度。当时A地的经销商情况为：大型商场15家；连锁超市20家，其中8家为私人投资兴建，5家为A地糖酒总公司投资兴建，7家为A地商业局的实体。目前营业良好，而且白酒和啤酒在超市销售良好。A地有8家酒水批发大户控制着55%的市场份额，但经常拖欠厂家货款，使厂家的资金周转陷入被动。

建立健康而有效的营销网络是小王进驻A地的首要工作，同时又是一个巨大挑战。因为宝都集团曾连派两人去建立营销网络，却没有获得成功。小王被派驻前经过分析，认为失败的原因可能出在以下三个方面：

(1) 对A地整个白酒市场状况和经销商的情况不了解。

(2) 己方制定的政策不合理，没得到经销商的认同。

(3) 集团总部提供的销售支持不够。

按照集团的销售政策，每瓶宝都酒的批发价为12.0元，零售价为15.5元，销售良好。然而时间不长，小王突然莫名其妙地感到宝都酒卖不动了。小王经过详细调查，发现B地宝都酒以低价格销到A地，发生了严重的窜货现象。小王立即以书面报告形式向集团总部作了反映，并作了相应的处理。

思考与讨论：小王可以采取什么策略来遏制窜货问题？

●本章小结

服务质量是指顾客对实际所得到的服务的感知与顾客对服务的期望之间的差距。这些要素是用来判断服务质量的，包括五个方面：可靠性、响应性、保证性、移情性、有形性。提高服务质量的方法与技巧很多，这里介绍两种常用的方法，即标准跟进和蓝图技巧。企业信用管理的目标应该包括：降低赊销风险，减少坏账损失；降低DSO，加快流动资金周转。

做好客户投诉处理工作意义重大，应该针对投诉客户的心理，按照“萨尔塔”（SALTA）五字原则，认真、规范地妥善处理。

企业选择中间商应着重了解中间商的营销理念和合作意愿、市场覆盖范围、声誉、历史经验、产品组合情况、财务状况、促销能力、对其业务员的管理能力等因素。企业可以采取如下措施遏制窜货现象，包括：签订不窜货乱价协议；加强销售通路管理；完善营销政策；归口管理，权责分明；加强营销队伍的管理。

●思考与练习

一、填空题

1. 提高企业服务质量的方法，比较常用的有两种，即（ ）和（ ）。

2. 信用政策主要包括（ ）、（ ）、（ ）等方面。

3. 根据窜货的表现形式及其影响程度，可以分为（ ）、（ ）、（ ）三类。

二、单选题

1. 客户管理的对象是（ ）。

A. 竞争者　　B. 企业

C. 营销环境　　D. 客户

2. 服务质量的评价标准中，设身处地地为顾客着想，对顾客给予特别关注属于（ ）标准的要求。

A. 可靠性　　B. 响应性

C. 保证性　　D. 移情性

三、多项选择题

1. 服务质量评价标准主要包括（ ）。

A. 可行性　　B. 响应性

C. 敏感性　　D. 有形性

2. 下列行为属于恶性窜货的有（ ）。

A. 市场开发初期，企业有意选中流通性强的经销商，使产品流向空白市场

B. 经销商蓄意向自己辖区以外的市场倾销产品

C. 经销商以低于厂家规定的价格向非辖区销货

D. 经销商销售假冒伪劣产品

3. 下列激励经销商的行为中属于间接激励的是（ ）。

A. 帮助经销商建立进销存报表，做安全库存数和先进先出库存管理

B. 帮助零售商进行零售终端管理

C. 伙伴关系管理

D. 提供返利

四、案例分析

“蒙牛”力耕津冀市场

1999 年，一个新的品牌“蒙牛”在内蒙古诞生。2000 年其主导产品冰淇淋系列畅销全国 26 个省市，9 个月销售逾 1.5 亿元。基于“立足内蒙古，面向大华北，走向全中国”的营销战略，河北、天津成为蒙牛公司的主要营销市场。蒙牛把津冀地区根据市场特征划分为若干区域，以中心地级市场为“圆心”（总经销），周边县区为“卫星”（分销商），形成以总经销为圆心、周边县区“卫星经销商”为半径的循环运作、稳定高效的营销网络。

通过对中间商的研究评价，蒙牛认为大中间商虽有资金优势、网络优势，但不会对新品牌投入太多精力；小中间商不适合开拓全国市场；适合蒙牛发展的是具有一定资金、网络、配送

能力的，以运作品牌为起点的，能紧跟公司发展步伐的，具备开发、管控市场的能力并能长期协作的中型中间商。蒙牛认为，市场营销是一个循序渐进的过程，只有经过阶段性扎实、细致的过程才会形成一个完整、稳定的市场。为此，蒙牛制定出下列规划：第一阶段划分市场类型；第二阶段巩固原有中心网络，实行激励营销；第三阶段健全销售网络，维护价格稳定，完善售后服务，扩大企业知名度，保持有序发展。

问题：蒙牛选择中间商的依据是什么？选择中间商时应注意哪些问题？

五、实训题

（一）课内模拟演练：模拟讨债

训练目的：能够针对具体情景选择合适的讨债策略。

背景资料：

债务人：广西某公司（简称甲公司）

债权人：浙江某公司（简称乙公司）

债务金额：13 万元

债龄：超过 24 个月

债务形成情况：甲公司从 2004 年开始代理销售乙公司的产品，双方签订了经销合同，之后几年间，双方合作比较愉快，收发货物多靠诚信，没有详细的收货签收单。2005 年受其他品牌产品的冲击和乙公司销售政策调整的影响，甲公司与乙公司产生了很多矛盾，终止了合作关系，乙公司要求甲公司清偿欠款 13 万元，但是，债务人始终以账目存在差异，需要对账后才能偿还等理由推诿。经初步调查，甲公司仍在经营其他公司的产品，并且经营状况良好，资金充裕。一方面，由于合作时间较长，又没有及时进行对账，造成双方账目存在差异，债权人也没有确凿有效的欠款数额证明；另一方面，由于债权人与债务人地理位置相距较远，造成催收压力难以下达、催收成本较高，债务人有恃无恐。

方案策划：

（1）以小组为单位，每小组分成两队，然后根据所提供的资料一队模拟债权人角色，另一队以债务人身份配合，围绕如何成功讨债展开讨论，形成本小组的讨债策略。

（2）小组选两名代表进行角色模拟，然后就讨债策略作简要说明。

（3）全班同学共同评选出全优讨债方案。

（4）教师总结。

（二）课外实战训练

1. 选择中间商

训练目的：使学生能够根据企业产品和市场等方面的情况，选择适合企业的中间商。

训练内容：将学生进行分组，每组进行产品的选题（如消费品、工业品），针对选题确定选择中间商的评价标准，对某一地区的批发商、零售商的基本情况（如资金、规模、经营产品等）进行调查，并对调查结果进行整理，最后形成书面材料，撰写报告。

2. 客户服务调查

训练目的：了解企业的客户服务管理体系。

训练内容：根据教学班级学生人数来确定数个小组，对本地超市进行调查，收集有关客户服务管理方面的资料，结合在图书馆、互联网查找的资料，各小组讨论分析，撰写一份分析报告。

第十章　团队建设

●能力目标

1. 能够主持中小型企业推销员的招聘工作
2. 能够胜任中小型企业推销员的培训组织工作
3. 能够胜任中小型企业销售会议的策划与组织工作

●知识目标

1. 明确推销员的基本素质要求
2. 了解招聘推销员的主要途径
3. 熟悉推销员培训的基本流程
4. 掌握组织销售会议的基本方法

●能力训练重点

1. 撰写招聘启事
2. 编制培训计划
3. 筹备销售会议

第一节　推销员的素质

●情景体验

地毯钉生意是这样做成的

李经理开车看到路边一家机械配件门市部时逐渐放慢车速，停靠稳当，下车与店小伙打招呼。

李经理：小伙子，怎么称呼你？

小杨：您好，叫我小杨就行。十分乐意为您效劳，请问需要我做点什么？

李经理一边微笑着以示应答，一边走进店里张望，好像在寻找是否有自己需要的东西。他本来准备买一些与油毡有关的工具和设备。突然，他的目光停留在散落在地上的几颗地毯钉上。

李经理：小杨，你这里卖不卖地毯钉？

小杨：我卖不卖地毯钉？（小杨近乎兴奋地大叫起来）天啊！我卖的可是市场上最好的地毯钉！我马上可以证明给你看。

李经理凭着职业的敏感，意识到这是一名成功的销售人员——能用一大堆事实证明做后盾。为证实自己的想法，他也很配合地等着后面的事情发生……

小杨：瞧——我卖的是经过消毒、绝不生锈、小巧、斜角头的地毯钉。这和普通的扁头钉不同。

李经理：哦，是吗？

小杨：普通的扁头钉钉到地毯里面后，会扯住地毯的毛，因此，也会露出丑陋的钉头。我的地毯钉钉入地毯后，会藏到地毯的毛里面，从上面一点也看不出来。先生，至少到目前为止，这是市面上最好的地毯钉！

李经理最终买了小杨的产品，而且是买了一整盒他说的好东西，虽然李经理当时根本没有地毯钉的需要。

李经理：小杨你一定卖了不少这种地毯钉吧！

小杨：我每个月都要卖上一整吨，一年共是四百八十万枚。先生，这真是不可多得的地毯钉啊！

（资料来源：波西·怀汀．销售的五大金科玉律．黑立言，译．海口：海南出版社，2004.）

思考与讨论：

1. 从推销员的素质看，小杨具有哪些优点？
2. 分小组讨论：作为一名合格的推销员应该具备哪些基本素质？

推销员是企业的中坚力量，企业在激烈的市场竞争中能否成功在很大程度上取决于推销员努力的结果。俗话说，推销员要走遍千山万水，要吃尽千辛万苦，要走访千家万户。如果没有过硬的综合素质，是难以胜任的。除了要有强健的体魄，一名合格的推销员还应具备以下条件：

一、强烈的敬业精神

推销工作是一项十分艰苦的工作，遇到冷眼和拒绝是很平常的事，加上推销员长年在外奔波，生活不安定又无规律，经常需要独立面对复杂多变的市场环境。这就要求推销员要学会“慎独”，要有强烈的事业心和高度的责任感，百折不挠，为成功而努力拼搏。

二、敏锐的观察能力

正如世界推销大师乔·吉拉德所说："有经验的推销员好比一个出色的侦察兵，应该是一名超级侦探，可以一眼看穿顾客。"因此，一个有敏锐观察能力的推销员，能眼观六路，耳听八方，及时发现和抓住市场机会，揣摩顾客的购买意图和购买心理，提高推销的成功率。

三、良好的服务态度

英国的培根有句名言："和蔼可亲的态度是永远的介绍信。"所以，推销员在业务活动中必须真正树立"用户第一""顾客是上帝"的思想，想顾客之所想，急顾客之所急，当好顾客的参谋，坚持微笑服务，这样才能较快地赢得顾客的信任。

四、说服顾客的能力

推销的过程实质上就是与顾客有效沟通的过程。推销员要能熟练地掌握倾听、应答的技巧，特别要善于针对顾客提出的种种异议，冷静分析，找出原因，并能运用合适的策略和方法成功地说服顾客。

五、宽阔的知识面

一般来讲，一个优秀的推销员应该具备下列几方面的知识：

1. 产品知识

推销员必须全面了解的有：所推销的产品的技术性能、结构、用途、用法、维修与保养；不同规格、型号、式样的差别；本行业中的先进水平；产品性能的发展趋势；现有用户的反应；使用中应注意或避免的问题；与竞争对手产品相比它有哪些特征及其他有关的产品知识。

2. 企业知识

推销员应掌握本企业的历史背景、在同行业中的地位、生产能力、产品种类、技术水平、设备状况、企业发展战略、定价策略、销售政策、交货方式、付款条件、服务项目等。

3. 用户知识

推销员应了解谁是产品的购买决策者，其购买动机和购买习惯如何，对交易条件、交易方式和交易时间有什么要求。如一位推销员与一个购买小组谈了多次一直未能成交，后来了解到购买设备的决策权不在那位年长一些的高级工程师手里，而在一位更年轻的副厂长手中，于是推销员积极与那位副厂长联系，终于达成了交易。

4. 市场知识

推销员应熟悉现实顾客的购买力情况及分布规律，了解潜在顾客的需求量及分布情况，能够研究和分析目标的市场环境变化。

5. 语言知识

语言是推销员与顾客沟通的工具。必要时应掌握普通话、地方话、外语以及语法修辞、语言技巧等以应对不同的顾客。

6. 社会知识

推销员应了解市场所在地区的经济地理知识和社会风土人情，以及和推销活动有关的民族、宗教、心理等多方面的知识。这些知识越丰富，越有利于推销。如中国香港居民十分忌讳不吉利的字眼，据说瑞士产的西马牌手表不好销是由于“西马”与“死妈”同音。又如，和日本人谈话，盯着对方被认为是失礼的；而在美国，与人谈话时不注视对方，则被认为是不礼貌的和狡猾的。

7. 美学知识

追求美是人类的天性，任何一位顾客都是追求美的。所以，推销员还必须具有美学知识，尤其应该懂得工业美学，包括符合标准化、系列化、通用化的正规美；显示水平的功能美；合乎人体要求的舒适美；反映科学的性能美；体现先进的工艺美；应用新物质的材质美；标志成果的色彩美；合乎逻辑的比例美；标准力学的结构美等。

李滔的一次成功推销

推销员李滔到某厂找厂长联系业务。一走进厂长办公室，发现墙上挂着几幅装裱精美的书法作品。而厂长正在小心翼翼地掸去一幅书法立轴上的灰尘。这位推销员立即意识到厂长喜爱书法，于是走上前对厂长说：“厂长，看来你对书法一定很有研究。唔，这幅篆书写得好，称得上‘送脚如游鱼得水，舞笔如景山飞云’，妙！看这悬针垂露之法的用笔，具有多样的变化美。好极了……”厂长一听，此人对书法很内行，一定是书法同好，便说：“请坐，请坐下细谈……”这样，双方的感情迅速拉近，当后来推销员谈到合同时，自然就“好说”多了。

思考与讨论：

1. 结合该案例谈谈李滔作为一名推销员具备了哪些素质？

2. 该案例对你有什么启发？

第二节　招聘推销员

●情景体验

一边喝咖啡，一边找工作

越来越多的人在利用网络。

在各所大学里，许多学生从每年9月就开始把简历放到网上去了，而对于那些不考研究生、一心一意找工作的学生来说，在各种人才网站上寻找招聘信息早已成为每天的“保留节目”了。

作为招聘主体的用人单位，IBM公司首次将招聘应届毕业生的工作交给中华英才网，整个招聘流程都是通过网络来完成的。除了IBM公司外，UT斯达康、中国国际金融公司等单位也委托中华英才网通过网络招聘人才，其范围涉及IT、电信、投资银行等行业。

据统计，通过网络开展就业工作，对于毕业生来说，一个月才能完成的信息整理、发布工作现在只要半天就能够完成，而对于用人单位来说，以招聘会的方式招收一名应届毕业生的费用是2 000~8 000元，而通过网络招聘应届毕业生的成本几乎为零。

（资料来源：李小勇．100个成功的人力资源管理．北京：机械工业出版社，2004.）

思考与讨论：

1. 网络招聘的主要优点及其局限性是什么？
2. 假如你是销售主管，除了网络招聘外，还可考虑通过哪些途径招聘人才？

一、招聘途径

销售人员的来源主要包括两个方面：一方面是从企业内部选拔业务能力强、素质高的人充实到销售部门；另一方面是从企业外部招聘。从企业外部招聘主要有以下途径：

1. 大中专院校及职业技工学校

这是招收应届毕业的人才的主要途径。可以接受学校邀请参加其举办的人才供需见面会，必要的话，也可与学校就业部门联系单独上门招聘。

2. 人才交流会

根据所需人才的特点，企业可以选择参加不同范围、不同层次、不同专场的人才交流会设点纳贤。如全国性大型人才交流会、地方性各类人才交流会等。这种途径的特点是时间短、见效快。

3. 职业介绍所

许多企业利用职业介绍所来获得所需的销售人员。但有人认为，这类介绍所的待业者多为能力较差而不易找到工作的人。不过如果有详细的工作说明，让介绍所的专业顾问帮助遴选，能使招募工作简单化，也可以找到不错的人选。

4. 各种广告

最普遍的招聘广告为刊登在报纸上的分类广告，可吸引众多的应征者，但合格者所占比例一般较低。如果详细限定申请人的资格，则申请人数会大大减少，合格者的比例会提高，因而可节省招聘费用。

另一种广告是刊登在各类专业杂志上的，一般能取得较好的效果，能招聘到较高级的销售人员。还有电视招聘广告，如北京电视台的“人才红娘”。大中型公司或前景特别诱人的公司可利用这一途径招聘到优秀的人才。

5. 员工推荐

员工推荐对招聘专业人才比较有效。员工推荐的优点是招聘成本小、应聘人员素质高、可靠性高，而且通过老员工介绍新员工，可以减少新员工因环境生疏而带来的不安和恐惧，有利于新员工迅速吸收企业的文化，当然也要注意避免由此带来的一些消极影响。

6. 行业协会

行业组织对行业内的情况比较了解，经常访问制造商、经销商、销售经理和推销员。如中国市场协会、高校市场营销研究会，企业可通过它们的介绍或推荐获得希望转职的销售人员。

7. 业务接触

公司在开展业务过程中，会接触到顾客、供应商、非竞争同行及其他各类人员，这些人员都是销售人员的可能来源。

8. 网络招聘

网络招聘就是通过公司网站或专业招聘网站发布招聘信息进行招聘的方式。网络招聘的主要优点是招聘的成本比较低，信息收集及时、充分，缩短企业招聘时间；主要缺点是不能控制应聘人员的数量和质量、不方便进行面对面的交流、不适用于经济不发达地区。

9. 猎头公司

猎头公司专门为企业招聘高级管理人才和高级专业人才。猎头公司的主要优点在于搜寻人才快速且人才质量高。猎头公司一般都有专业的、广泛的资源可以利用，手中有大量的人才储备，所以搜寻人才的速度非常快，质量比较高。缺点是费用比较高。一般猎头公司收取的费用是推荐成功后该职位年薪的30%。

●情景体验

老雇员推荐——省钱又省力

美国马萨诸塞州布里奇市的 Art Technology Group（ATG）公司是一家快速增长的电子商务软件公司，新任人力资源主管 Michael Lipson 就是通过公司中的老雇员推荐招聘新人的。一年后，这家公司的雇员人数从 300 名增长到 900 名。新增雇员中，有 40% 是靠老雇员推荐而来的。

采用老雇员推荐这种做法，Michael Lipson 不仅在相对较短的时间内满足了公司对大量人员的需求，而且还为公司节省了大约 300 万美元。通常，猎头公司替客户找到新雇员后，一般要收取相当于新雇员年薪 25% ~30% 的费用。虽然，实施一个好的推荐制度也需要花费，但相对于找猎头公司是非常经济的。如果 ATG 公司的老雇员推荐的人最后被录用，他可获得 3 000 美元的奖励。这一年里，ATG 公司的这项费用为 74 万美元。由于 ATG 公司的增长幅度仍然很大，所以，Lipson 计划加强该公司的老雇员推荐制度，力争到明年年末，在新增雇员中，将靠老雇员推荐而来的人员比例增加到 50%。

（资料来源：李小勇．100 个成功的人力资源管理．北京：机械工业出版社，2004.）

二、招聘宣传

招聘宣传是招聘工作中的重要一环，它直接影响招聘的效果。企业在确定好招聘职位与要求等事项后，就应大力宣传、吸引和鼓励求职者踊跃应聘。招聘宣传通常是靠新闻媒体发布招聘启事或告示，或者在合适的地方张贴招聘启事或告示。招聘启事一般包括企业的概况、招聘岗位及职责、福利待遇、报名条件、报名起止时间、报名手续、报名地点以及考核的内容和方式等。

某公司的招聘启事

××企业有限公司是瑞典 VOLVO（富豪）汽车在中国的代理商，经销整车、零部件及负责售后服务。因业务发展需要，经××市人事局人才市场办公室批准，××企业有限公司××市办事处招聘如下人员：

一、地区经理（1 名）

1. 大学以上学历，汽车专业或国际金融贸易专业毕业生优先。
2. 具有五年以上相关的销售经验及管理经验。
3. 流利的英文书写及对话能力。

4. 年龄在30岁以上。

二、维修工程师（1名）

1. 大专以上学历，汽车专业毕业者优先。

2. 具有两年以上的汽车维修保养经验，并愿意出差。

3. 具有较强的中、英文书写及对话能力。

4. 年龄在25~35岁。

三、业务代表（4名）

1. 大专以上学历。

2. 年龄在23~28岁。

3. 具有一年以上销售经验，有汽车或机械产品销售经验者优先考虑。

4. 具有市场开拓能力及客户沟通的能力。

公司将为录用者提供有竞争力的报酬及出国培训、学习机会。销售代表的报酬实行底薪加佣金制。

以上人员需有××市户口，人员一经录用，即办理外企雇员聘用手续。有志者请于一周内将本人的中、英文简历寄至：××区××路××号×××大厦××室，××企业有限公司××市办事处，邮政编码：××××××。

（资料来源：熊胜绪．员工管理．深圳：海天出版社，2002.）

思考与讨论：结合所学知识对该招聘启事作简要点评。

三、面试技巧

面试过程，其实就是一个由招聘人员主导的与应聘者互动沟通的过程。面试考核，主要通过应聘者对所提问题的回答及其言谈举止的表现，来了解应聘者的语言能力、应变能力、知识广度和深度、志趣、仪表等，从而判断他是否符合录用标准。

面试时应注意四个问题：

（一）与应聘者建立宽松和谐的关系

面试的第一项重要任务就是帮助应聘者消除紧张心理，使他能正常展示自己的实际水平。同时，招聘人员还应主动与应聘者建立平等、公正的沟通氛围，不要以居高临下的气势压人，特别是在建立对应聘者的第一印象的过程中，注意不要因应聘者的性别、年龄、身高、外表形象等因素而形成偏见。

（二）从简单问题谈起

招聘人员可以先问一些简单问题，如“你是怎样来的”“从哪儿得知有关的招聘信息的”等。然后，再慢慢转入正题。比如，问他们喜欢这工作与否？具体喜欢哪一方面？这样逐步深入主题，有利于消除面试的紧张气氛。

（三）事先设计好面试问题

面试中提什么问题？问到什么程度？应根据面试考核的目的事先设计好。一般来说，面试的问题应包括以下十个方面：

1. 了解应聘者希望的工作

（1）什么职位你最感兴趣？

（2）你以往做过什么工作？

（3）你对应聘的工作有兴趣吗？

2. 了解应聘者对本企业是否了解

（1）你为什么要加入我们公司？

（2）你认为你对本公司可作出什么贡献？

（3）你对本公司的福利待遇是否了解？你认为是否合理？

3. 了解应聘者离职的原因

（1）你为什么要离开你现在的工作单位？

（2）你认为原工作单位有哪些地方不尽如人意？

（3）你现在的服务单位是否知道你要离职？

4. 了解应聘者的精力、活力是否充沛

（1）你喜欢什么运动项目？

（2）你是否经常从事户外活动？

（3）你上班用何种交通工具？

5. 了解应聘者的嗜好和兴趣

（1）你主要的休闲活动是什么？

（2）你喜欢什么电视节目？

（3）你近两年阅读过哪些书籍？

6. 了解应聘者的创意

（1）你认为本公司的生产运营工作、管理工作需做哪些改进？

（2）你认为怎样才能使公司的每个人发挥最大潜能？

（3）你认为该怎样做才能胜任你应聘的岗位？

7. 了解应聘者的专长和能力

（1）你在学校获得过什么奖？最喜欢哪个科目？

（2）你怎样选择主修课？第一专长是什么？

8. 关于薪金

（1）你能接受的最低薪金是多少？

（2）假如公司不能付给你所要求的薪金，你可以接受较低薪金吗？

9. 了解应聘者的想象力和语言能力

（1）你认为贫与富的差别是什么？

（2）你认为人生的意义是什么？

10. 了解应聘者的团队精神

（1）你怎样与大家合作？

（2）你如何影响别人？

（四）诱导对方多说话

面试时只有让应聘者多开口，你才能对他了解更多。那么，如何诱导对方“乐开口”呢？

最好不要采取简单提问的方式。所谓简单提问就是只需回答是、不是或日期等。例如问“你对以前的工作满意吗?”答案当然是“满意”或“不满意”，这样得到的信息就很少。如果改问“你喜欢前任工作的哪个方面?”或者问“你能谈谈对原工作单位不满意的地方吗?”这样就能得到更多的相关信息。

四、招聘工作要点

招聘人员在进行招聘工作时，应本着积极、自信和友善的态度，明白自己的任务和职责。但经验告诉我们，被吸收进来的人并非都会成功，这正是值得我们深思的问题。掌握以下招聘工作的要点，将帮助我们把招聘工作做得更完美。

（1）招聘工作也是销售工作，不仅要把工作机会告诉别人，而且要把观念、目标、成果、未来发展机会也“销售”给别人，应把所有销售技巧都运用到招聘中。

（2）让应聘者感到与你一起工作会很愉快。要关心他人，显得开朗、体贴、亲切。所以，在招聘工作中要经常检查自己的态度和行为，如有不当之处，应立即予以纠正。

（3）做好准备，不断练习自己的招聘技巧。反复多次地演练招聘面谈的内容与技巧，有时不妨把面谈内容录下来，反复播放，纠正自己的缺点。不断练习，直至完全熟练、满意为止。

（4）制定切合实际并能达成的招聘目标。每次计划招多少人，使多少新人成为有较强销售能力的人，这些都要有一个计划。

（5）要能与人交换或分享意见。要随时向那些成功的销售主管虚心学习和交换心得体会。

（6）现身说法，吸引别人加入工作行列。让所有与你接触的人都知道你喜欢自己的工作，表现出你是一位成功的销售经理或销售主管，拥有十足的信心，并以自己的工作为荣。把自己的办公环境收拾得整洁干净，事务处理得有条不紊。

（7）要有正确的观念和态度。招聘是为别人提供良好的工作机会，不要认为是求别人为你做什么，这样才能积极努力地去做。

（8）分配好每天工作的时间及内容。把自己的工作时间安排妥当，不要因为招聘而延误了销售，要使两方面的工作同时有效开展。

（9）使每个适合销售工作的人都能认同并积极、热心、充满活力地从事自己的工作。使他们能独立工作，获取应有的报酬，并以这种态度、精神、活力感染别人、吸引别人。

（10）遇到挫折切不可心灰意冷。有时会出现招聘效果不佳的情况，此时应鼓励自己坚持下去，加强自己招聘工作的薄弱环节，直至获得成功为止。

（11）不能有“来者必用”或“先做做再说”的想法。滥用新人会得不偿失，不利于组织的健康发展。

（12）建立和健全招聘新人的方式及制度，面谈不能完全凭直觉判断。

（13）要求应聘者填写履历表并予以查证，问明转职的原因。那些在其他企业有违纪行为的人，难免在自己的企业故伎重演或“旧病复发”。

（14）招聘时多问少说。最好把工作性质及企业状况作基本介绍后，就试探对方的感觉及反应如何，以确知应聘者的意向及选择的态度。

（15）避免过多的承诺。有些销售经理或主管在招聘时常常不自觉地承诺对方，如录用后会委以何种新职位或指派去开发某个新的地区市场。但当企业认为被录用者表现不佳，对其不满意时，双方必然会产生矛盾。

（16）人不可貌相。有些销售经理或主管太相信自己的眼光及判断能力，事实上真正做好工作靠的是决心与实力，与外表、性别、年龄、身材、打扮等因素没有太大的关联性。

（17）少用竞争企业的销售人员。从竞争企业招聘销售人员，认为他在别家能干，转换企业也必定能表现优秀的想法是短视而危险的。而且，聘用竞争企业的销售人员还会造成客户的迷惑或困扰。

（18）不要聘用那些只懂技术、只了解产品性能，对销售毫无兴趣或无心学习的人。

（19）不要只想聘用那些招聘人员自己喜欢或欣赏的人。要知道，招聘是要寻求有销售潜力的人。

（20）那些果敢、积极、有决心在销售工作上取得成功的人，才是最好的人选。

第三节　培训推销员

●情景体验

美胜集团的大学生培训思维

美胜集团是一家中外合资企业，主要经营服装、百货等，企业的根本理念是“青春、时尚、活力、前卫”。为贯彻企业经营思想，集团决定大规模招聘大学应届毕业生。

经过激烈竞争，最后20名胜利者脱颖而出。接下来的工作重点就是对这20名新员工进行培训。培训的第一项任务就是顶着酷暑进行了为期半个月的军训。之后，是为期10天的课程培训，主要有美胜的背景、企业文化、公司管理制度、销售技巧、物价合同管理、礼仪等商务知识的培训，要求按时交培训总结。美胜鼓励新人在培训和实习中主动去发现商场和个人存在的问题，并提出解决办法。

接下来的是为期一个月的现场实习。整个实习分为三个阶段：首先是熟悉企业各部门的运作，让新人进入角色；然后分散到企业的各个营业部门，熟悉企业的日常管理工作；最后安排到美胜的职能综合部门，熟悉更高一层的管理流程。

目前，这些大学生已经在美胜的各个部门开始了他们的工作，且都安排了老员工指导他们，帮助他们成为各个部门的骨干。

（资料来源：熊胜绪．员工管理．深圳：海天出版社，2002.）

一、实施培训计划

培训老师的教学态度和教学水平、受训者的学习态度和学习能力以及教学双方的关系是否融洽都将直接影响着培训的效果。因此，培训主管除了要慎重选择好培训老师外，还要注意掌握以下培训实施要领，有助于增强培训的效果。

1. 注意受训者的销售反应能力

培训主管要在不同的场合下不断试探受训者在销售方面的反应，下面几个重点可供参考：

（1）受训者是否能适当地介绍产品的优点，使客户了解而产生需求。

（2）受训者能否判别客户对其说词的反应及购买信号。

（3）受训者能否判断客户的借口或拒绝是表示对产品有兴趣还是不喜欢。

（4）受训者能否在介绍产品中不断设法成交，并将介绍及解说一直朝着取得订单的目标引导，而不是在绕圈子或消磨时间。

2. 建立双方的责任感

要注意受训者是否能准时参加训练。如果三次以上迟到或无故不到，培训主管处理时态度要坚决，并指明准时是纪律，也是责任。另一方面，对培训老师也要注意多沟通，培训主管可适时听一听课，收集学员的意见，以帮助老师不断改进培训方法，提高效果，增强培训的吸引力。

3. 养成写报告的习惯

培训主管要强调写报告的重要性及责任。培训主管必须为受训者树立好榜样，每天都按时把评析表做好，也让受训者体会及时完成报告是一种最佳教学实验。

4. 注意受训者的可塑性及学习态度

在评估受训者的进展状况时要注意下列几个要点：

（1）受训者能否提出足够的问题？

（2）已经以建设性方式指正或检查过的错误是否再犯？

（3）是否能不断地设法丰富自己的产品知识及增强心态的积极性，并改正自己的展售方式？

（4）是否每天都能研读资料以求全面绩效的增加？

5. 建立积极乐观、自信的心态

高昂的士气、积极的态度是从事销售工作成功的要件。而培训主管的做法、看法及态度对受训者有很大的影响力。培训老师应多做建设性的辅导，以诱导其迈往积极的方向。对受训者指点一个新方法或提供一种新观念，可以增强他的信心，促使其用积极的行动方案来代替消极的行动方案。同时，也建议受训者多阅读一些思想积极并有利于信心培养方面的书，使他们在潜意识中充满积极的想法。

6. 处理士气的不稳定

有时候，受训者因辛苦一天却没有拿到一张订单而士气低落，培训主管要设法降低这件事对受训者不利的心理影响。

7. 讲解销售的平均数法则

这是一个销售成功的方程式，也叫平均数法则。可用以下公式表示：

拜访介绍的次数＋积极的态度＋不断进步的推销技巧＝订单数

等式左边的三项中最大的变数是积极的态度，培训主管要协助受训者做好心态的调整及准备。比如，在受训者拜访客户多次却仍无收获时，培训主管可告诉对方，根据经验每拜访多少次或多少位客户，至少就会有一个人购买。这会使受训者始终保持高昂的斗志，最后必然会有订单出现。

二、评估培训效果

对培训效果的评估是培训工作的最后一个环节。评估既是对本培训项目所取得的效果和利弊进行估量，为培训成果的有效性提供标准和依据，也是组织管理者总结培训工作得失，以进一步改进培训工作的需要。

（一）评估指标

按照唐纳·克伯屈格的“四阶层评估模型”，培训效果可从反应、学习、行为、效益四个方面进行评估。

1. 反应

反应评估是指在培训结束时，了解受训者对培训项目的主观感觉与满意程度。销售人员对培训方案的反应是否良好、态度是否积极，是训练效果评价的一个基本方面，具体涉及培训内容、讲师、方法、材料、设施、场地、报名程序等。

2. 学习

学习评估是指对参加培训的销售人员在知识、技能或态度等方面的学习效果进行评价。主要检查受训者是否通过培训树立了正确的观念，学到了应有的知识和销售技能。

3. 行为

行为评估是对受训者回到岗位后，其行为或工作绩效是否因培训而出现预期的改变进行评估。销售人员的职务行为将直接影响顾客的满意度，进而影响销售业绩，因此，职务行为的改善是销售训练的基本目标之一，也是训练效果评价的一个重要方面。

4. 效益

效益评估是对培训的整体投资报酬率进行评估。对培训的组织管理者来说，销售业绩的提高是培训效果的最好体现。效益评估，可以依据个人或组织的销售量、生产率或业绩变化情况加以评价，但是，这种评估需要一个过程，短时间很难有科学合理的评价结果。

评估培训效果不是一件容易的事，美国人力资源管理专家洛丝特为此提供了一些简单而适用的建议，可以给我们一些有益的启示：

（1）请受训者在培训课程结束时填写评估表。

（2）培训开始时让受训者谈谈他们希望学到什么。培训结束时，让他们回顾自己提出的学习目标，并讨论究竟学到了什么。

(3) 不断提出问题，让受训者阐述他们是如何理解概念的，并介绍如何在工作中运用这些概念。

(4) 每讲完一个新技能或新概念就进行小测验，确保每个受训者都掌握了这部分内容。

(5) 回顾学习结果，让受训者证明自己取得的学习成果。

(6) 培训结束后，让受训者花 5 ~ 10 分钟写一写他们如何运用学习成果，以及什么时候用。

(7) 观察受训者的工作情况以及对新技能或新知识的使用情况。

(8) 比较培训前后受训者的表现。

(9) 让受训者写下培训中哪些内容对他们的工作最有用，哪些内容用处不大。

(10) 交给受训者一项工作任务，要求他们使用学到的新知识和新技能。完成任务后，与每位受训者交谈他们的工作，指出他们的不足，并加强学习。

（二）评估方法

1. 问卷调查法

问卷调查法是人们测定培训效果的常用方法，这种方法易于实施和管理。问卷调查法的优点在于，培训人可以收集销售人员的感觉、看法、思想和信仰。一般情况下，人们不愿意在公众场合表达个人的观点，但倾向于采取书面形式表达自己的真实感受，尤其是采用匿名形式。当然，问卷的设计必须合理得当。

2. 面谈法

直接通过与受训者面对面的交谈，对培训效果进行评估。面谈法的优点在于它的灵活性。调查人可以根据受训者所关心的问题调整自己的提问方式。通过这种方法很可能获得有价值的信息。

3. 测试法

通过测试对培训程序的整个过程及各组成部分进行评价。这种方法是测定受训者受训程度的最有效的一种方法。

4. 观察法

观察受训者在实际工作中的行为，判断其是否学有所获、学为所用。这种方法对培训人来说是最有价值的评价手段之一，适合态度、行为、性格之类的评价。

5. 撰写报告法

要求受训者撰写包括论文写作在内的报告，这种方法除了可对受训者的知识、思考力、逻辑力进行检测，对资料或情报的收集与整理、行为、能力的考核也适用。

6. 实验与实习

通过上岗实验、实习以检测受训者的培训效果。这种方法适用于对技能、技术、态度、行为等方面的考核。

三、组织销售会议

销售会议，顾名思义就是业务人员的会议，有时又称业务会议。参加销售会议是每一位销售人员职业生涯中必不可少的组成部分。同时，销售会议又是销售经理鼓励和培训推销员的好机会，也是销售经理表现其领导才能、运用营销战术的最佳场所。

一般来说，会议有传达或讨论的意义，因此，会议基本上可分为两类：传达会议(meeting)和讨论会议（conference）。当会议中只有一个人说话，进行事情的传达时，此种会议称为meeting而不能称为conference。而销售会议，通常是有讨论的会议。具体可分为指导会议、解决问题的会议、协调会议三类。指导会议，包括新产品介绍与展示会议、销售技巧培训会议；解决问题的会议，指会议后要明确“怎么办”，即人们常说的“会而有议，议而有决”，这类会议目标清楚，往往有具体的、外在的限制，如时间、金钱、稀缺资源等；协调会议，指协调处理销售过程中各种关系和矛盾的会议，既包括部门内的协调，又包括部门之间的协调。

要提高销售会议的效率，主要是抓好两个环节：一是充分准备，做好会议各项筹备工作；二是精心策划，做好会议的组织工作。

（一）销售会议的筹备

筹备销售会议，具体应做好以下十个方面的工作：

1. 确定会议名称

规范的会议名称一般由三个部分组成：会议范围、会议内容、会议性质。其中，会议性质包括“现场会”“座谈会”“研讨会”“招商会”“新产品发布会”“客户答谢会”“顾客联谊会”等。例如，“××空调华南区销售工作会议”“××休闲美食全国经销商招商大会”等。

2. 初定会议步骤

会议步骤包括会议的议程、程序、日程等。议程是指会议议题的先后顺序；程序是对会议各项活动，如各种仪式、领导讲话、会议发言、参观活动、代表留影等，按照先后顺序作出安排；日程是对会议的活动逐日作出安排，是程序的具体化。会议步骤是使会议有条不紊地进行的保证，一旦经领导批准，不可随意变动。

3. 草拟会议通知

会议通知一般要明确以下事项：会议名称、开会目的、会议的主要内容、会期、会议地点和食宿安排、与会人员（如有领导或专家到会应具体列出）、报到日期和地点、需要准备的会议资料及要求、个人付费标准、主办单位、联系人与联系电话等。

4. 会议经费预算

会议经费预算一般要考虑以下因素：会场及设备租用费、会标制作费、会务组和工作人员的房费、照相及冲洗费用、与会人员的食宿费等。如有专家讲课，还要包括专家的讲课费、交通费、食宿费等。

5. 办理会议报批

重要会议，会议的筹备方案应事先报请领导同意。包括开会的理由、会议的议程、时间及会期、地点、与会人数和人员级别、会议的经费预算及准备情况等。

6. 下发会议通知

会议通知必须经过领导审核，主管领导签发。下发会议通知要有专人负责，避免遗漏、错发和重发。下发通知有两点技巧：一是要及时。下发过早，参会人员容易遗忘；下发太迟，与会人员收不到通知，或者即使收到通知，可能因难于安排手头工作而无法出席。为解决通知时间上的矛盾，通常在较早的时间（比如提前一个月）发出会议的预备通知，然后再发正式通知。二是要反馈。会议通知发出后，一般要求对方寄回会议回执，内容包括与会人员的姓名、性别、职务（职称）、联系电话、到会日期、车次或航班号以及返程日期、车次或航班号，会前1~2天还要再次联系确认。

7. 准备会议资料

会议资料具体有三种：一是会议文件，包括下发的正式文件、文件讨论稿或征求意见的文件；二是讲话材料，包括领导讲话材料、书面交流材料和会议发言材料；三是会议主持人的发言稿。

8. 选择与布置会场

会场条件的好坏，将直接影响会议的效果，因此，要重视会场的选择和布置。会场的大小要根据与会人数的多少来决定，还要考虑会场的设备，如会场照明、空调、音响、录音、多媒体等设备。会场布置具体要做好以下几项工作：

（1）会标的布置。

（2）席位卡的摆放。

主席台上就座的人数最好是单数，最主要的领导居中，然后按照“左为尊，右为次”的原则依次摆放。如图10－1：1号位为最尊，2号次之，3号再次，依此类推。再如图10－2：台上座位是偶数，则1号、2号领导同时居中，1号居左，2号居右，其他同样按“左尊右次”的原则依次安排。

7	5	3	1	2	4	6

公众

图10－1　奇数位主席台座次安排图

6	4	2	1	3	5

公众

图10－2　偶数位主席台座次安排图

注意，上述座次安排是以国内会议考虑的，如果是涉外的国际性会议，则刚好相反，要遵照“以右为尊”的国际惯例。

（3）主席台的摆放。

通常采用两种形式：一种是主席台高于台下的座位。适合人数多、比较重要的会议，如报告会、工作会等，会场显得庄重、严肃、正规；另一种是主席台与其他座位处于同一平面。适合人数较少的会议，如座谈会、研讨会、商务谈判会等，会场显得较随和，与会人员之间的关系显得平等。

（4）座位的安排。

座位的安排主要应考虑会议的性质和与会人员的规模以及会场条件等因素。比如，座谈会可摆成回字形；汇报会可摆成教室型；人数较少时可摆成U型或回字形。

9. 明确人员分工

一般根据会务工作的任务，可分成三个小组：

（1）秘书组。

负责会议文件、领导讲话稿等材料的起草、会议记录的整理、会议简报的编发和会议材料的归档等工作。

（2）材料组。

负责会议材料袋的购买、材料的装袋和分发，以及会议的签到等工作。

（3）接待组。

负责与会人员的住宿安排、会场布置以及工作人员的安排，如礼仪人员、服务人员和摄影人员等。

10. 会前全面检查

即对整个会务准备工作进行全面、细致的检查落实，发现问题，及时补救。

（二）组织销售会议

1. 会议开始

（1）会议开始前，主持人介绍与会人员（适合有来宾或互相不认识的情况下）。

（2）说明会议规则。

（3）介绍会议议程。

（4）指定会议的记录员。

介绍的礼仪

介绍与会人员（一般指领导或嘉宾）应按以下顺序进行：把职位低者、晚辈、男士、未婚者分别介绍给职位高者、长辈、女士和已婚者。

动作要领：介绍时不可用手指指人，而应掌心朝上，拇指微微张开，指尖向上；被介绍者应面向对方；介绍完毕后与对方握手问候，如“您好！很高兴认识您”；介绍时如果是坐着的，除职位高者、长辈和女士外，应起立。

2. 主持、控制会议

（1）收集信息，鼓励发言。

会议不是在听主持人说，也不是在听承办人说，会议应该解决问题，应该有信息的传达，有“头脑风暴”的讨论。因此，会议主持人要注意把握会议议程，注意鼓励和引导与会人员在会议议程框架内积极发言。

为鼓励发言，除了要营造一个民主、宽松的讨论氛围外，主持人常用到提问法和点将法。比如，主持人可以提问：大家对此有什么意见？各位对这个产品有哪些看法？对 A、B 两个市场，大家认为应先攻哪个？在会议冷场时，主持人也可考虑点名请人发言。同时，还要注意避免走题。

（2）中断冗长的发言。

一般情况下，不要打断别人发言，但为提高会议效率，主持人必须对冗长的发言采取措施。通常的技巧是：首先表示理解发言者的观点和意见，然后及时中断其发言，向别人发问；对与会人员之间没完没了的争论，主持人应果断打断，可以表示自己的立场，也可以向沉默者征求意见。

（3）维持会场秩序。

作为会议主持人，应选择能够看得见所有与会人员的位置落座。为保持与会人员的注意力，有必要规定同一个时间内只有一个人发言，禁止交头接耳。对心不在焉者或一直沉默者，会议主持人可以用提问法让他参与讨论。

3. 会议结束

（1）会议总结。

会议结束前，主持人要善于总结会议讨论的结果，以达成一致方案，确认行动计划，明确由谁执行什么任务，何时完成。

（2）会议记录。

每次会议都要有记录文件存档，以方便以后查证和补充。会议记录的一般要素包括：会议主题、会议日期、出席者名单、缺席者名单（注明原因）、会议主持人、会议主要议题（议程）、发言记录或摘要、会议记录人、会议记录检查者等。

宏远公司2008年第3次销售会议记录

一、时间：2008年9月26日

二、地点：公司第三会议室

三、主持：张经理

四、主要议程：

1. 总结前一段公司销售情况，表彰先进者，明确问题。

2. 讨论公司销售员酬金制度（修改稿）。

五、会议发言摘要

张经理：今天把大家召集起来主要有两件事。第一件是……请大家畅所欲言。

王丽：……

李克明：……

肖娜：……

陈放春：……

……

记录人：马丽莎

思考与讨论：

1. 宏远公司的这份会议记录是否规范？

2. 会议记录一般应包括哪些要素？

●技能训练

组织召开一次学校的市场营销会议或其他某个社团组织的筹备小组成员会议，总结招聘与培训工作的成绩与不足，要求做好会议记录，完成总结报告。

教学建议：全班分3～4个小组同时模拟进行，要求按小组上交会议记录及总结报告，事后安排适当时间讨论交流。

●本章小结

一个优秀的推销员必须具有良好的职业素质，除了有强健的体魄外，还应该具有强烈的敬业精神、敏锐的观察能力、良好的服务态度、说服客户的能力、宽广的知识面。

招聘推销员是销售团队建设中的一个重要环节。

组织好推销员的培训，同样是销售团队建设的有力保障。一般来说，规范的培训工作流程包括：分析培训需求、制订培训计划、实施培训计划、评估培训效果。

组织销售会议，是销售团队建设过程中研究问题、培养能力、加强协商和沟通的重要途径和方法。做好会议的各项筹备工作，是会议成功的前提。

●思考与练习

一、单项选择题

1. 本章第一节“情景体验”中，最能体现该推销员的素质项是（　　）。

A. 强烈的敬业精神　　B. 良好的服务态度

C. 丰富的产品知识　　D. 良好的职业道德

2. 经验丰富的推销员应了解谁是产品的购买决策者，其购买动机和购买习惯如何，对交易条件、交易方式和交易时间有什么要求。这是对推销员的素质提出了哪方面的知识要求（　　）。

A. 产品知识　　B. 市场知识

C. 社会知识　　D. 用户知识

3. 以下描述不符合网络招聘的是（　　）。

A. 信息收集及时、充分，能提高招聘效率

B. 适用经济不发达地区

C. 不能控制应聘人员的数量和质量

D. 招聘的成本比较低

4. 本章第二节“情景体验：老雇员推荐——省钱又省力”中，采用的招聘途径是（　　）。

A. 网络招聘　　B. 职业介绍所

C. 员工推荐　　D. 猎头公司

5. 以下关于面试技巧的描述不正确的是（　　）。

A. 面试官与应聘者之间应该建立平等的对话关系

B. 面试官应多引导对方说话

C. 先从简单问题问起

D. 先从复杂问题问起

二、多项选择题

1. 某公司为了招纳贤才，在《南方周末》上刊登了招聘启事，然后兵分两路：一部分人到广州人才市场设位招聘，另一部分人应邀参加南方十多所高校联合举行的高校毕业生供需见面会。该公司招聘人才的途径主要是（　　）。

A. 各种广告　　B. 网络招聘

C. 人才交流会　　D. 大中专学校及职业技工学校

2. 以下对面试技巧的描述，正确的是（　　）。

A. 让应聘者感到与你一起工作会很愉快　　B. 要能与人交换或分享意见

C. 要多说少问　　D. 避免过多的承诺

3. 培训需求分析的内容主要包括（　　）。

A. 组织分析　　B. 人员分析

C. 环境分析　　D. 职位分析

4. 评估培训效果常用的指标有（　　）。

A. 学习　　B. 反应

C. 行为　　D. 效益

5. 主持会议正确的做法是（　　）。

A. 要营造宽松的氛围，鼓励与会人员发言

B. 要中断冗长的发言

C. 明确会场纪律，维持会场秩序

D. 主持人应制止与会人员之间的争论，但不可轻易表示自己的立场

三、案例分析

某厂开发的新产品——气功激发仪，在某商场柜台摆放了3个月无人问津。忽然有一天该商品被顾客抢购了198个。产品由滞转畅的原因是，推销员不仅向顾客介绍商品的性能，而且现场进行表演，在一位患肩周炎的老人身上具体示范。奇迹发生了，当即这位老人的胳膊不仅能抬起，而且做伸直弯曲的动作也不疼，围观的顾客无不为之折服，纷纷争购这种产品。

（资料来源：2008年国家营销师三级技能操作考试题）

问题：结合案例谈谈一个理想的推销员应具备什么素质？

四、实训题

（一）课内模拟演练

1. 模拟面试

训练目的：学习面试的基本方法与技巧。

方案策划：为计划成立的学校市场营销协会或其他某个社团组织现场招聘。全班分三大组，每组推荐一个由6人组成的面试考核小组，其中1人任主考官，1人任副考官，1人做面试记录，其他3人为考核小组成员，另外，安排10人左右充当应聘者参加面试。时间充足的话，大组成员之间可组织角色轮换。

教师可任选一组全程跟踪，但不过多干预。条件允许的话，可用摄像机拍录下来，作为案例供全班讨论交流。或者任选一组当众演习，其他同学观摩，事后讨论。

2. 模拟会议主持

训练目的：学习主持会议的基本技巧，锻炼上台主持的胆略。

方案策划：

（1）教师提供一个会议开始阶段主持词的标准模板，让学生各自练习10遍。

（2）教师提供一个会议主持词的仿真版（案例），供学生练习巩固。

（3）教师提供一个会议情景，让学生参照模板各自准备主持词，然后，让学生自由上台演练。

（4）学生讨论交流，教师总结。

3. 模拟会议筹备

训练目的：学习会议筹备的基本技巧

背景资料：××老百姓大药房有限公司在肇庆、云浮、东莞等地分布有营销网点共23个。新年将至，为了总结当年销售工作，部署下一年度的营销战略，公司决定召集各地店长召开年度销售总结会议。会议主要总结本年度销售工作，表彰先进单位和先进个人，同时将研究部署明年的工作，提出全公司和各分店的工作目标和任务，明确工作重点，最后由公司总经理亲自与各分店负责人签署下一年度的工作责任状。

方案策划：根据上述背景资料，分小组讨论如何做好本次会议的准备工作，以及各小组成员打算做哪些事情。讨论结束，小组代表交流，教师小结。

（二）课外实战训练：调查实践

训练目的：了解企业对推销员素质的具体要求，熟悉其人员招聘的途径及面试方法。

训练项目：因地制宜地组织一次对当地××企业的实地调查。弄清楚企业挑选推销员时最重视的基本素质是什么？该企业招推销员常通过哪些途径？面试考核一般采用什么方式？面试时常问哪些问题？自己如何评价这种面试方法？

活动结束后，把调查资料整理成相关案例，并作简要点评。

训练指导：

（1）建议以10~15人为一小组开展活动。

（2）采用弹性时间安排，可利用课余时间或双休日，一般要求在两周内完成。

（3）活动结束后，以小组为单位递交调查报告或案例资料。

（4）教师可安排适当时间组织学生课内交流。

（5）将所交调查报告或案例资料作为小组平时成绩的考核依据。

参考文献

1. 安贺新．推销与谈判技巧．北京：中国人民大学出版社，2006.

2. 中国就业培训技术指导中心．国家职业资格培训教程——助理营销师：国家职业资格三级．北京：中央广播电视大学出版社，2006.

3. 龚荒，杨雷．商务谈判与推销技巧．北京：清华大学出版社，北京交通大学出版社，2005.

4. 郭奉元，黄金火．现代推销技术．北京：高等教育出版社，2005.

5. 柳思维．现代推销学．北京：中国商业出版社，1997.

6. 尹彬．现代推销技术．北京：高等教育出版社，2007.

7. 田琍媛，张兆旭．现代推销理论与实务．北京：中国商业出版社，1998.

8. 李先国．助理营销师考试指南．北京：学苑出版社，2006.

9. 国宁，章银武．保险营销员培训教程．北京：中国商业出版社，2003.

10. 王国梁．推销与谈判技巧．北京：机械工业出版社，2006.

11. 熊胜绪．员工管理．深圳：海天出版社，2002.

12. 李昆益，王峻．商务谈判计划．北京：对外经济贸易大学出版社，2005.

13. 孙健敏，王丽娟．谈判高手36技．北京：企业管理出版社，2007.

14. 周延波，张守刚．商务谈判．北京：科学出版社，2007.

15. 刘必荣．达成交易的完美谈判．北京：北京大学出版社，2007.

16. 王洪耘．谈判与推销技巧．北京：中国人民大学出版社，2000.

17. 李红梅．现代推销实务（第二版）．北京：电子工业出版社，2006.

18. 吴金法，李海琼等．现代推销理论与实务．大连：东北财经大学出版社，2002.

19. 张春霞，戴克商．现代推销技术．北京：清华大学出版社，北京交通大学出版社，2007.

20. 孟昭春．成交高于一切．北京：机械工业出版社，2007.

21. 冯华亚．推销技巧与实战．北京：清华大学出版社，2008.

22. 张烜搏．一线万金——电话销售培训指南．北京：人民邮电出版社，2005.

23．李向阳，舒冰冰．打遍天下．北京：人民邮电出版社，2006.

24．王宏．销售人员岗位培训手册．北京：人民邮电出版社，2007.

25．一分钟情景销售技巧研究中心．电话销售．北京：中华工商联合出版社，2007.

26．姚迪雷．打出阳光业绩——电话销售场景应用技巧与经典范例．北京：人民邮电出版社，2008.

27．李智贤．电话销售实战训练．北京：机械工业出版社，2008.

28．刘康，郭国庆，陈李翔．营销师国家职业资格培训教程．北京：中央广播电视大学出版社，2006.

29．熊银解．销售管理．北京：高等教育出版社，2005.

30．赵柳村．推销技术．北京：北京师范大学出版社，2020.